D1729776

Sidney Poitier
Mein Vermächtnis

Aus dem Amerikanischen von Gabriele Haefs

SIDNEY POITIER
mein vermächtnis

eine art
autobiografie

Europa Verlag
Hamburg · Wien

Für meine Frau Joanna Shimkus-Poitier,
deren Liebe und Unterstützung
mich auf den Beinen gehalten hat

Die Deutsche Bibliothek – CIP-Einheitsaufnahme
Ein Titelsatz für diese Publikation ist bei
Der Deutschen Bibliothek erhältlich.

Originalausgabe:
The Measure of a Man
A Spiritual Autobiography
© 2000 by Sidney Poitier

Deutsche Erstausgabe
© Europa Verlag GmbH Hamburg/Wien, August 2001
Lektorat: Andreas C. Knigge
Umschlaggestaltung: Kathrin Steigerwald, Hamburg
Foto: Acey Harper
Innengestaltung: H & G Herstellung, Hamburg
Druck und Bindung: Wiener Verlag, Himberg bei Wien
ISBN 3-203-81025-5

Informationen über unser Programm erhalten Sie
beim Europa Verlag, Neuer Wall 10, 20354 Hamburg
oder unter www.europaverlag.de

Inhalt

Danksagungen

Als ich hörte, daß Diane Gedymin von HarperSan-
Francisco Interesse an meinem Manuskript hatte, war
ich hoch erfreut und vermutete, bestimmte Aspekte
des Exposés für ein Buch über mein Leben hätten ihre
Aufmerksamkeit geweckt. Nachdem ich sie dann kennengelernt hatte, kamen mir Zweifel. Wahrscheinlich
sah sie einfach das, was ihr geübtes Auge als vertraute
Aspekte des Menschenlebens betrachtet. Wahrscheinlich war sie eine furchtlose Beobachterin der endlosen
Variationen von Mustern, die menschliches Verhalten
charakterisieren. Vielleicht kann das als Erklärung
dafür dienen, daß ihr Interesse an diesem Buch sich
schon früh äußerte und nie mehr nachließ. Sicher ist
auf jeden Fall, daß es ohne ihre Begeisterung, ohne
ihre Unterstützung und Begleitung niemals vollendet
worden wäre. Ich danke ihr für ihr Durchhaltevermögen.

Liz Perle, ebenfalls von HarperSanFrancisco, hat
sich weit über jede Pflicht hinaus engagiert. Sie hat
mich dazu ermutigt, meine Grenzen genau zu erkun-
den, und mich dann zur Grenzüberschreitung herausgefordert. Da sie mich unermüdlich weitergedrängt
hat, stand ich fast nie mit leeren Händen da. Es war ein

großes Glück, Diane und Liz hinter mir stehen zu haben.

In diesem Buch habe ich versucht, mein Leben so zu beschreiben, wie ich es gelebt habe – ohne unangemessene Hervorhebungen oder Untertreibungen. Als ich mit dem Schreiben fertig war, brachte eine Serie von seltsamen Zufällen meinen Lektor, William Patrick, und mein Manuskript zusammen – was für mein Buch und für mich eine ausgesprochen glückliche Fügung des Schicksals bedeutete. Bill ist ein außerordentlich begabter Mann. Zu meiner Freude waren der Mann und seine vielen Talente von absolut magischer Wirkung. Seine Professionalität und sein klares Gespür für die Kraft der Schlichtheit waren unentbehrlich bei der Auswahl, der Bearbeitung und der Darstellung des für dieses Buch verwendeten Materials. Sollte ich noch einmal ein Buch schreiben, dann hoffe ich, daß William Patrick diese Magie ein weiteres Mal ihre Wirkung tun läßt.

Meiner Assistentin Susan Garrison schulde ich tiefe Dankbarkeit, da sie mir geholfen hat, Tag für Tag und Jahr für Jahr weiterzumachen, ohne auch nur einmal auf die Nase zu fallen, nicht einmal unter dem Druck unseres immer aufs neue vollen Terminkalenders. Ich hätte diese Arbeit ohne ihre Hilfe nicht leisten können, und ich bin dankbar dafür, daß sie sich um die Details gekümmert hat.

Das Wissen meines Freundes Charley Blackwell ist beeindruckend, ob es nun aus Büchern stammt, aus seiner Erfahrung, oder ob er es einfach von längst verstorbenen Ahnen ererbt hat. Harte, gewonnene und verlorene, Diskussionen umsäumen den Weg unserer

Freundschaft – und erinnern uns daran, daß jeder sich alle Mühe gegeben hat, dem anderen ein würdiger Widersacher zu sein. Spuren seines Lebens und seiner Gedanken lassen sich auf jeder Seite in diesem Buch erkennen.

Einleitung

Vor etlichen Jahren habe ich eine Autobiografie geschrieben, die zwangsläufig über weite Strecken zu einem Buch über mein Leben in Hollywood wurde. Später beschloß ich dann, ein Buch über das *Leben* zu schreiben. Einfach über das Leben an sich. Darüber, was ich in mehr als siebzig Jahren über das Leben gelernt hatte. Was ich während einer bestimmten Zeit und an bestimmten Orten erfahren und was ich, sicher, ohne es zu wissen, durch das Blut meiner Eltern und durch das Blut ihrer Eltern in mich aufgenommen habe.

Ich verspürte das Bedürfnis, über bestimmte Werte zu schreiben, über Werte wie Integrität und Loyalität, Glaube und Vergebung, über die Tugenden der Schlichtheit, über den Unterschied zwischen »sich zu Tode amüsieren« und sinnvolle Vergnügen zu finden – sogar Freuden. Ich will durchaus nicht den missionarischen Narren spielen und vorgeben, ich hätte die Antworten auf alle Lebensfragen gefunden. Das Gegenteil ist der Fall, ich ging dieses Buch an wie eine Entdeckungsreise, eine Übung in Selbstbefragung. Mit anderen Worten, ich wollte im Rückblick auf ein langes, kompliziertes Leben mit vielen Wendungen und Umwegen herausfinden, wie weit ich den Werten, die ich vertrete, dem Standard, den ich mir selber gesetzt habe, gerecht geworden bin.

Menschen, die aus einer spirituellen oder metaphysischen Überzeugung heraus schreiben, vermitteln ihre Botschaften oft durch Geschichten. Sie illustrieren sie mit Gleichnissen, die sie bei den großen Lehrern der Vergangenheit wie Jesus oder Buddha oder den neuesten arabischen Weisen oder Sufi-Mystikern gefunden haben – je exotischer, desto besser. Manche Autoren schreiben ganze Bücher, um die tiefe Weisheit alter Volksmärchen zu ergründen, psychologisch zutiefst komplexer Geschichten aus Afrika, Skandinavien, Ostasien, Lateinamerika und vielen anderen Gegenden. Offenbar wollen sie sich auf diese Weise so weit wie möglich von unserer gegenwärtigen Denkweise entfernen, um uns das moderne, digitalisierte, postindustrielle Leben wie durch neue Augen zu zeigen (oder vielleicht auch durch uralte Augen, die sehr viel gesehen haben).

Meine Aufgabe ist wesentlich einfacher. Zum einen habe ich sehr lange in der Traumfabrik gearbeitet, die Hollywood genannt wird. Es war mein Privileg – aber auch meine tägliche Aufgabe –, an der Entwicklung und Umsetzung von, wie wir Beteiligten immer hofften, sinnvollen Geschichten mitzuwirken und sie auf die Leinwand zu bringen. Weil es mir immer wichtig war, daß meine Arbeit auch meine persönlichen Werte vermittelte, brauchte ich beim Schreiben nicht lange nach Beispielen zur Untermalung meiner Überlegungen zu suchen. Zum Glück gehören viele Filme, die einen Teil meines eigenen persönlichen Resümees ausmachen, auch zum »kollektiven Unbewußten« vieler Amerikaner meiner Generation. Es ist ein gewaltiger Vorteil für mich, daß etliche dieser Filme – wie *Lilien auf dem Felde, Träumende Lippen, Rat mal, wer zum Essen kommt* und *Junge Dornen* – durch die Verbreitung auf Video und Wiederholungen im Fernsehen heute noch vertraut sind. Auf diese Weise liefern sie Ihnen und mir einen gemeinsamen Bezugsrahmen, und als solchen möchte ich sie auch nutzen.

Doch vielleicht ist es noch wichtiger, daß ich als jemand, der einige Anmerkungen zu unserem heutigen Leben und unseren Werten machen möchte, keine Bibliotheken durchstöbern oder exotische Länder bereisen muß, um zu einem Blick zu gelangen, durch den unsere Zeit wie aus einer vorindustriellen Perspektive betrachtet erscheint, aus der nichtkommerzialisierten, stimmlosen, vielleicht sogar ungewaschenen Perspektive der Dritten Welt. Und das ist ganz einfach so, weil diese »andere« Welt, die so fremd scheint, als wäre sie von unserer durch Jahrhunderte getrennt, die Welt ist, aus der ich komme.

Die Idylle

Es ist spät in der Nacht, ich liege im Bett und betrachte das blaue Leuchten des Fernsehers. Ich halte die Fernbedienung in der Hand, und ich zappe mich von 1 bis 97 durch alle Kanäle. Ich finde nichts, das meine Aufmerksamkeit erregt, nichts, das mich amüsiert, deshalb zappe ich wieder zurück, Sender für Sender, von oben nach unten. Aber ich habe dem Programm schon die Ehre erwiesen, von 1 bis 97 zu wandern, und gebracht hat mir das alles nichts. Diese gewaltige, komplexe Technologie und ... nichts. Sie hat mir nicht einen Hauch von Vergnügen bereitet. Sie hat mich über nichts anderes informiert als über mein eigenes Nichtwissen und meine eigenen Schwächen.

Doch trotzdem habe ich den Mut, noch einmal zurückzuwandern. Und was finde ich? Nichts, natürlich. Am Ende also schalte ich, angeekelt und voller Selbstverachtung, die verdammte Glotze aus, feuere die Fernbedienung an die Wand und murmele: »Was mache ich eigentlich mit meiner Zeit?«

Nicht, daß es mir an anderen Möglichkeiten oder materiellem Komfort fehlen würde. Ich habe in meinem Leben großes Glück gehabt, und wie ich so hier in meinem Bett liege, bin ich von schönen Dingen umgeben. Von geliebten Büchern und Kunstgegenständen,

Fotografien und Erinnerungsstücken, von wundervollen Blumen auf dem Balkon. Nach vielen Jahren in dieser besonderen Branche in dieser besonderen Stadt habe ich viele Freunde, einige wohnen nur wenige Schritte entfernt, Dutzende andere könnte ich in Sekundenschnelle telefonisch erreichen.

Was also mache ich mit meiner Zeit?

In dieser trüben, selbstkritischen Stimmung lasse ich mich auf mein Kopfkissen zurücksinken und schließe die Augen, versuche, meinen Kopf von allen Gedanken zu befreien. Es ist spät, Zeit zum Schlafen, und deshalb beschließe ich, mich auf die leere Stelle in meinem Bewußtsein zu konzentrieren und einzudösen. Aber dann steigen Bilder auf und dringen in diese Dunkelheit ein. Weiche, sinnliche Bilder aus der Zeit meiner Kindheit, als alles soviel einfacher war, als meine Unterhaltungsmöglichkeiten sich nicht von 1 bis 97 abzählen ließen.

Ich sitze auf der Veranda unseres kleinen Hauses auf Cat Island, einer der Bahamainseln. Der Tag ist fast zu Ende, der Abend zieht herauf, er verwandelt Himmel und Meer im Westen in loderndes Orange und Himmel und Meer im Osten in ein kühles Blau, das sich zuerst zu Lila und dann zu Schwarz vertieft. In der sich verdichtenden Dunkelheit verbrennen meine Eltern auf unserer kühlen Veranda grüne Palmblätter, um Moskitos und Sandfliegen zu verscheuchen. Und wie so oft, als ich noch klein war, nimmt meine Schwester Teddy mich in ihre Arme, um mich in den Schlaf zu wiegen. Während sie mich hin und her wiegt, fächelt auch sie den Rauch fort, der aus dem großen Kessel voller grüner Blätter aufsteigt, sie fächelt, während ich versuche, in ihren Armen einzuschlafen.

So waren die Abende auf Cat Island. Ich wußte, daß mein Tag in diesem schlichten Rahmen verlaufen würde, wie auch der Tag meiner Eltern, und daß wir abends alle auf dieser Veranda sitzen und den Rauch brennender grüner Blätter wegfächeln würden.

Und auf diesem kleinen Klecks von Insel, der Cat Island genannt wird, war das Leben wirklich schlicht und gänzlich vorindustriell. Unsere kulturelle »Authentizität« ging so weit, daß wir weder Kanalisation noch Elektrizität hatten, und von Schule oder Jobs konnte auch kaum die Rede sein. Mit anderen Worten, wir waren arm, aber die Armut auf Cat Island war eine ganz andere als die Armut in einer modernen Stadt aus Beton und Stahl. Ich romantisiere die Vergangenheit nicht, wenn ich darauf hinweise, daß Armut auf Cat Island wunderschöne Strände, ein himmlisches Klima, Kokospflaumenbäume, Cocolobabeeren und Manioksträucher und wildwachsende Bananen nicht ausschloß.

Cat Island ist sechsundvierzig Meilen lang und drei Meilen breit, und schon als kleines Kind hatte ich volle Bewegungsfreiheit. Mit vier oder fünf oder sechs oder sieben Jahren kletterte ich ganz allein auf Bäume. Ich wurde von Wespen angegriffen und kam mit zugeschwollenen Augen nach Hause, nachdem ich viele Male ins Gesicht gestochen worden war. Ich weinte und brüllte und schrie und war außer mir vor Angst, und meine Mutter behandelte mich mit Buschmedizinen aus der alten Kultur, die man sich heute nicht mehr vorstellen kann, und dann zog ich wieder los und ging allein zum Angeln an den Strand.

Manchmal ging ich sogar allein schwimmen. Ich traute mich das, denn als ich klein war, hatte meine Mutter mich in den Ozean geworfen und regungslos meinem Kampf ums Überleben zugesehen. Sie sah zu, wie ich schrie, brüllte, Wasser schluckte und in panischer Angst um mich schlug, um nicht unterzugehen. Sie sah zu, wie ich verzweifelt versuchte, mich irgendwo festzuklammern, ohne mich doch mehr als einige wenige Sekunden über Wasser halten zu können. Sie sah zu, wie der Ozean mich mit jeder Sekunde ein Stück mehr verschlang. Dann streckte glücklicherweise mein Vater seine Hände aus, fischte mich heraus, reichte mich meiner Mutter ... und die warf mich wieder ins Wasser, wieder und wieder, bis sie davon überzeugt war, daß ich schwimmen konnte.

Es gab Schlangen auf der Insel, doch keine der Arten war giftig. Es gab Schwarze Witwen, giftige Spinnen also, aber ich glaube nicht, daß meine Eltern Angst hatten, ich könne einer zum Opfer fallen. Ich meine, es gab Risiken und Unfälle, aber ich durfte überall hingehen und war meine eigene Gesellschaft.

Ich hatte beobachtet, daß der Sapodillbaum Obst trug, runde, graubraune, weiche, saftige und köstliche Früchte, mindestens zweimal pro Jahr, und daß in diesen Bäumen die Nester der Wespen hingen, die mich immer wieder so unerwartet angriffen. Ich lernte früh, daß ich, wenn ich auf einen Sapodillbaum geklettert war, nicht auf die Äste hinauszukriechen brauchte, um nachzusehen, ob die Früchte schon reif wären, sondern nur die obersten Zweige schütteln mußte, worauf das

Sidney Poitier

reife Obst sich von den geschwächten Stielen löste und
zu Boden fiel. Und dann stieg ich hinterher und hob es
auf und schlug mir den Bauch voll. Ich aß, bis ich Ma-
genschmerzen hatte, und dann gab es noch mehr von
der Buschmedizin meiner Mutter – grauenhaft schmek-
kende Gräser oder bittere Wurzeln von Pflanzen, deren
Namen ich nie erfahren habe, oder Aloestücke, die ich
nur mit Mühe hinunterschlucken konnte. Und dann
zog ich wieder los und hielt Ausschau nach Kokospflau-
men. Oder ich stand auf den Felsen am Strand und angelte mit einem Stück Bindfaden und einer Nadel, die
ich zu einem Haken verbogen hatte. Das alles machte
ich, und alles machte Spaß, denn auf einer solchen Insel
war Armut nicht die niederschmetternde, seelenfres-
sende Macht, die sie unter anderen Umständen werden
kann.

Doch zu der besonderen Schönheit von Cat Island
gehörte nicht nur, was wir hatten, sondern auch, was
wir nicht hatten. Trotz unserer Armut hatte ich Glück,
und das lag daran, daß ich nicht mit widersprüchlichen Bildern und Einflüssen bombardiert wurde,
die in keiner direkten Beziehung zu meinem Leben
standen. Ich brauchte keine Fernsehprogramme zu
verarbeiten, keine Kinderstunde und keine Comics.
Ich brauchte kein sinnloses Radiogerede zu verarbeiten und mich zu fragen: »Was reden die da? Sie wollen
mir etwas verkaufen. Wieso denn eigentlich? Ich habe
doch keine Arbeit.« Ich brauchte mich nicht einmal
mit den Phantasien auseinanderzusetzen, die moto-
risierte Fahrzeuge auslösen. Niemand auf der Insel besaß ein Auto oder auch nur ein Motorboot.

Kinder in den USA von heute dagegen haben vermutlich eine Mutter und einen Vater (oder zumindest *ein* Elternteil), sie haben Großeltern und Geschwister. Aber sie haben auch ein Radio im Haus, sie haben ein Telefon (oder wissen zumindest, daß es Telefone gibt), und sie wissen, daß es Fernseher gibt, und sie sehen Menschen im Fernsehen, die sprechen wie ihre Eltern.

Und auch der Film ist ihnen vertraut, sie gehen schon mit fünf oder sechs Jahren ins Kino. Sie sehen sprechende Tiere, die sich bewegen wie Menschen. Sie sehen Tiere, die sich gegenseitig verprügeln und in Abgründe stürzen und wieder hochklettern, ohne Schmerzen verspürt zu haben. Einige dieser Tiere werden sich dann umdrehen, um ihnen eine neue Corn-flakes-Sorte zum Frühstück zu verkaufen. Dieser Art von Stimulanzien sind amerikanische Kinder heute jeden Tag ausgesetzt, doch der mentale und emotionale Apparat, um diese Eindrücke auszusieben, sie zu verarbeiten, auf sinnvolle Weise mit ihnen umzugehen, ist einfach nicht vorhanden.

Doch Kinder müssen trotzdem versuchen, in all diesen Bombardements einen Sinn zu finden. Sie müssen sie deuten, ob korrekt oder inkorrekt, ob den Tatsachen entsprechend oder nicht. All diese Störelemente müssen sie verarbeiten und in das Selbst, das sie langsam, Tag für Tag, aufbauen, aufnehmen. Die Kinderpsychologie hat nachgewiesen, daß unser Denken von den Tausenden dieser winzigen Interaktionen unserer ersten Lebensjahre *aufgebaut* wird. Wir sind nicht nur das, was in unseren Genen steckt, und wir sind auf keinen Fall nur das, was uns beigebracht wird. Das jedoch, was wir während der frühen Jahre *erleben* – ein Lächeln hier, einen Mißton dort –, baut die Wege und Verbindungen in unserem Gehirn. Wir setzen unsere Kinder oberflächlicher Reklame, passivem Fernsehkonsum und sadistischen Videospielen aus und erwarten dann, eine neue Generation von gelassenen, mitfühlenden und engagierten Menschen zu erhalten?

An einem Ort wie dem, an dem ich aufgewachsen bin, erlebt ein Kind das Rauschen des Meeres und den Geruch des Windes und die Stimme seiner Mutter und die Stimme seines Vaters und die verrückten Ideen seiner Geschwister. Das leben wir, wenn wir zu jung sind, um wirklich mitzuzählen, wenn wir nur zuhören, wenn wir das Verhalten unserer Geschwister und unserer Eltern beobachten, wenn wir uns merken, wie sie sich benehmen und wie sie dafür sorgen, daß wir zu essen bekommen, und wie sie sich um uns kümmern, wenn wir uns weh getan haben oder eine Wespe uns neben das Auge gestochen hat. Und wenn etwas schiefgeht, dann streckt jemand die Arme nach uns aus, tröstet uns, beschützt uns. Und wenn die Menschen um uns herum sprechen, beginnen wir, die Dinge zu erkennen, die durch die Sprache transportiert werden. Worte und Verhalten fangen an, uns etwas mitzuteilen. Alle diese Feinheiten machen das aus, was mit uns passiert, und zwar alles, was mit uns passiert, jeden Tag und jede Nacht.

Der Regen setzt ein, und wir hören sein Trommeln auf dem Strohdach und hoffen, daß er bald aufhört, denn wir wollen nach draußen gehen und mit Murmeln spielen – genauer gesagt, mit den getrockneten Fruchthülsen bestimmter Bäume, die in meiner Kindheit als Murmeln dienten. Und wenn Sonntag ist, dann möchten wir, daß unsere Mutter in die Küche geht und Reis kocht, denn wir wissen, daß es sonntags immer Reis gibt. Es sind schlichte und natürliche Anregungen, denen wir da ausgesetzt sind. Ganz natürliche Anregungen, die der Tatsache entspringen, daß die Familie sich vom Morgen bis zum Abend bewegt, bis zur Schlafenszeit, und daß sie dann aufsteht, um sich ein weiteres Mal vom Morgen bis zur Nacht zu bewegen. Sie arbeitet auf ihrem Tomatenfeld (das taten meine Eltern, als ich klein war, sie bauten Tomaten an).

Manchmal bringt jemand einen frischen Fisch, den unsere Eltern nicht in den Kühlschrank legen können, weil es kein solches Gerät gibt. Es gibt auch keine Tiefkühltruhe, es gibt nicht einmal Elektrizität! Was machen sie also? Sie säubern den Fisch, salzen ihn ein und hängen ihn in die Sonne, so daß er am Ende so starr getrocknet ist wie ein Holzstock. Dann hängt er Monate und Monate und Monate hindurch in der Küche an einer Schnur, und wenn unsere Mutter den Fisch dann kochen will, legt sie ihn zum Ausspülen in Wasser ein und steckt ihn danach in einen Topf und kocht ihn, und am Ende schmeckt er ebenso köstlich wie ein frischer Fang.

Auf Cat Island wurde ich stimuliert, aber nicht bombardiert. Ich wußte, wie ich und wie meine Eltern den Tag verbringen und wie wir danach alle zusammen auf der Veranda sitzen und den Rauch der brennenden grünen Blätter wegfächeln würden, der die Moskitos und Sandfliegen vertrieb.

Sidney Poitier

Es gab keine gepflasterte Straße auf Cat Island. Es gab kein Telefon auf Cat Island. Es gab außer einigen Kramläden keine Geschäfte, und deshalb wurden meine Kleider aus Sackleinen genäht. Aber es gab auf Cat Island jede Menge Wege. Pfade, die einfach dadurch entstanden waren, daß die Leute eine bestimmte Strecke für die kürzeste Verbindung zwischen A und B erklärt hatten. Die meisten dieser Wege waren kaum mehr als einen Meter breit. Auf beiden Seiten wuchsen die Pflanzen, wie sie wollten. Es gab Unkraut und Büsche und Bäume, aber fast überall standen auch üppig blühende Blumen. Sommerblumen und Blumen, die sich dem Wetter anpaßten, der Temperatur, und noch andere, wie die Sapodillbäume, die mehrmals im Jahr blühten.

Während der ersten zehn Jahre meines Lebens, also während der Jahre, bevor die Tomatenzucht zusammenbrach und wir nach Nassau umzogen, war ich größtenteils für mich selbst verantwortlich. Erlebnisse, wie unerwartet von einer Wespe gestochen zu werden, obwohl ich mich für clever genug hielt, sie auszutricksen, oder das Obst an mich zu bringen, ohne ihr Nest zu stören – und wie oft habe ich mich dabei geirrt! –, brachten mir so einiges über das Überleben bei. Ich spreche jetzt von der Zeit, als ich sechs oder sieben Jahre alt war. Wenn ich an einen Ort kam, an dem es gefährlich werden konnte, mußte ich eine Entscheidung treffen. Wenn ich wußte oder spürte, daß es eine Gefahr gab, mußte ich mich entscheiden. Was bringt es, wenn ich weitergehe? Sollte ich den Rückzug antreten oder versuchen, der Gefahr zu begegnen?

Manchmal kletterte ich in den Felsformationen am

Strand, wo sich hohe Klippen entlang einer Straße hinzogen, und niemand hatte mir das beigebracht, aber ich konnte mir einfach denken, daß ich nicht wieder nach oben käme, wenn ich abstürzte, und was sollte ich dann tun? Ich war damals klug genug, um zu wissen, daß ich in diesem Fall schwimmen müßte, aber wohin? Wo gab es eine Stelle, an der ich wieder nach oben klettern könnte? Als ich an dieser Stelle mit den hohen Felsen stand, an denen ich nicht wieder würde hochklettern können, wenn ich ins Wasser spränge oder abstürzte, wußte ich, daß ich weit schwimmen müßte, und ich wußte ebenfalls verdammt gut, daß ich diese Entfernung niemals bewältigen könnte. Was also tat ich?

Ich beschloß, einen möglichst weiten Bogen um diese Klippen zu machen. Ich brauchte keine Befehle oder Regeln. Ich verfügte über einen absolut geschärften Überlebensinstinkt, den Tausende von Interaktionen mit meiner Umgebung verfeinert hatten.

Andererseits empfand auch ich wie viele Jungen die unwiderstehliche Faszination der düsteren Geheimnisse, die sich hinter den für mich unbegreiflichen Dingen versteckten. Im Dorf Arthur's Town auf Cat Island gab es einen über dreißig Meter langen und zwei Meter tiefen Graben, der vom Meer zu einem Binnensee führte. Wenn eine grob zurechtgehauene Holzluke geöffnet wurde, dann strömte Meerwasser durch den Graben in den See, wo es verdunstete und Salz für die Inselbevölkerung hinterließ. Da, wo der Graben die Uferstraße kreuzte, war er mit Brettern bedeckt. Er war an dieser Stelle zwei Meter tief, höchstens sechzig Zentimeter breit, aber sein erschreckendes, düsteres, klaustrophobisches Aussehen reichte, um die meisten Kinder der

Insel fernzuhalten. Wir alle wurden mit Geschichten über diese »Todesfalle« unterhalten, aber mir kam der Graben gewissermaßen wie gerufen. Er war mein Mount Everest, und ich wollte ihn bezwingen.

Eines Nachmittags kroch ich vom Salzsee aus in den Tunnel und wurde von der Finsternis verschlungen, als ich mich der Luke näherte, hinter der der Ozean lag. Nach ungefähr acht gruseligen Metern bemerkte ich, daß der Graben sich verengte, Zentimeter für Zentimeter, und daß das Wasser tiefer wurde. Noch ein Stück weiter wurde mir klar, daß ich mich nicht mehr umdrehen konnte. Wenn ich zurückweichen müßte, würde das nur rückwärts möglich sein, und wie schnell würde ich mich so bewegen können, wenn die Holzluke nachgäbe und der Ozean mit fünfzig Meilen die Stunde auf mich zugerast käme?

Ich stellte mir Zitteraale, Seeigel und andere stachlige Geschöpfe vor, als ich auf die Luke zukroch. Nach zwanzig Metern war das Wasser so tief, daß ich nicht mehr kriechen konnte, und deshalb stand ich auf, um die restliche Wegstrecke zu waten. Nach fast dreißig Metern herrschte vollständige Finsternis. Das Wasser reichte mir jetzt bis zum Hals, und ich war außer mir vor Angst. Ich traute mich weder vor noch zurück.

Dann hörte ich, wie über mir jemand über die Bretter ging. Ich wollte schon um Hilfe rufen, überlegte mir die Sache aber anders, als ich an die Prügel dachte, mit denen ich rechnen konnte, wenn mein Vater jemals von diesem Abenteuer erfuhr.

Einen Moment später war der Mensch oben weitergegangen und außer Hörweite. Ich stand da und bereute bitterlich, daß ich mich auf dieses unglaublich törichte Unternehmen eingelassen hatte. Ich registrierte das Geräusch des Wassers, das durch Risse in der Luke zischte, und mir wurde bewußt, wie nah es war. Noch etwas mehr als einen Meter, und ich hatte es geschafft. Oder ich war erledigt, das hing davon ab, ob das Wasser hoch genug stand, um in den Graben zu strömen, oder niedrig genug, daß ich zu den Felsen dahinter schwimmen konnte. Aber das würde ich ja erfahren, wenn ich die Luke erreichte und sie öffnete.

Zentimeterweise kämpfte ich mich auf Zehenspitzen voran, während das Wasser tiefer wurde, und endlich hatte ich die Tür erreicht, und der Augenblick der Wahrheit war gekommen. Ich nahm beide Hände und riß an dem hölzernen Riegel. Nichts passierte. Mich überkam dieses »Oh, Scheiße«-Gefühl, und ich riß wieder und wieder – ohne Erfolg. Ich war nicht stark genug. Ich war einfach zu klein, um genug Druck auf den Riegel auszuüben und die Tür zu öffnen.

Inzwischen hatte ich mehr Angst als je zuvor in meinem Leben. Ich fing an zu weinen und rief nach meiner Mutter. Meine liebe Mama, sicher würde sie mich retten. Ich brüllte nach Mama – ich brüllte und brüllte und brüllte. Aber es half alles nichts. Mir blieb nur die Möglichkeit des langsamen Rückzuges. Ich hatte sogar solche Angst, daß ich nicht einmal versuchte, mich umzudrehen, und so bewegte ich mich Schritt für Schritt die gesamten dreißig Meter rückwärts bis zum Ende des Grabens.

Der Rückweg war schlimmer als der Hinweg – er war alptraumhaft, beängstigend –, aber ich schaffte es und rannte dann auf die Straße und zum Strand. Das Wasser stand hoch – hätte ich die Luke also öffnen können, dann wäre mein kleiner Arsch erledigt gewesen. Ich wäre von der Flut mit fünfzig Meilen pro Stunde in den Salzsee gedrückt worden und dort wohl ertrunken.

Dieses Erlebnis hatte mir solche Angst gemacht, daß ich erst eine Woche später einen neuen Versuch unternahm. Aber diesmal sah ich mir vorher die Wasserverhältnisse genau an, um sicherzugehen, daß ich nicht von der Flut überrumpelt werden würde.

Als ich mit zehneinhalb Jahren nach Nassau kam – die Hauptstadt der Bahamas und eine richtige Stadt –, hatte ich bereits sehr häufig mit der Gefahr geflirtet und mir ausgiebig darüber meine Gedanken gemacht. Manchmal lag ich mit meiner Einschätzung richtig, manchmal nicht. Doch jedesmal, wenn ich richtig gelegen hatte, wurde etwas in mir stärker. Als ich mit fünfzehn in Miami, Florida, eintraf und als jugendlicher Einwanderer die moderne Welt betrat, war ich noch immer ein Kind, ich dachte noch immer wie ein Kind, aber ich hatte etwas in mir, das auf mich aufpaßte. Ein inneres Auge, das das Gelände sondierte und die Umstände abschätzte, vor allem, wenn ich mich auf unbekanntem Terrain befand. Das war das Ergebnis meiner Ausbildung, meiner Cat-Island-Schule.

Diese Wachsamkeit galt auch dem menschlichen Verhalten – Worten, Motivationen, Taten und deren Folgen. Die ruhige, schlichte Atmosphäre meiner Kindheit hatte es mir ermöglicht, die subtile Körpersprache meiner Eltern und meiner Geschwister zu deuten. Auf unserer winzigen Insel hatte ich diese Signale sehr gut kennengelernt. Ich hatte gelernt, sie zu verstehen, so, wie ich gelernt hatte, Klippen und Gezeiten zu verstehen. Ich verstand durchaus nicht alle Signale, konnte sie im Laufe der Zeit aber immer besser als Bezugspunkte nutzen, um zu begreifen, was andere sagten, was sie taten, warum sie sich mir gegenüber auf eine gewisse Weise verhielten. Ich halte das für die Grundlage dessen, was heute »emotionale Intelligenz« genannt wird. Es ist eine Fähigkeit, die gespeist wird von Schweigen, Vertrautheit und Bewegungsfreiheit.

Meine Mutter Evelyn war ein Geschöpf des Schweigens. Sie war so wenig wortgewandt, daß sie außer mit meinem Vater mit kaum jemandem sprechen konnte. Sie sprach auch nicht viel mit mir, verständigte sich aber trotzdem sehr klar mit mir durch die Art, in der sie für mich sorgte, die Art, wie ihr Geist mich noch heute umschwebt, denn sie ist immer in meiner Nähe und führt mich auf eine Weise, die ich noch immer zu verstehen versuche.

Meine Mutter nahm mich mit in den Wald, zu den Tümpeln, wo sie wusch. Damals gab es noch keine Geräte wie Waschmaschinen, und wir hatten im Haus weder fließend Wasser noch Strom. Wenn meine Mutter also wusch – und sie wusch immer die Sachen der ganzen Familie –, dann trug sie ein riesiges Bündel in den Wald, wo sich in den Tümpeln das Regenwasser sammelte. Die Tümpel gehörten zum Sumpf, enthielten aber Süßwasser, Wasser, das zum Waschen geeignet war. Damals gab es eine achteckige Seife namens Octagon, und damit befreite meine Mutter unsere Kleidungsstücke vom Schmutz. Einige Leute, die etwas mehr Geld hatten, besaßen ein Waschbrett, bei ihr war das nicht der Fall. Sie schlug einfach die Wäsche gegen einen Felsen, bis der Schmutz sich auflöste und ausgespült werden konnte. Das Wasser war dabei nicht etwa heiß, sie wusch in kaltem Wasser. Und dann wrang sie jedes Kleidungsstück aus und hängte alles auf Bäume, wo es in der Sonne trocknete. An Waschtagen verbrachten wir fast den ganzen Tag im Wald, und wenn die Wäsche fast trocken war, packte sie daraus ein Bündel, und wir gingen wieder nach Hause.

An solchen Tagen versuchte sie, mit mir zu sprechen, aber ich dachte niemals weiter darüber nach. Sie war einfach eine Mutter. Doch später in meinem Leben stellte ich mir die Frage, die mich bis heute verfolgt: Wer war dieser Mensch?

Noch an dem Tag, als ich sie im Alter von fünfzehn Jahren verließ, um nach Florida zu gehen, wußte ich nicht so recht, wer sie war, und das aktivierte meine düsteren Seiten. Kurz vor meiner Abreise erklärte ich, ich würde ihr aus Amerika nicht schreiben oder ihr Geld schicken. Etwas Verletzenderes hätte ich gar nicht sagen können, denn gemäß einer langen Tradition auf den Bahamas mußte das einfach sein, wenn jemand nach Amerika ging: Man schickte Geld nach Hause. Aber ich hatte sie verletzen wollen, als kleine Rache für etwas, das sie getan hatte – ich weiß nicht einmal mehr, was. Und um mich von ihr zu lösen, wie Jungen in diesem Alter das nun einmal müssen.

Doch als ich Nassau dann verließ, machte sie etwas Wunderbares. Mein älterer Bruder, der in Florida lebte, arbeitete für Weiße in Miami Beach. Manchmal überließen sie ihm alte Kleidungsstücke, und die schickte er mit der Post nach Nassau – eben für die Familie. Und einmal enthielt ein solches Paket ein Hemd, das meine Mutter für mich beiseite legte. Ich trug es nur selten, weil es so schön war. Meine Mutter dachte, sie würde mir zum Abschied eine große Freude machen, wenn sie neue Knöpfe daran nähte. Sie nähte also diese neuen Knöpfe an und knöpfte mir das Hemd zu und machte sich bereit für den Abschied.

Ich hatte Mama noch nie so erlebt wie an diesem Tag. Sie weigerte sich sogar, mit mir zum Boot zu gehen. Sie überließ mich meinem Vater, und wir gingen – ich glaube, es waren an die zweieinhalb Meilen – zu den Docks, über die Straße, auf der ich so viele Tage meiner Kindheit verbracht hatte. Ich war auf diesem Weg dermaßen von Liebe erfüllt, von Liebe zu der Insel, zu den Menschen, von ihrer Liebe zu mir. Überall begegneten mir Bekannte und Verwandte, und wir grüßten einander. Ein Freund saß vor dem Haus seiner Eltern auf dem Zaun, und mein Vater blieb stehen und ließ mich einige Momente mit meinem Freund reden. Wir verabschiedeten uns voneinander, dann gingen mein Vater und ich weiter zum Hafen. Als ich an Deck ging, sagte er: »Paß auf dich auf, mein Sohn«, und das war alles. Er ließ mich nach Florida fahren, und ich sollte meine Mutter und meinen Vater erst nach acht Jahren wiedersehen.

Ich glaube, daß meine Mutter ein ganz besonderer Mensch war, und ich halte vieles, was mir passiert ist, für das Weiterwirken ihrer Seele, ihres Geistes und ihrer Gaben. Alles, was sie war, alles, was sie niemals in Worte kleiden, alles, was sie anderen niemals sagen konnte ... sie empfand mehr, als sie aussprechen konnte, und sie lebte, und sie hatte Kinder, und auf irgendeine Weise ist das Beste in ihr weitergetragen worden, über die Grenzen ihres eigenen Lebens hinaus. Ich habe das Gefühl, daß alles Gute in mir aus der Energie besteht, die sie einst war. Sie hat alles an ihr jüngstes Kind weitergegeben.

Ich habe meine Mutter immer als sehr reines und hingebungsvolles Wesen begriffen, doch für mein kindliches Verständnis damals war sie einfach nur Mutter, und das war sie auch: Sie machte sich mütterlicher Dinge schuldig, zog Grenzen, stellte Ansprüche und hielt mich von bestimmten Entscheidungen ab, Entscheidungen, die mein Leben beeinflußt hätten, nehme ich an. Wenn sie also damals mit mir sprach, war sie in meinen Augen eine Mutter, die mit ihrem Sohn sprach. Vor allem, wenn sie mich verprügelte – und das kam nicht selten vor, und ihre Prügel fielen ganz anders aus als die meines Vaters. Die Stärke meiner Mutter war eine emotionale. Wenn sie auf mich einschlug, dann schien sie eine Weisheit in mich hineinprügeln zu können, von der sie wußte, daß ich sie zum Überleben brauchen würde.

Da war zum Beispiel die Geschichte, wie sie sich nach meiner Geburt Sorgen machte, weshalb sie zu einer Wahrsagerin ging. Ihre Sorgen waren nicht unbegründet, denn ich wurde viel zu früh geboren, unerwartet, als meine Eltern auf dem Weg nach Miami waren, wo sie hundert Kisten Tomaten verkaufen wollten. Als ich mich mit einem Gewicht von weniger als drei Pfund einstellte, war die Frage, ob dieses Kind überhaupt überleben konnte. Mein Vater, der bereits mehrere Kinder durch Totgeburten und Krankheiten verloren hatte, nahm die Situation eher mit stoischer Ruhe. Er ging zu einem Leichenbestatter im »farbigen« Teil von Miami, um meine Beerdigung zu organisieren, und kam mit einem Schuhkarton zurück, der als Miniatursarg dienen sollte.

Meine Mutter jedoch glaubte, daß ich gerettet werden könne. Eines Nachmittags verließ sie das Haus, in dem sie während ihres Aufenthaltes in Miami wohnten, um eine Frau aufzusuchen, die aus der Hand und aus Teeblättern las. Nach einem intensiven Blickwechsel und langem Schweigen schloß die Wahrsagerin ihre Augen und nahm die Hand meiner Mutter. Weiteres Schweigen folgte, ein unbehaglich langes Schweigen, dann fing das Gesicht der Wahrsagerin an zu zucken. Ihre Augen verdrehten sich hinter ihren Lidern. Seltsame Geräusche lösten sich aus ihrer Kehle. Dann riß sie die Augen plötzlich wieder auf und sagte: »Mach dir keine Sorgen um deinen Sohn. Er wird leben und kein kränkliches Kind sein. Er wird später einmal ... er wird fast die ganze Erde bereisen. Er wird neben Königen gehen. Er wird reich und berühmt sein. Die ganze Welt wird euren Namen kennen. Du brauchst dir keine Sorgen um dieses Kind zu machen.«

Für fünfzig Cent bekam meine Mutter also alle Ermutigung, die sie gebraucht hatte. Sie kam nach Hause und wies meinen Vater an, den Schuhkarton aus dem Haus zu schaffen – sie würden ihn nicht brauchen. Und aus Gründen, die meine Mutter und ich lieber nicht hinterfragen wollten, überlebte ich dann ja auch.

Ich war kein verwöhntes Kind. Sowie ich groß genug war, um einen Eimer zu heben, holte ich für meine Mutter Wasser. Ich ging in den Wald, um Reisig für das Küchenfeuer zu sammeln. Sowie ich laufen konnte, hatte ich meine Aufgaben und Verpflichtungen, und ich wußte, ich mußte zu unserem stets gefährdeten Überleben beitragen. Aber ich war ein Kind, das in Liebe und Zuwendung schwamm.

Sidney Poitier

Meine Mutter war nicht mein einziger Schutzengel. Eines Tages fragte mich meine Schwester Teddy: »Was willst du später machen? Was willst du werden, wenn du groß bist?« Und ich weiß noch – ich muß damals so um die zwölf gewesen sein –, daß ich sagte, ich wollte nach Hollywood gehen und Cowboy werden.

Ich hatte gerade meinen ersten Film gesehen – natürlich einen Cowboyfilm – und war einfach hin und weg. Ich hatte keine Ahnung davon, daß Hollywood für die Filmindustrie stand. Ich dachte, in Hollywood würden Rinder gezüchtet, die mit Pferden zusammengetrieben würden, und dort kämpften die Guten gegen die Bösen, die Vieh stahlen oder Viehzüchter umbrachten, und so eine Arbeit wünschte ich mir auch.

Teddy lachte, aber sie lachte mich nicht aus, sie lachte mich an. Sie liebte mich wirklich, so wie meine Mutter. Sie war über zehn Jahre älter als ich, und sie lachte. Sicher fand sie es seltsam, daß ich einen dermaßen phantastischen Traum hatte, aber sie wies mich nicht zurecht, sie sagte nicht: »Was für eine absurde Vorstellung.« Sie sagte nicht: »Wofür hältst du dich eigentlich? Mann, komm doch zurück in die Wirklichkeit. Junge, du hast noch einen weiten Weg vor dir.«

Ungefähr zehn Jahre später konnte die Familie sich in Nassau in einem Kino versammeln und den ersten Film sehen, in dem ich mitspielte: *Der Haß ist blind.* Das war 1950, meine Eltern waren zum ersten Mal im Kino. Es muß ihnen wie eine Phantasie vorgekommen sein, wie ein Traum. Ich bin nicht sicher, wieviel sie wirklich verstanden haben.

Meine Mutter saß also da, meine Mutter, die wirklich keine Ahnung vom Kino hatte. Mein Vater saß da, ein

Mann, der keine Ahnung vom Kino hatte. Der Film lief ab, und sie waren einfach hingerissen von allem, was sie sahen, sie riefen: »Das ist mein Junge« und ähnliches. Aber gegen Ende des Films schlägt Richard Widmark in einem Keller mit einer Pistole auf mich ein. Er schlägt mich mit der Pistole, mit dem Kolben der Pistole. Er schlägt mich mit der Pistole windelweich, und meine Mutter sprang im Kino auf und schrie: »Schlag zurück, Sidney, du hast ihm doch gar nichts getan!« Vor allen Leuten. Meine Geschwister lachten und sagten: »Mama, setz dich, setz dich doch.« Aber ihr war es ernst. Für sie war alles wirklich, sie lebte in diesem Moment. »Schlag zurück, Sidney, schlag zurück!«

So war meine Mutter.

Manche Dinge werden durch das Blut weitergegeben, kommen aber in unseren Kindern oder unseren Enkelkindern nicht zum Tragen. Vielleicht zeigen sie sich nicht einmal in unseren Urururgroßenkeln, aber irgendwann kommen sie doch zum Vorschein.

Wenn wir zusammen mit einem anderen Menschen über die Straße gehen, dann passen wir unsere Schritte seinen an oder er seine unseren, ohne daß wir das wirklich registrieren. Es macht keine Mühe. Es ergibt sich ganz einfach. Und das kann auch mit unserem Lebensrhythmus passieren.

Wir sind mit allem verbunden. Wir sind mit den Urinstinkten verbunden. Und alles Urtümliche in uns reicht zurück bis zum Beginn unserer Art und sogar noch weiter. Wir tragen eine sinnliche Schaltfläche in uns, eine Schaltfläche aus miteinander verbundenen sinnlichen Erinnerungen, die durch das Blut weitergegeben werden, denn wenn wir in diesem Moment irgendwo stehen oder sitzen oder liegen, dann sind wir der lebende Beweis dafür, daß unsere Abstammungslinie vom Anbeginn der Zeiten her ungebrochen ist.

Ein Wunderkind wie Mozart kann kaum laufen, als er ein Klavier findet, und er setzt sich neugierig an dieses Instrument, schaut es sich an, macht sich daran zu schaffen, hört ein paar Töne und kann schon bald die Noten unterscheiden, die seinem Berühren der Tasten entspringen, worauf er mit drei Jahren Symphonien komponiert. Musik und Instrument sprechen ganz einfach mit ihm. Auf organischer Ebene versteht er Harmonien und Akkordstrukturen. Noch ehe er lesen lernt, ist er schon auf sein späteres Leben eingestimmt.

Aber woher hat er das? Kann diese Gabe nicht zehn Generationen zuvor schon einmal aufgetaucht sein, als ein Kind mit dieser unglaublichen Fähigkeit geboren wurde, die aber niemand bemerkte? Es war einfach da, weil die Natur für solche Gaben keinen Preis verlangt und auch keinen aussetzt. Sie deponiert sie, und dann können sie jahrhundertelang im Blut schlummern. Sie brauchen nicht unbedingt vom Vater auf den Sohn weitergereicht zu werden.

Diese Ureigenschaften bilden also einen sehr realen Teil unserer Existenz. Wie soll ich wissen, ob es unter meinen Vorfahren vor zweihundert Jahren, vor vierhundert Jahren, vor siebenhundert Jahren kein Schauspiel- oder Erzähltalent gegeben hat? Vielleicht hat es geschlummert, wurde kurzfristig aktiviert, schlief dann wieder ein und wurde von einer Generation an die andere vererbt. Und dann, alle neune! Da haben wir ein Kind, das unter bestimmten Umständen an einem bestimmten Ort auftaucht, und damit ist die Begabung zum Leben erweckt.

Das könnte auch für Musiker gelten, für Wissenschaftler, für die alten afrikanischen Griots oder die europäischen Dichter des Mittelalters. Das ist so, weil es nur eine einzige menschliche Familie gibt. Die Ausrüstung ist immer dieselbe.

Alle diese Erfahrungen wurden registriert, weil es ein Bewußtsein gab, das sie in sich aufnehmen konnte, auch wenn es nicht imstande war, sie mit Worten zu beschreiben oder sie zu definieren. Es nahm sie einfach entgegen und reagierte darauf. Es gab eine Reaktion, eine Reaktion der Nerven, der Instinkte, und diese wurde weitergereicht, und die nächste Generation erbte die Erfahrung in irgendeiner Form, wie später die folgende und abermals die folgenden Generationen, durch die gesamte Geschichte hindurch.

Es ist übrigens schwer zu sagen, woher ich komme. Poitier ist einwandfrei ein französischer Name. Da Cat Island zum englischen Kolonialbesitz gehörte und der Name Poitier auf den Bahamas ausschließlich mit Schwarzen assoziiert wird, liegt die Annahme nahe, daß die Träger dieses Namens von Haiti stammen, der den Bahamas nächstgelegenen französischen Kolonie. Wir können davon ausgehen, daß meine Vorfahren dort entflohen sind, denn es ist keine weiße Familie namens Poitier belegt, die auf die Bahamas ausgewandert wäre. Also sind meine Vorfahren allein losgezogen. Die übrigen französischen Kolonialbesitzungen liegen weit, weit entfernt in der Karibik, und ich kann mir kaum vorstellen, daß Schwarze den endlosen Weg von Martinique oder St. Martin oder Goudaloupe auf sich genommen hätten.

Wir nehmen an, daß die Familie von Haiti stammt und über diverse Fluchtrouten die Bahamas erreichte, wo sie sich schließlich auf Cat Island niederließ. Im französischen Haiti war die Sklaverei jedoch ebenso verbreitet wie in den britischen Kolonien, deshalb wanderte meine Familie damals durchaus nicht von einer Sklaveninsel in einen freien Staat aus. Doch Cat Island lag dermaßen isoliert, daß es vermutlich nicht schwer war, entweder eine Familie zu finden, für die meine Vorfahren arbeiten konnten, oder zumindest Land, auf dem sie dann lebten und das sie ernährte.

Cat Island hatte im Verhältnis zu seiner Bevölkerung ungeheuer viel Land. Die Insel war sechsundvierzig Meilen lang und bewohnt von vielleicht zweihundert weißen Familien. Und vielleicht drei- oder vierhundert Sklaven. Wir nehmen also an, daß meine Vorfahren sich einfach ein Stück Land gesucht haben, und wenn sich dann jemand die Mühe machte zu fragen, sagt mal, was macht ihr eigentlich auf meinem Land, dann haben sie sicher auf Französisch oder in welcher Sprache auch immer geantwortet: »Wir sind eben hier«, worauf die Besitzer wohl gesagt haben: »Na gut, aber das ist unser Land, und ihr müßt uns einen Teil der Ernte abgeben.«

Mein Großvater, March Poitier, war allerdings kein Bauer. Er war ein geschickter Bauarbeiter. Er wurde vom Staat, von der Regierung, auf andere Inseln geschickt, um dort eine Schule, ein Verwaltungsgebäude oder ein anderes öffentliches Gebäude zu errichten. Dazu brauchte er als erstes ein Boot, das er damals selbst bauen mußte. Nach der mündlichen Überlieferung unserer Familie war es wohl kein großes Boot. Es handelte sich vermutlich um eins, dessen Segel aus der festesten Leinwand zusammengenäht waren, die er sich überhaupt nur leisten konnte. Vermutlich stellte er aus einem im Wald gefällten Baum einen Mast her und befestigte ihn am Bootsrumpf. Die Seile für die Takelage waren entweder gekauft oder handgemacht. Wenn sie handgemacht waren, dann waren sie aus Sisal geflochten, einer robusten Pflanze mit dornenartigen Kanten an den Blättern, die wiederum in nadelspitze Enden auslaufen. In Wasser gelegt, löst sich die harte Haut der Sisalblätter nach einigen Wochen auf und hinterläßt ein starkes, fadenartiges Material, das in der Seilerei häufig verwendet wird.

Die Erfahrung, die ich als junger Mann mit Booten gemacht habe, läßt mich vermuten, daß es viel länger als fünf Meter nicht gewesen sein kann. March Poitier stellte ein Segel her, weil an einen Motor einfach nicht zu denken war. Niemand hatte damals ein Motorboot, vermutlich aber hatte er neben dem Segel auch noch Ruder. In der Karibik wird vom Heck her gerudert. Mein Großvater hatte sicher zwei Ruder und einen Schöpfeimer, um bei schwerer See das Wasser aus dem Boot schöpfen zu können.

Was wichtig ist, wenn wir uns ein Bild von seinem Charakter machen wollen: Die Orte, an denen er im Regierungsauftrag Häuser baute, lagen nicht gerade um die

Ecke. Er mußte weite Entfernungen über offenes Meer zurücklegen. Die Strecke von Cat Island zu den Exumas dauert in einem Motorboot, das zehn oder elf Knoten schafft, vier Stunden. Wenn er also Segel oder Ruder benutzte, dann konnte er das an einem Tag gar nicht schaffen. Wir reden hier also von zwanzig oder fünfundzwanzig Stunden auf offenem Meer, und zwar allein!

Soviel ich weiß, sollte er vor Ort Leute anstellen, die ihm bei der Arbeit halfen. Er baute auch auf Cat Island, war jedoch meist unterwegs, manchmal Monate am Stück. Während einer solchen Reise wurde er von einer Schwarzen Witwe gebissen und erkrankte auf der Rückfahrt. Als er zu Hause ankam, ging es ihm sehr schlecht, bald darauf starb er.

Doch March Poitier hatte viele Söhne und Töchter. Meine Großmutter war seine zweite Frau, und mit ihr hatte er drei Kinder, David, Caroline und Reggie.

Meine Großeltern väterlicherseits waren bei meiner Geburt schon tot. Pa Tim und Mama Gina, die Eltern meiner Mutter, habe ich dagegen noch gekannt. Sie wohnten auf Cat Island in unserer Nähe, und sie waren wunderbare, aber damals schon sehr alte Menschen, die noch stark in der alten Kultur verwurzelt waren.

Mein Großvater Pa Tim war Bauer, er war ein außergewöhnlich hochgewachsener Mann, der nur wenig sprach, der aber sehr an meiner Großmutter hing. An sie kann ich mich besser erinnern. Sie rauchte Pfeife und kochte in ihrer strohgedeckten Hütte, und sie hatte sich die Haare immer mit einem Tuch hochgebunden, wie mit einem Taschentuch, das weiß ich noch. Sie hatte fünf Kinder, an denen sie sehr hing: Evelyn, meine Mutter, Eunice, Aida, Ya-Ya und Augusta.

Meine Großmutter lebte uns gegenüber am anderen Seeufer. Ich kann mich an meine Tante Ya-Ya erinnern, die starb, nachdem ich nach Florida gegangen war, und sehr gut erinnere ich mich an meine Tante Augusta, die ebenfalls Pfeife rauchte – diese alten weißen Tonpfeifen aus den alten Tagen.

Die Frauen der Familie hatten etwas ganz Besonderes. Meine Mutter hatte dieses Besondere, und für meinen Vater war das ein Glück. Ich weiß noch, daß Ya-Ya es auch hatte, doch Tante Gusta – ich glaube, bei Tante Gusta war es am deutlichsten zu sehen.

Tante Gusta hatte ihren Mann, Zack, verlassen. Er trank, und wenn er genug Geld zusammenscharren konnte, gab er es für Rum aus. Er war ein harter Arbeiter, aber alles Geld, das ihm in die Finger geriet, wurde vertrunken (oder er tauschte Waren, Farmprodukte, gegen Rum ein). Außerdem mißhandelte er sie. Erst als die Kinder erwachsen waren, brachte sie den Mut auf, ihn zu verlassen. Sie fuhr mit einem Boot nach Nassau und versuchte, dort ein neues Leben anzufangen. Es ist heute schwer vorstellbar, was das für einen Mut erforderte. Aber so war die Familie meiner Mutter.

Meine Mutter führte eine einfach unglaubliche Ehe, und ich glaube, das lag ganz einfach daran, daß die beiden so gut zueinander paßten. Sie waren wie füreinander geschaffen. Nie habe ich auch nur ein böses Wort gehört. Meine Mutter konnte nur mit meinem Vater sprechen – wirklich sprechen, meine ich –, und sie redeten und redeten und redeten. Ich meine, sie waren befreundet, sie waren Kumpel, sie arbeiteten zusammen. Sie hatte Achtung vor ihm, und er – ich glaube, er hat sich vielleicht ab und zu einen Seitensprung zuschulden kommen lassen – betete sie an und hätte sie niemals verletzt. Niemals, niemals. Er war älter als Evelyn. Evelyn war bei ihrer Heirat dreizehn. Reggie, der damals fast sechsundzwanzig war, war der einzige Mann, den sie je intim gekannt hat.

1936 verhängte Florida ein Importverbot für Tomaten von den Bahamas. Diese neue Entwicklung brauchte dann zweiunddreißig Jahre, um Reggie Poitier zum gebrochenen Mann zu machen, und noch einige weitere, um ihm das Leben zu entreißen, aber der Kampf begann am späten Nachmittag eines heißen, sonnigen Tages im Jahre 1937, als meine Mutter und ich an Bord eines inseleigenen Segelbootes gingen.

Mein Vater, meine älteren Geschwister und meine Großeltern mütterlicherseits standen oder hockten auf den zerklüfteten Korallenformationen, die das Ufer von Arthur's Town bilden. Hinter ihnen hoch auf dem Steilufer hinter der Hauptstraße eine Schar von Vettern und Kusinen zweiten oder dritten Grades und eine kleinere Versammlung von Nachbarn, Freunden und allerlei Leuten, die uns alles Gute wünschen wollten. Alle wollten sie ein Gebet für unsere sichere Überfahrt sprechen und uns zum Abschied zuwinken.

Das war der erste Schritt im Plan meines Vaters, die Familie an einen anderen Ort übersiedeln zu lassen. Meine Mutter und ich sollten als Vorhut nach Nassau fahren, um »das Terrain zu sondieren«, um uns über bezahlbare Unterkünfte zu informieren und um weitere Informationen einzuholen, die für unser Überleben an einem fremden Ort wichtig waren. Bei positiver Einschätzung der Lage sollte der zweite Schritt dann darin bestehen, daß einige Wochen später die übrige Familie nachfolgte. Doch an diesem Morgen war ich ein Junge von zehneinhalb, der an alles andere dachte als an die dringliche Frage des Überlebens der Familie. Ich war zwar alt genug, um winzige Veränderungen im Gesicht meines Vaters und wortlose Mitteilungen seiner Augen zu registrieren, aber doch noch zu jung, um in einem Gesicht Sorgen und Verpflichtungen zu erkennen. Meine Gedanken streiften deshalb ungehindert durch eine Welt der Phantasie.

Einige Wochen vor unserem Aufbruch hatte meine Phantasie begonnen, sich vor Erwartung fast zu überschlagen. Als es endlich Zeit wurde, an Bord zu gehen, war ich fast zu aufgeregt, zu erwartungsvoll, zu erfüllt von Neugier auf die Welt, die ich hinter dem Horizont entdecken würde. Aus Gerüchten, vom Hörensagen, aus Dingen, die ich aus Erwachsenenunterhaltungen aufgeschnappt hatte und die niemals für meine Ohren bestimmt gewesen waren, hatte ich mir zusammengereimt, daß die Welt, die dort auf mich wartete, auf jeden Fall ganz anders sein müßte als jeder Ort, von dem ich jemals gehört oder geträumt hatte.

Ich hatte gehört, daß es dort elektrisches Licht gab anstelle der Kerosinlampen, die auf Cat Island allgemein benutzt wurden. Fließend Wasser *in* den Häusern. Es sollte durch Rohre aus dem Boden kommen. Wenn man einen kleinen Griff umdrehte, dann strömte angeblich Wasser daraus hervor, wann immer man das wollte. Soviel man wollte, sowenig man wollte. Mir war geschworen worden, daß das stimmte. Doch trotzdem, wie sollte das möglich sein? Und das war noch nicht alles. »Autos«, hieß es, seien wirklich ein ungeheurer Anblick. Angeblich hatten irgendwelche Menschen irgendwo in dieser Welt hinter dem Horizont etwas hergestellt, das »Auto« genannt wurde und das schneller war als ein Pferd – die schnellsten Wesen, von denen ich je gehört hatte. Da ich noch nie ein Auto gesehen hatte, fragte ich mich, wie um Himmels willen das denn möglich sein sollte. Und Schuhe. Was mochten das wohl für Leute sein, die Schuhe hatten und sie immer trugen? Nicht nur sonntags? Sogar Toiletten, hieß es, gebe es *in* einigen reichen Häusern. Und wie die funktionieren sollten, konnte ich mir nun wirklich nicht vorstellen.

Als die Menschen am Ufer winkten und uns zum Abschied zuriefen, wurden der Anker gelichtet, das Segel gesetzt, und unser Fahrzeug glitt hinaus aufs Meer.

Zuerst wurde das Ufer von Arthur's Town immer kleiner und kleiner, dann wurde Cat Island selbst zu einem Punkt, den ich konzentriert fixierte, bis er nicht mehr zu sehen war. Wenn ich jetzt daran zurückdenke, dann erscheint mir Cat Island als ein Ort, an dem ein schlichtes Volk von an die dreihundert Familien durch ein improvisiertes, gemeinschaftliches Zusammenleben das Überleben schaffte. Bis zum Importverbot war der Tomatenanbau die einzige Industrie – falls wir überhaupt von Industrie sprechen können –, die wir hatten. Auf einer Insel, die fast nur aus versteinerten Korallen bestand, konnte jedoch jede Familie ausreichend Land finden und darauf genug anbauen, um sich zu ernähren. Wer keine Farm betrieb, baute Boote. Außerdem gab es Fischer, Brunnengräber und Krämer.

Irgendwann vor langer Zeit hatte eine Vermählung stattgefunden zwischen Tauschsystem und Geldwirtschaft, und diese Vermählung hatte sich zu einer angenehmen Tradition entwickelt. Wer Häuser baute, ließ sich für seine Dienste zumeist auch mit Ziegenfleisch oder Fischen bezahlen. Die, die kein Geld hatten, setzten ihre Arbeitskraft als Währung ein. Auf diese Weise glich alles sich aus. Mit Stroh gedeckte Häuser ohne Kanalisation wurden fast ausschließlich aus Bestandteilen gebaut, die auf der Insel zu finden waren. Steuern? Die gab es nicht. Eine Familie konnte also mit einer winzigen Geldmenge von einem Jahr zum nächsten überleben. Es war kein Geld nötig, um einen Steinofen zum Backen zu errichten; überall lagen Steine im Überfluß herum. Eine Familie baute aus frisch gefällten, noch grünen Bäumen einen Kalkofen. Die Bäume wurden über viele Wochen hinweg verbrannt, bis aus dem frischen Holz eine Asche geworden war, deren Konsistenz überraschende Ähnlichkeit mit Zement aufwies. Es war kein wirklicher Zement, wurde aber ebenso hart und konnte zum Hausbau verwendet werden. Wenn Holz und Nägel vorhanden waren, konnten Türen hergestellt werden. Wenn nicht, wurden Holzstücke mit Bindfaden zusammengebunden und dienten dann als Tür. Schweine, Ziegen, Hühner und Fische lieferten Proteine.

Ich war noch ein Kind, als wir von Cat Island weggingen, und niemand von uns neigte damals sonderlich zu tiefen Reflexionen. Doch an die sechzig Jahre später stellte mir ein guter Freund eine interessante Frage: »Wenn du auf Cat Island in den Spiegel geschaut hast, wie hast du dann über deine Hautfarbe gedacht?«

Diese Frage öffnet Türen, die mir helfen, diese ganz besondere Insel zu verstehen. Ich sagte ihm, ich könne mich nicht daran erinnern, mich damals jemals in einem Spiegel gesehen zu haben. Ich konnte mich nicht daran erinnern, überhaupt in unserem Haus oder irgendwo anders auf der Insel einen Spiegel oder irgendeine andere Sorte Glas gesehen zu haben (abgesehen vielleicht von den Rumflaschen, die in Damite Farrahs Laden im Regal standen). Es gab keine Glasfenster, keine Glastüren, keine gläsernen Schaufenster. Meine Familie trank nicht aus Gläsern, wir tranken Wasser aus Emailletassen. Natürlich zeigen sich Spiegelbilder auch im Tümpelwasser, in Backformen, in anderen Metallgegenständen. Nur die kannte ich. Seltene kurze Widerspiegelungen. Aber ich kann mich nicht erinnern, mich je in einem Spiegel gesehen zu haben. Deshalb habe ich auch nie auf meine Hautfarbe geachtet. In Arthur's Town gab es einen weißen Arzt, und Damite Farrah, der Ladenbesitzer, war ebenfalls weiß. Beide sahen anders aus, das schon. Aber keiner von ihnen repräsentierte Macht, und deshalb habe ich ihre Hautfarbe nie mit Macht verbunden. Oder mit Kontrolle ... oder Feindseligkeit ... oder Unterdrückung ... oder was auch immer. Sie waren einfach da, und ich habe mir nie überlegt, warum sie weiß und alle anderen schwarz waren.

Um die Frage meines Freundes zu beantworten: Ich habe einfach nicht über meine Hautfarbe nachgedacht. Ebensowenig wie ich mir darüber den Kopf zerbrochen hätte, warum der Sand weiß oder der Himmel blau waren.

Doch jenseits der Insel meiner Kindheitsjahre wartete eine Welt, die sich dermaßen auf meine Farbe konzentrieren würde, daß nichts anderes mehr zählte, und die sich nicht die Mühe machte, über diese oberflächliche Eigenschaft hinweg nach sonstigen Qualitäten Ausschau zu halten. Als ich diese Welt betrat, ließ ich die Fürsorge meiner Familie und meines Zuhauses hinter mir zurück, aber auf andere Weise nahm ich ihren Schutz mit mir. Die Lektionen, die ich gelernt hatte, das Gefühl von Verankerung und Verwurzelung, das sich dort mit meinem Wesen verwoben hatte, sollten mich auf meiner Reise begleiten. Doch das galt auch für die Andeutungen der düsteren Seite, die ich in mir sogar in der idyllischen Umgebung meiner Kindheit entdeckt hatte und die ich noch nicht verstehen konnte. Später tauchten im Drehbuch meines Lebens Treue und Treulosigkeit, großes Glück und nur mit Mühe verhinderte Vernichtung immer wieder auf. Immer lagen hinter den Zielen und Erfahrungen meiner Alltagswelt die Geheimnisse auf der Lauer. Warum gibt es etwas anstelle von nichts? Warum habe ich überlebt, es noch dazu so weit gebracht? Beruht das alles auf purem Zufall und Willkür, oder steckt mehr dahinter, das wir nicht sehen können?

Aufbrüche

Als ich in den siebziger Jahren auf die Bahamas zurück-kehrte, hatte ich ein kleines Boot, gut fünf Meter lang, das ich benutzte, wenn ich allein sein wollte. Ich kreuz-te ziemlich weit draußen vor der Ostspitze von Nassau. Eines Tages, als ich ein Stück weit entfernt von einer Gruppe kleiner, unbewohnter Inseln angelte, biß ein Fisch an, der mir ziemlich groß vorkam. Ich stand im Boot auf, um ihn an Bord zu ziehen, doch als ich wü-tend die Leine aufrollte, passierte etwas – und der Fisch war verschwunden.

Ich wußte nicht, ob der Fisch sich losgerissen hatte oder von einem Barrakuda geholt worden war, aber da stand ich nun, erschöpft, sauer, weil ich den Fisch verloren hatte, und die Angelschnur hing schlaff ins Wasser.

Weil ich so langsam reagierte, sank sie bis auf den Grund, und weil der Haken ungefähr dreizehn Meter unter mir von Korallen bedeckt war, blieb er hängen. Ich stand noch immer im Boot und beschloß, den Motor anzulassen, zu der Stelle zurückzusetzen, an der mein Haken festsaß, und dann in die andere Richtung zu ziehen. Also ließ ich den Motor an, drehte, und als ich mich an der Leine zu schaffen machte, um den Haken zu lösen, während das Boot hin und her schlingerte, ging mir plötzlich auf, daß ich das Boot niemals schwimmend erreichen könnte, wenn ich bei laufendem Motor über Bord ginge. Wenn ich über Bord ginge, dann wäre ich erledigt. Schluß, aus. Alles zu Ende.

Ich war vielleicht zweieinhalb Meilen von der nächsten Insel entfernt, und der Meeresgrund lag über dreizehn Meter unter mir. Ich konnte mich natürlich treiben lassen. Ich konnte mich auf den Rücken legen und mich treiben lassen, aber nur bei idealen Strömungsverhältnissen würde ich dann nicht in Richtung Golfstrom weggetragen werden, selbst wenn ich wie die gesamte US-Mannschaft bei den Olympischen Spielen paddelte.

Wieder einmal war ich der Versuchung der Gefahr erlegen, nur um dann aus Furcht vor der eigenen Verwundbarkeit zurückzuschrecken. Keine schöne Ehefrau, keine filmischen Leistungen, keine lieben Freunde und Essenseinladungen, kein Geld auf der Bank würden mich retten können, wenn ich hier ins Wasser fiele. Nach dieser Erkenntnis bin ich im Boot nur noch dann herumspaziert, wenn es verankert war, ich habe den Motor nur dann angelassen, wenn ich am Steuer saß. Aber es war dennoch lange nicht mein letzter Tanz am Rande des Abgrundes.

In Nassau wurde ich zum ersten Mal mit den zahllosen Gefahren konfrontiert, die sich jenseits der natürlichen Welt verstecken. Das Stadtleben war unendlich viel mehr, als ich erwartet hatte, und es brach in halsbrecherischem Tempo über mich herein. Formte, knetete, haute mich zurecht. Bearbeitete einen zehneinhalbjährigen Jungen, um ihn in kürzester Frist einer Stadt anzupassen, in der sich alles zehnmal schneller bewegte als an dem Ort, den er verlassen hatte. Alles war neu. Freunde, Werte, soziale Prägung, die Übertragung der Loyalitäten von der blutsverwandten Familie auf die der neuen Freunde.

Mit zehneinhalb wurde ich in die Urbanität geworfen. In die moderne Welt. Autos. Filme. Hotels. Restaurants. Nachtklubs. Bars. Tanzlokale. Und dieser Bruch zwischen Kindheitsidylle und Urbanität schleuderte mich sofort ins Erwachsenenleben. Mit vierzehn war ich schon kein Kind mehr.

Eine abrupt abgebrochene Kindheit ist wie abrupt abgebrochene Trauer. In beiden Fällen wird der Prozeß niemals abgeschlossen, wenn wir nicht alle Stadien durchmachen und jedes gebührend ausleben. Ich empfand eine Duplizität: Ein Teil von mir sagte, ja, mach Pläne, triff Entscheidungen, übernimm Verantwortung, lade dir die Last auf die Schultern, doch zugleich spürte ich in mir ein Kind, das seine Kindheit nicht beenden durfte.

Den tiefsten Schmerz versetzte mir der Verlust von Freundschaft, von Zusammengehörigkeit. Ich trauerte um die Liebe, das Vertrauen und das wunderbare Kichern, das mich früher mit meinen Freunden verbunden hatte, von denen die meisten heute tot sind, und das diese Freunde mit mir verbunden hatte. Aber nicht, daß mein Leben nur schlimm gewesen wäre.

Noch heute stellt sich ein Lächeln ein, wenn ich daran denke, wie wir in Nassau ins Kino gingen und dann abends sämtliche Rollen nachspielten. Und wie wir einmal bei einem Krawall eine Kiste Rum gestohlen haben, dann über die eingefallene Mauer eines verlassenen Grundstücks geklettert sind, uns in den Büschen

versteckten und uns munter betranken. Um dann festzustellen, daß wir nicht mehr über die Mauer kamen!
Während das Testosteron wie ein Esel um sich trat,
suchten wir jeden Tag nach neuen verrückten Unternehmungen.

Wann immer ich in diesen frühen Jahren in Nassau
spielen konnte ... wann immer ich mit Kumpels loszie-
hen ... ins Kino gehen ... mit den Jungs herumhängen ...
harmlose, aber freche Streiche spielen und, wie ich
annehme, kindische Dummheiten begehen konnte,
war ich glücklich. Ich erinnere mich sehr genau an langes, langes Schweigen, gefüllt mit der Befriedigung,
der Freude, einfach zusammenzusein, ohne etwas Besonderes zu unternehmen. Um dann plötzlich bei einer
gemeinsamen Erinnerung loszuprusten. Zu lachen, bis
mir die Tränen kamen, war ein ganz besonderes Vergnügen. Zu lachen, bis mir der Bauch weh tat.

Doch das alles blieb mir nicht lange. Das alles hörte
auf, noch ehe ich aufgehört hatte, ein Kind zu sein.
Heute erinnern mich das Lachen der Vögel und das
Geplapper der Affen daran, daß diese grundlegenden
Erinnerungen, die uns solche Freude bringen, bei jedem von uns unterschiedlich sind. Für jeden sind sie
von ihrer eigenen Art, für jeden gibt es eine bestimmte
Menge davon. Nichts ist übertragbar. Wir müssen uns
mit dem zufriedengeben, das uns zugeteilt worden ist.

Als ich dann so plötzlich in eine neue Welt geschleudert worden war, mußte ich mir alle Mühe geben, um
einen festen Punkt zu finden. Schließlich überlegte ich
mir, wie ich diese neue Welt betrachtete. Als ich die er-
reichbaren Güter betrachtete, konnte ich mein Spiegelbild in allen Schaufenstern in der Bay Street sehen. Ich

mußte mir auch von den Menschen ein klares Bild machen. Überall gab es Weiße. Verdammt viel mehr als die beiden in Arthur's Town auf Cat Island.

Als erste Schule in Nassau besuchte ich die Eastern Senior, die weit von unserer neuen Wohnung entfernt lag – für eine Strecke mußte ich satte vier Meilen zurücklegen. Und dann noch vier auf dem Rückweg. Auf der gewundenen Straße, die mir so gut gefiel, weil sie mir wie eine Abkürzung vorkam, begegnete mir ein weißer Junge, der ungefähr in meinem Alter war. Er hieß Carl, und ich sah ihn fast jeden Tag, wenn ich zur Schule ging oder aus der Schule kam. Er kam mir durchaus sympathisch vor, und deshalb blieb ich eines Tages stehen, um mich mit ihm zu unterhalten. Innerhalb weniger Wochen entwickelte sich eine lockere Freundschaft, und wir unterhielten uns über Fragen, die für unser Alter und Geschlecht interessant waren. Ich lernte von ihm, indem ich ihm Fragen stellte; er antwortete und stellte mir dann seinerseits Fragen. Irgendwann kamen wir dann auch bei der Frage der Rassen an. Er machte durchaus keinen Hehl daraus, daß er aufgrund seiner Farbe in einer besseren Lage sei als ich. Nach dem Evangelium, so wie er es gelernt hatte, würde ich niemals dieselben Möglichkeiten oder dieselben Lebensumstände genießen wie er.

Ich wartete auf die Pointe. Aber es gab keine. Ihm war das alles ganz ernst. Als ich den Schock überwunden hatte, war ich einfach nur noch sauer. Ich sagte genau das, was von einem schwarzen Jungen wohl zu erwarten ist, so ungefähr: »Ich kann alles, was du auch kannst. Ich kann so schnell wie du auf einen Baum klettern, ich kann so schnell rennen wie du, ich kann alles, was du kannst, ich bin sogar schneller und besser.«

Aber je heftiger ich widersprach, um so mehr schienen meine Worte seine gelassene Selbstzufriedenheit zu stärken. Sein ganzes Verhalten zeigte, daß er hier keine irrige Ansicht von sich gab; für ihn handelte es sich um die absolute Wahrheit. Ich schlug zurück, bis er sauer wurde, dann fetzten wir uns noch eine weitere Weile. Wir machten einige Zeitlang so weiter, warfen einander die verletzendsten Dinge an den Kopf, die uns nur einfielen, um dann so zu enden, wie das bei elfjährigen Jungen eben üblich ist: Stocksauer und erschöpft trennen sie sich und befassen sich mit anderen Dingen – bis sie einander wieder begegnen und alles so ist, als wäre nichts passiert.

Drei Jahre später lernte ich in einem anderen Viertel von Nassau ein Mädchen namens Dorothy kennen. Sie hatte einen sehr hellen Teint, aber es war doch sichtbar, daß sie farbige Vorfahren hatte. Sie lebte mit ihrer Mutter und ihrem Bruder in einem gemischten Wohngebiet in Ufernähe. Als ich sie kennenlernte, hatte ich angenehme Gefühle, so wie Schmetterlinge im Bauch, und offenbar ging es ihr ähnlich. Wir machten einander schöne Augen, und irgendein Zauber fand statt. Dann traf ich ihren Bruder – und der entpuppte sich als Carl. Sie hatten unterschiedliche Väter, Carl und seine Schwester. Die Mutter war weiß. Und Dorothys Vater war ein Farbiger.

Ich nehme also an, daß Carl in einer emotional verzwickten Lage steckte. Und ich nehme an, daß er sich besser fühlte, wenn er auf meine Kosten seine Eitelkeit stärken konnte. Aber sein Konflikt war kein ungewöhnlicher. In Nassau war die Rassenfrage noch ein zwiespältiges Thema.

Manche Menschen allerdings kannten keinen Zwiespalt. Als ich eines Tages in der West Bay Street an der alten Festung am Hafen vorüberging, sah ich einen älteren weißen Jungen auf einem Fahrrad auf mich zukommen. Er war wohl zwischen achtzehn und zwanzig, nehme ich an. Ich ging in Richtung Westen. Nur wir beide waren auf der Straße zu sehen. Es waren gerade keine Autos oder Fußgänger unterwegs. Er fuhr auf der linken Straßenseite nach Osten, als mir auffiel, daß er auf mich zuhielt. Ich nahm an, er wolle um die nächste Ecke biegen. Er erreichte mich, hob im Vorüberfahren seine rechte Hand von der Lenkstange und schlug mir mit der Faust ins Gesicht.

BUMM!

Ich war benommen. Ich brauchte einige Sekunden, um mich zusammenzureißen, und dann sah ich ihn in wildem Tempo auf die Innenstadt zuhalten. Ich machte mich an die Verfolgung. Aber er steuerte die Innenstadt an, und die gehörte den Weißen. Was mir mit vierzehn natürlich egal war.

Er schaute sich um und sah mich. Ich rannte, so schnell ich nur konnte.

Er bog um die Ecke und erreichte die Bay Street, die Hauptgeschäftsstraße der Stadt. Als ich die Ecke erreicht hatte und nach Osten schaute, war er verschwunden. Weit und breit kein Fahrrad zu sehen.

Ich suchte ihn in jedem Laden. Ich lief durch die Bay Street und dachte daran, wie er ausgesehen hatte, wie er gekleidet gewesen war, ich sehe ihn noch heute vor mir. So deutlich, wie das überhaupt nur möglich ist. Er trug

Fahrradkluft, Kleidung, die nur ein Junge aus ziemlich wohlhabender Familie sich leisten konnte.

Nach einer guten Stunde hatte ich ihn noch immer nicht gefunden.

Was nur gut für mich war. Im Nachhinein war das vielleicht einer der größten Glücksfälle meines Lebens. Ich war so wütend, daß ich mich wahrscheinlich über ihn hergemacht und ihn verprügelt hätte. Aber da die gesamte Staatsmacht hinter ihm stand, hätte ich für diese Genugtuung einen hohen Preis zahlen müssen.

Neben diesen ersten Erfahrungen mit dem Rassismus wurde ich noch auf etwas anderes aufmerksam, mit dem ich nie zuvor konfrontiert worden war. Obwohl ich nur eine absolut vage Vorstellung von dem Begriff »Klasse« hatte, erlebte ich eine Art Warnung: »Hier sind nicht alle gleich.« Ich absorbierte die Botschaft, daß ich mich an gewisse Grundregeln halten müßte. Ich stellte sehr schnell fest, daß die gesamte weiße Bevölkerung im Vergleich zur schwarzen als Elite galt, doch daß es auch unter der weißen Bevölkerung eine gewisse Elite gab. Und eine solche Elite fand sich auch unter der schwarzen Bevölkerung.

Es tat gut, die schwarze Oberklasse zu sehen, aber ihr Anblick erschien mir auch als Warnung. Es gab schwarze Geschäftsleute. Es gab schwarze Schulleiter, schwarze Polizisten, schwarze Richter und schwarze Anwälte. Die meisten Schwarzen waren natürlich arm, sehr arm. Armut in Nassau war wie Armut auf Cat Island, nur härter, denn zum Überleben in der Stadt war Geld viel nötiger. In Nassau hatten manche schwarzen Strom, benutzten aber weiterhin Kerosinlampen. Manche hatten ein Badezimmer im Haus und

Glasschüsseln oder sogar einen Eisschrank. Zum ersten Mal sah ich mich vor dem Hintergrund dieser Tatsachen. Es gab Menschen, die etwas hatten, und es gab Habenichtse, und wir hatten auf jeden Fall sehr wenig. Wir hatten kein Geld und keine Macht. Und wir lebten in der solchen Leuten zugewiesenen Nachbarschaft.

Ich kannte inzwischen die Hackordnung in dieser Welt. Die war ja nicht zu übersehen. Und ich wußte, an welcher Stelle ich mich dort befand. Für mich war das in Ordnung, mein Leben lag ja noch vor mir. Aber die Position meines Vaters gefiel mir nicht. Mein Vater, ein ehrbarer Mann, der sich alle Mühe gab, stand ganz unten in der Hierarchie. Ich kann mich besonders an ein Erlebnis erinnern. Er saß auf der Veranda des Hauses, in dem wir wohnten, als ich Nassau verließ. Als ich an ihm vorbeistürzen wollte, um mit meinen Freunden loszuziehen, hielt er mich fest. Er musterte mich von Kopf bis Fuß. Er betastete meine Arme. Ich kam ihm wohl zu dünn vor. Er fragte: »Du ißt doch regelmäßig, mein Junge, oder?« Ich sagte: »Mir geht's gut. Wirklich gut. Mach dir keine Sorgen.« Er sagte nichts mehr. Er tat mir entsetzlich leid, denn ich wußte, was in seinem Kopf vor sich ging, daß er das aber nicht in Worte fassen konnte. Und deshalb liebte ich ihn.

Meine Mutter kaufte Mehlsäcke und nähte daraus Hosen und Hemden, die ich zur Schule trug. Endlose Witze wurden darüber gerissen, daß mein Hintern das Warenzeichen der Mehlfabrik zeigte. Aber ich wußte, daß meine Eltern ihr Bestes taten, und deshalb war ich stark genug, mir alles anzuhören und dann weiterzumachen. Vor allem, weil meine Mutter sagte: »Siehst du, hier sind wir jetzt. Was du anhast, ist keine Schande, solange es sauber ist. Dein Vater und ich, wir kleiden dich, so gut wir können. Denk einfach daran, daß andere Farbige mehr haben. Es ist also nur eine Frage von ... ach, vielleicht geht es uns eines Tages besser, vielleicht bringen wir es auch irgendwann einmal so weit. Das ist nicht unmöglich, mein Junge, das ist nicht unmöglich.«

Aber unsere Umgebung machte es uns nicht leicht. Mit dreizehn war ich von der Schule abgegangen, hatte also eine sehr kurze Schulkarriere, schließlich hatte sie erst mit elf begonnen. In dem Alter, in dem andere sich in der Schule noch mit Sackhüpfen amüsierten, schuftete ich bereits auf Baustellen. Mein bester Freund, Yorick Rolle, wurde beim Diebstahl eines Fahrrades erwischt – ich weiß bis heute nicht, warum ich an diesem Abenteuer nicht beteiligt war – und wurde für vier harte Jahre ins Gefängnis gesteckt. Mein Bruder Cedric, der zwei Jahre älter war als ich, landete dort aufgrund eines bizarren Erpressungsversuches, zu dem ihn seine jugendliche Naivität und zu viele Kriminalfilme inspiriert hatten, da bin ich mir sicher. Und sogar ich, der kleine Sidney Poitier, wurde einmal wegen Maisdiebstahls inhaftiert. Es war also kein Wunder, daß mein Vater beschloß, ich müsse fort aus dieser Welt. Ich wurde nach Miami geschickt, zu meinem mehr als zehn Jahre älteren Bruder Cyril.

Klima und Lebensart in Miami waren so wie in der Karibik, Kultur und Sitten jedoch entsprachen eher denen der amerikanischen Südstaaten. Nichts hatte mich darauf vorbereitet, Stolz und Selbstachtung zu opfern und Erniedrigungen hinzunehmen. Und das genaue Gegenteil war deshalb der Fall. Meine Werte und mein Selbstgefühl waren bereits vollständig ausgeprägt.

Oder, um es anders auszudrücken, ich war schon ein Junge, der sich keinerlei Scheiß bieten lassen würde, von niemandem.

Ich konnte die Gesellschaft nicht dazu zwingen, mich so zu akzeptieren, wie ich akzeptiert werden wollte, aber ich wollte doch meine Regeln klarstellen. Ich arbeitete eine Zeitlang als Bote, und bei einem meiner ersten Einsätze wurde ich zu einem wohlhabenden Haus in Miami Beach geschickt. Ich ging zur Vordertür, klingelte, und eine Dame öffnete und fragte: »Was willst du?«

»Guten Tag, Ma'am«, sagte ich. »Ich wollte Ihre Bestellung aus dem Drugstore bringen.«

»Dann geh zur Hintertür, wie sich das gehört«, fauchte sie mich an.

»Aber jetzt bin ich *hier*. Und hier sind die Waren, die Sie bestellt hatten«, ich hielt ihr die Tüte mit ihren Bestellungen hin.

Sie schnaubte und schlug mir die Tür vor der Nase zu. Ich konnte einfach nicht begreifen, was hier das Problem war. Ich stellte die Lieferung vor die Tür und ging, und ich dachte nicht weiter über diesen Zwischenfall nach.

Als ich einige Nächte später zum Haus meines Bruders kam, war alles dunkel, und die Familie kauerte dicht aneinandergeschmiegt auf dem Boden, wie bei einer Belagerung. Offenbar hatte der Klan nach mir

Ausschau gehalten, und alle im Haus waren außer sich vor Angst. Alle außer mir. Ich war doch neu, kam aus einer anderen Kultur und staunte deshalb nur, vor allem über das Verhalten der Familie. Ich konnte mich an diesen seltsamen Ort und dieses seltsame Verhalten einfach nicht gewöhnen.

In Nassau hatte ich mich selbst kennengelernt und dabei auch beobachtet, wie ich von anderen in Schubladen einsortiert wurde, und ich hatte beschlossen, mir meine Schublade in Zukunft immer selbst auszusuchen. Es gab zu viele Bilder dessen, was ich sein könnte, was ich erreichen könnte. Zu viele Bilder von wunderbaren, leistungsstarken, interessanten schwarzen Menschen in meiner Umgebung, um mich unter meiner Hautfarbe leiden zu lassen.

In Miami versuchte diese seltsame neue Gesellschaft sofort, mir mit Brachialgewalt ihre althergebrachten, unverhandelbaren Einstellungen zum Thema Hautfarbe beizubringen, mich menschlicher Achtung für unwürdig zu erklären und dann zu verlangen, ich solle diesen Status bereitwillig akzeptieren. Meine Reaktion war: »Wer, ich? Seid ihr denn total verrückt geworden? Ich? Redet ihr mit mir?«

Ich sagte: »He, zum einen bin ich nicht das, was ihr aus mir machen wollt. Ich bin nämlich folgendes: Vor allem bin ich der Sohn eines wirklich tollen Mannes, Reginald James Poitier. Und der von Evelyn Poitier, meiner Mutter, einer wunderbaren Frau. Ich habe nichts Böses vor; ich bin ein Mensch mit guten und sinnvollen Absichten. Ich bin jung, ich bin nicht besonders dickköpfig, aber ich kann auch verdammt sauer reagieren. Ich bin ein guter Mensch, und nichts, was ihr sagt, kann daran etwas ändern. Ihr könnt über die Sache mit der Farbe soviel Scheiße reden, wie ihr wollt, aber so, wie ich erzogen worden bin, prallt dieser ganze Müll ganz einfach an mir ab.«

Natürlich dringt im Laufe der Zeit eine Menge von diesem Dreck in uns ein, und manches setzt sich sogar fest. Aber da ich mit einem gesunden Selbstbewußtsein in Amerika eingetroffen war, das genug Zeit gehabt hatte, um sich zu verankern, prallten diese Einstellungen doch weitgehend an mir ab.

Eitelkeit, was das Wörterbuch als übertriebenen Stolz definiert, war meine einzige Möglichkeit, um mich gegen das erbarmungslose Urteil immun zu machen, das diese Kultur über mich verhängt hatte. Da mir keine anderen Mittel zur Verfügung standen, um mich gegen die Absicht der Gesellschaft zu wehren, meine Bewegungsfreiheit zu begrenzen und mich zu zerschmettern und zu ersticken, griff ich zur Übertreibung. Ich sagte: »Alles klar, hört mal zu, ihr haltet mich also für unwürdig? Dann hört euch das mal an. Allen, die Unwürdigkeit sehen, wenn ihr Blick auf mich fällt, und die mir deshalb jeden Wert absprechen, euch allen sage ich: Ich rede nicht davon, daß ich ebensogut wäre wie ihr. Ich erkläre hiermit, daß ich besser bin als ihr.«

Später übertrug ich dieses Verhalten, jetzt unabhängig von Fragen der Farbe und der Rasse, auf die Welt des Theaters, wo es zum professionellen Standard wurde und sich auf kreative Leistungen und professionellen Wettbewerb anwenden ließ. Marlon Brando war eins meiner Idole, er war ein vollendeter Künstler und einer der Guten. Ich setzte mir das Ziel, selbst ihn zu übertreffen.

Es bedurfte keiner Folter, keiner Behinderungen, keiner Schmeicheleien und keiner Streicheleinheiten, um mich diese Art von Trieb entwickeln zu lassen. Ich war mit einer tief verwurzelten Neugier geboren worden, und die führte mich an die unglaublichsten Orte. Als ich klein war, erschien die Welt mir als Paradies. Ich erwachte am Morgen und sagte:»Ich bin sieben und ich bin frei. Ich kann zum Meer gehen und hineinspringen. Meine Brüder treten mir ab und zu in den Hintern, aber damit kann ich leben. Es gibt so viel Neues. Und es gibt das Leben! Es gibt Mädchen! Es gibt diesen verdammten Graben, der mich fast umgebracht hätte. Die ganze Welt steckt voller faszinierender Herausforderungen!«

Natürliche Bedrohungen bildeten den Hintergrund, aber immer gab es eine Person, einen Gegenstand oder einen Zustand, die mich dazu herausforderten, mich zu beweisen und so mein Selbstbewußtsein zu stärken. Die mich anstießen, mich bedrohten, mich zwangen, besser zu sein. Immer noch besser. Ich wurde dazu herausgefordert, die vielen Widersprüche dieser Welt zu begreifen. Als ich in Nassau eintraf, wurde ich mit Rassen und Klassen und Ökonomie konfrontiert, mit einem kolonialen System, das sehr feindselig eingestellt war. Mein Motto war deshalb: *Verlasse nie das Haus ohne ein klares Ziel.* Ich konnte meine Situation auch nicht verbessern, indem ich auf eine Änderung der gesellschaftlichen Einstellung wartete oder sagte:»Eines Tages werde ich so gut sein wie ihr.« Mein Herz sagte:»Ich bin schon so gut wie ihr, und ich werde besser sein als ihr.«

Junge Schwarze, die in Amerika aufwuchsen, mußten sich oft die Ermahnungen ihrer Eltern anhören, die immer wieder dieselbe Botschaft vermittelten: »Mach dir das klar. Du mußt doppelt so gut wie die Weißen sein, wenn du halb soviel bekommen willst wie sie.« Das wurde ihnen eingehämmert. Auf den Bahamas klangen die Ermahnungen etwas anders: »Mach diese Ausbildung. Und dann geh arbeiten. Oder geh betteln. Nimm alle Gelegenheiten wahr, und nutze sie als Trittbretter.«

Das wurde uns gesagt. Doch als ich dann in den USA lebte, änderte sich die Lage. Ich mußte beschließen, daß ich *besser* sein würde, weil ich einfach nicht so sein konnte, wie es von mir erwartet wurde. Ich wollte mich in keine Schublade pressen lassen.

»Ich? Ein Stück Scheiße? Hört mal gut zu. Nicht nur, daß ich kein Stück Scheiße bin ... seht mal zu, wie ich dieses Rennen gewinne. Ich soll ein Stück Scheiße sein? Ach was? Dann seht mal zu, wie ich gewinne.«

In einem Staat wie Florida gab es einfach keinen Platz für einen Jungen wie mich, und deshalb wäre ich schrecklich gern in den Norden gegangen, obwohl ich keine Vorstellung davon hatte, wie groß dieses Land war. Als Teenager, der immer wieder gern davonlief, hatte ich es einige Male bis Tampa geschafft. Aber mein Bruder hatte sechs eigene Kinder und konnte die zusätzliche Mühe, mich mitten in der Nacht zurückholen zu müssen, wenn mir das Geld ausgegangen war, nun wirklich nicht brauchen.

Dann lieferte ein Sommerjob in den Bergen von Georgia mir eine großartige Möglichkeit, auszubrechen und zu verschwinden, ehe Miami meiner Psyche noch mehr Schaden zufügen konnte. Ich arbeitete während der Ferienmonate, und am Ende des Sommers stand ich dann mit neununddreißig Dollar in der Tasche am Busbahnhof von Atlanta. Ich mußte entscheiden, wohin ich wollte und was ich dort machen würde.

Ich wußte, daß Miami keine Stadt für mich war, denn Miami erklärte mich durch Gesetz, Sitte und Brauch zu einem Geschöpf, das menschliche Rücksicht nicht verdiente. Am Busbahnhof beschloß ich deshalb, mich in Atlanta umzusehen. Ich weiß noch, daß ich mit der Straßenbahn fuhr, daß ich stundenlang unterwegs war und mit allen Sinnen nach Ähnlichkeiten mit dem Miami meiner jüngsten Erfahrungen suchte. Ich wanderte an beiden Seiten der Eisenbahnstrecke entlang, entdeckte jedoch nichts, was mich dazu verlockt hätte, in Atlanta Anker zu werfen. Diese beiden Südstaatenstädte glichen sich zu sehr in allen Dingen, die direkt mit meiner Situation zu tun hatten. Es gab einfach keinen Ort, an dem ich *ich* sein konnte. Ich floh noch immer vor dem Alptraum Miami und suchte Spuren der Träume, die ich in gastlicheren Gegenden hinterlassen hatte. Der Träume, die sich so fest an mich klammerten wie ich mich an sie.

Bald stand ich wieder vor dem Fahrkartenschalter am Busbahnhof und fragte: »Entschuldigung, bitte, wohin fährt der nächste Bus?«

»Chattanooga«, sagte der Mann hinter dem Schalter, seine Stimme polterte durch das vergitterte Fenster. »Und er fährt in fünf Minuten.«

»Wie weit ist es bis Chattanooga?« fragte ich, und er nannte die Entfernung in Meilen.

Und ich fragte: »Und was kostet das?«

Er antwortete: »Zwei Dollar und fünf Cent.«

»Nein. Das ist nicht weit genug«, sagte ich.

»Na, wohin willst du denn?« fragte er.

»Wohin fährt der nächste Bus nach diesem?« fragte ich.

»Der fährt nach Birmingham.«

»Und was kostet das?«

»Zwei fünfundvierzig.«

»Nein. Noch immer nicht weit genug. Wohin fährt dann der nächste Bus?«

»Der nächste Bus fährt nach New York.«

Ich fragte: »Was kostet das?«

Er sagte: »Das kostet elf Dollar und fünfunddreißig Cent.«

Und ich sagte: »Das ist weit genug.«

»Hin und zurück?« fragte er.

»Nein. Nur hin.«

Die meisten Menschen in Nassau hatten Amerika nie besucht, aber trotzdem gab es Mythen, Sagen, Geschichten über dieses Land, und die schönsten davon stammten aus einem sagenumwobenen Ort namens Harlem. Immer Harlem. Es hörte sich an, als bestehe ganz New York City nur aus Harlem. Das Apollo Theatre, Duke Ellington, Ella Fitzgerald. Harlem war für Schwarze das Mekka in Amerika.

Als der Fahrkartenverkäufer also sagte, daß ein Bus nach New York fahren würde, dachte ich an einen Ort, der ganz anders sein mußte als Florida. In Florida waren Unterdrückung und Grausamkeiten an der Tagesordnung. New York dagegen war weit, weit von Florida entfernt – an Meilen und an Verheißungen.

Also fuhr ich nach New York. Als ich dort eintraf, führte ich mein erstes Gespräch mit einem gutgekleideten Schwarzen, den ich fragte, wie ich nach Harlem gelangen könne. Er zeigte auf eine Treppe, die unter die Erde führte, und sagte, ich solle dieser Treppe folgen. Ich ging also nach unten – und damit fing alles an. Ich hatte in meinem Leben noch nicht von dieser Einrichtung gehört! Ich war auf diesen Anblick nicht vorbereitet gewesen. Züge jagten in halsbrecherischem Tempo unter der Erde hin und her. Und waren mit Menschen beladen. Züge rauschten in unterschiedlichen Richtungen aneinander vorbei. Unter der Erde? Von New York City? Wenn man auf diese Weise nach Harlem kommt, dachte ich, dann muß Harlem ein verdammt toller Ort sein!

Die Zeit der Asche

Erst zwei Jahre später sollte ich den ersten Fuß ins *American Negro Theatre* setzen, und diese zwei Jahre waren für mich unverzichtbar. Es war so wie in den alten Geschichten. Der junge Mann muß »nach unten« gehen, um den richtigen Weg »nach oben« zu finden. Wir könnten das die »Zeit der Asche« nennen. Bei manchen afrikanischen Völkern müssen die Jungen ihre Gesichter mit Asche bedecken, ehe sie in den Kreis der Männer aufgenommen werden. In bestimmten nordischen Kulturen saßen die Knaben in der Mitte der Waldhütte in der Asche, bevor sie ins Erwachsenenleben übertreten konnten. Und alle kennen Aschenbrödel, das Mädchen, das die Asche wegfegen und andere niedere Arbeiten verrichten mußte, bis seine wahre Identität ans Licht kam.

Während meiner Zeit der Asche lernte ich, um mein Leben zu kämpfen, ich lernte, was es bedeutet, auf die Probe gestellt zu werden und kämpfen zu müssen. Und New York City, diese gnadenlose Stadt, stellte mich ohne jede Rücksichtnahme auf die Probe. Wie es während der Zeit der Asche üblich ist, lernte ich das Überleben und einiges mehr, als Kindern in der Sonntagsschule beigebracht wird. Ich lernte, meine guten und schlechten Seiten miteinander in Einklang zu bringen, allen Arten von Energien, die in mir umherwirbelten, den richtigen Stellenwert zu geben, und erlebte, wie alle diese Kräfte sich in die natürliche Ordnung der Dinge einfügten. Vor allem lernte ich, wie all diese Aspekte meines Wesens zu einem einzigen absolut akzeptablen Menschen verschmolzen. Ich erkannte, daß ich kein braver Laufbursche für den öffentlichen Verbrauch war, der eine andere Identität voller dunkler Verlangen und tiefer Ressentiments verbarg, die trotz allem immer wieder an die Oberfläche durchbrachen. Auf den Straßen entwickelte ich ein wenig Barmherzigkeit für mich und auch für andere und vielleicht sogar ein wenig Weisheit.

Während der ersten Wochen in New York saß ich in der U-Bahn und staunte. Ich stopfte mich mit Hotdogs und Milkshakes voll, schlief auf Dächern, arbeitete in Küchen und fand mich einmal so dicht bei einem Krawall wieder, daß ich einen Schuß ins Bein abbekam und mich tot stellte, um Schlimmeres zu verhüten.

Ich kam oft nur mit knapper Not davon, aber ich war jung und widerstandsfähig. Manchmal hatte ich das Gefühl, daß etwas, das ich weder berühren noch sehen konnte – irgendeine geheimnisvolle Macht –, mir durch eine schwierige Phase geholfen oder mir in einem entscheidenden Moment Rückendeckung gegeben hatte. Handelte es sich dabei um etwas Spirituelles, gab es so etwas wie einen tieferen Sinn? Oder war das reines Wunschdenken?

Was immer es sein mochte, ich konnte mich solchen Gedanken kaum widmen, da ich im Alter von sechzehn Jahren mit sehr viel dringenderen Überlebensfragen beschäftigt war.

An einem langen Ferienwochenende fuhr ich mit dem Zug in die Catskills, um dort in einem bekannten Ferienort als Tellerwäscher zu arbeiten. Ich gehörte zu einer rein schwarzen Gruppe von Aushilfsarbeitern, die aus New York City »importiert« worden waren, um das Hotelpersonal zu ergänzen. Zu unserer Gruppe gehörte ein Mann namens Jojo Sutton. Ich wußte schon auf den ersten Blick, daß Jojo Ärger machen würde. Aus irgendeinem Grund gab es genug negative Schwingungen, um Papier zum Kräuseln zu bringen. Jojo hatte eine dunkle Haut, feingemeißelte Züge und drohende Augen.

Mein erster Gedanke war: »Vor dem muß ich mich in acht nehmen.« Im nachhinein meine ich, daß »um den muß ich einen großen Bogen machen« treffender gewesen wäre. Aber das war natürlich gar nicht möglich, da wir nebeneinander arbeiten mußten, wir kratzten schmutzige Teller ab, füllten damit die eine Seite einer riesigen Spülmaschine, nahmen sie auf der anderen Seite wieder heraus und stapelten sie nach Größe und Form geordnet aufeinander. Jojo leistete auf beiden Seiten gute Arbeit, und ich war auch kein Frischling mehr; man hätte also meinen können, daß wir problemlos zusammengearbeitet hätten. Aber Jojo war ganz einfach ein bösartiger, gefährlicher Mann. Die Umgebung der Spülmaschine erschien ihm als sein persönlicher Machtbereich. Er besaß dort die Entscheidungsgewalt. Aus einem Gefühl für Selbsterhaltung heraus ließ ich ihn in diesem Glauben. Ich wußte, daß das lange Wochenende bald vorüber sein würde. Ich mußte einfach die vier Tage durchhalten und danach meinen Lohn kassieren. Ich beschloß, daß ich mit Jojo, der Spülmaschine und deren Umgebung leben könnte, solange ich dort war.

In einer kleinen schwarzen Gemeinde, die von dem Ferienort nicht weit entfernt lag, gab es eine illegale Bar, die Mahlzeiten, Musik, eine Tanzfläche und eine verlockende Anzahl unbegleiteter Frauen bot, die jeden Nachmittag gegen vier auf das männliche Küchenpersonal warteten, das sein Vergnügen wollte. Diese Mischung wäre auch ohne Jojo und seine Probleme schon explosiv genug gewesen.

Unten auf Jojos Themenliste stand die Tatsache, daß er kein großartiger Tänzer war. Ich war auch nicht viel besser, aber ich war eben doch besser. Und woher sollte ich wissen, daß die Frau, mit der er tanzen wollte, mich als Tanzpartner vorzog?

Eines Nachmittags schlug Jojo mir einen gemeinsamen Spaziergang vor, nachdem wir einige Zeit auf der Tanzfläche verbracht hatten. Alle meine Alarmsignale leuchteten auf, als wir über einen einsamen Waldweg gingen, meine Instinkte schrien: »Vorsicht!« Zuerst unterhielten Jojo und ich uns über ganz normale Männerthemen. Dann beschrieb er mir die Art von Menschen, die er nicht leiden konnte. Und schon bald erkannte ich mich in seiner Darstellung. Als er dann weiterredete, war ich verblüfft von der Jekyll-und-Hyde-Verwandlung, die er dabei durchmachte. Als seine verbalen Angriffe immer wütender und direkter wurden, fragte ich mich schon, wie ich mich verteidigen sollte, wenn er seinen Worten Taten folgen lassen wollte. Jojo blieb nicht einmal stehen. Seine rechte Hand verschwand einfach in seiner rechten hinteren Hosentasche und kam dann mit einem Springmesser wieder zum Vorschein. Er hatte bereits auf den Knopf gedrückt, die Klinge war herausgeschnellt, und mit einer schwingenden Handbewegung richtete er die Spitze der Klinge aus wenigen Zentimetern Entfernung auf meine Brust.

Ich hatte wirklich nichts Gutes erwartet, aber damit hatte ich nun doch nicht gerechnet. Das Überraschungselement machte sich bezahlt. Ich hatte Angst, und Jojo war das klar. Das Messer wanderte langsam zu meinem Gesicht hoch. Ich zuckte zusammen. Schweigend genoß er meine Furcht. Er berührte meine Wange mit der Klinge. Er ließ die Klinge zu meinem Hals weiterwandern, wo sie auf der Schlagader verharrte. Er war wie ein Dirigent, wie er das Messer langsam bewegte, um meine Angst zu steigern.

»Sollte dich eigentlich abmurksen«, sagte er. »Erfährt doch kein Arsch!«

Dann verstummte er und durchbohrte mich weiterhin mit Blicken. Schließlich sagte er: »Glaubst wohl nicht, daß du hier abgemurkst wirst, hä?«

Ich schwieg.

»Na los, mach irgendeinen Scheiß, damit ich dir's zeigen kann«, forderte er mich heraus.

Er trat einen Schritt zurück, um Bewegungsfreiheit zu haben, für den Fall, daß ich blöd genug wäre, um mich zu rühren. Ich wartete. Er wartete. Sekunden vergingen. Dann drehte er sich plötzlich um und ging. Nach ungefähr zehn Metern rief er mir zu: »Nimm dich in acht, wenn ich in der Nähe bin. Hörst du? Ist das klar?«

»Ja, alles klar«, sagte ich.

Als wir uns trennten, hatte ich das Gefühl, daß Jojo

immer versuchen würde, seinen Gegnern angst zu machen, um dann den Sieg davonzutragen.

Jahre später durchlebte ich während einer Psychoanalyse diesen Moment noch einmal und fragte mich, wie weit ich bei meiner Verteidigung gegangen wäre, wenn es wirklich zu einem Kampf gekommen wäre. Außerdem analysierte ich die vielen Unsicherheiten, die einen Menschen wie Jojo zu einem solchen Verhalten veranlassen können.

Aber schon lag ein weiterer Widersacher auf der Lauer – einer, dessen brutale Gewalt weit weniger durchschaubar war. Mein erster Winter in New York rückte näher, und ich wußte einfach nicht, was mir bevorstand. Da ich von einer tropischen Insel stammte, hatte ich keine Ahnung, was es bedeutete, als der Himmel sich im November verdüsterte und dann zur Weihnachtszeit diesen weißen Kram fallen ließ. Das hier war kein Gegner, den ich mit Blicken niederringen konnte, wenn ich nur die Ruhe bewahrte. Das hier war ein erbarmungsloser, monatelanger Zähigkeitstest. Ich hatte nicht einmal ein Paar Handschuhe. Ich hatte keinen Schal, keine Stiefel, keinen warmen Mantel – und deshalb war ich Mutter Natur nicht gewachsen, als sie sich in ein Miststück verwandelte und uns ihre kalte Schulter zeigte, ihre alte knochige Schulter, die einem im wahrsten Sinne des Wortes den Arsch abfrieren lassen konnte – und die Nase, die Ohren und die Finger.

Dieser Winter hatte mir so übel zugesetzt, daß ich bei der Armee Zuflucht suchte. Ich mußte mich älter lügen, als ich war, um aufgenommen zu werden, ich war schließlich noch keine siebzehn, aber auf diese Weise brauchte ich immerhin nicht mehr auf den Dächern zu wohnen, sondern bekam drei Mahlzeiten pro Tag und ein warmes Bett. Aber ich konnte die militärische Disziplin ebensowenig aushalten wie die Ignoranz der Südstaaten. Weshalb ich mich 1944 im Gewahrsam der Militärpolizei der U.S. Army befand und mir vorgeworfen wurde, ich hätte einen höheren Offizier angegriffen. Weshalb ich in die Psychoabteilung des Mason General Hospital auf Long Island gesteckt wurde, wo eine Gruppe von Seelenklempnern meinen psychischen Zustand untersuchen und entscheiden sollte, ob mein Gehirn einer Elektroschockbehandlung unterzogen werden mußte.

Allem Anschein nach, das hatten die MPs den Seelenklempnern mitgeteilt, war in meinem Kopf etwas ausgerastet. Die Darstellung der Armee baute auf vorsätzlichem Handeln meinerseits auf. Angeblich hatte ich mein Vorgehen blitzschnell und impulsiv wirken lassen, während ich in Wirklichkeit alles minutiös geplant hätte, um den Offizier körperlich zu verletzen.

Wie auch immer, da saß ich nun. Und konnte mit einer Verhandlung vor dem Kriegsgericht rechnen, das mich durchaus für fünfundzwanzig Jahre einsperren lassen konnte, wenn festgestellt würde, daß ich im Vollbesitz meiner geistigen Kräfte gewesen war, als ich dem Offizier den Stuhl an den Kopf geworfen hatte.

Als die brutale Wahrheit festgestellt wurde, erwies es sich, daß die Army in ihrer Annahme durchaus richtiglag. Ich hatte vorsätzlich gehandelt. Wirklich. Und hatte alles genau geplant. Wirklich. Aber ich hatte niemanden verletzen wollen. In meinem Szenario sollte der Stuhl den Offizier um wenige Zentimeter verfehlen.

Was er auch tat. Er krachte durch das riesige Erkerfenster, das sich hinter seinem Schreibtisch von einer Wand zur anderen zog, genau, wie ich das vorgehabt hatte. Ich hatte auf etwas anderes gezielt als auf den Kopf des Offiziers. Meine Handlung war nichts als ein schändlicher Versuch gewesen, einen Grund dafür zu schaffen, daß ich mich den Verpflichtungen, die ich mir freiwillig und feierlich auferlegt hatte, nun wieder entziehen konnte.

Einfacher ausgedrückt, ich wollte möglichst schnell weg von der Armee. Ich hatte kein höheres und würdigeres Ziel. Doch schon wenige Tage später ging mir auf, daß es eine sehr schlechte Idee gewesen war, den Stuhl zu werfen, ein Fehler, von dem ich mir wünschte, ich hätte ihn niemals begangen. Auf meinem gedanklichen Reißbrett hatte es wie das erste einer Serie von Ereignissen ausgesehen, die mich schließlich aus der unangenehmen Lage befreien würde, in die ich da geraten war. Die Armee war nicht das, was ich erwartet hatte, wir kamen miteinander nicht aus, konnten uns gegenseitig nicht ausstehen, und deshalb hatte ich beschlossen weiterzuziehen. Deshalb war mein »vorsätzlicher«, »sorgfältig durchdachter« Plan so in meinem Kopf entstanden, wie er in der Anklageschrift beschrieben war. Was ich mir ausgedacht hatte, war eine neue Variante des alten Tricks, sich verrückt zu stellen, um aus der Armee entlassen zu werden. Die Armee war der Überzeugung, daß Irre von der Herde getrennt und fortgeschickt werden mußten – zum Besten der Herde.

Der dramatische Stuhlwurf sollte diesen Prozeß in die Wege leiten. Was er auch tat. Aber hinter diesem

Fehler lag noch ein weiteres Schlüsselmoment. Es spielte eine Rolle beim Schnitzen, Formen, Modellieren, Datieren und Aussuchen von allem, was zum eigentlichen Ereignis führte, inklusive des Stuhlwurfs als Eröffnung. Dieses Schlüsselmoment steckte in mir. Eine Schwäche. Ein tief in mir verwurzelter Fehler. Und an dem Nachmittag, an dem der Stuhl flog, zeugte mein Verhalten zu meinem Kummer absolut von dieser charakterlichen Schwäche. Von dem Fehler, der wider mein besseres Wissen ab und zu seine Wirkung tat.

Es hätte auch andere Wege gegeben, die aus der Armee hinausführten. Warum hatte ich mich für diese Methode entschieden, die sich als großer Fehler erwies? Weil sie machohafter war? Ja. Weil sie aufregender war? Ja. Weil sie gefährlicher war? Ja. Aber vor allem, weil sie für Dämonen in mir, deren Existenz mir noch gar nicht bewußt war, einfach unwiderstehlich erschien. Natürlich hatte ich schon damals den Verdacht, daß meine Entscheidung durchaus nicht von Größe zeugte. Aber ich blieb trotzdem dabei. Und ich hatte nicht nur den Verdacht, ich wußte ganz genau, daß meine Entscheidung in taktischer Hinsicht von zweifelhaftem Wert war. Aber ich traf sie trotzdem. Um, wie mir schien, ein Rätsel zu fassen zu bekommen, das für mein damaliges Alter einfach zu kompliziert war.

Die anderen Möglichkeiten, die Armee verlassen zu können, hatten nichts von der charismatischen Macht meiner Lieblingslösung. Sie lieferten keinen Testosteronkick. Sie verlangten die Wahrheit und waren deshalb langweilig. Sie waren schlicht. Sie waren nicht verführerisch. Sie erregten mich nicht. Brachten keine euphorischen Höhen oder trüben Tiefen. Keine Holzstühle. Keine zerschlagenen Erkerfenster. Und wie es so oft passiert, sorgte das Fehlen von Möglichkeiten, den Hund zu treten und den Frieden zu stören, dafür, daß Hunde getreten und der Friede gestört wurden.

Was sich in den folgenden, quälenden Monaten zwischen der Armee und mir abspielte, war faszinierend, bittersüß und ein wenig beängstigend. Viele der Runden zwischen mir und dem Chefpsychiater hatten etwas von einem atemberaubenden Katz-und-Maus-Spiel. Jeder von uns nahm so viel, wie er gab. Er war weiß, ich hielt ihn für Mitte Dreißig, er hatte ernste Augen und ein lässiges Lächeln. Er brachte mich dazu, meinen Blick auf ein Inneres zu richten, von dem niemand gewußt hatte, daß ich es hatte. Ich hatte es auch nicht gewußt. Ich meinerseits konnte ihm ebenfalls Dinge beibringen, von denen er nichts gewußt hatte, und darunter waren auch Dinge, die er niemals vergessen wird. Von ihm habe ich gelernt, daß wir manchmal mehr sehen können, als mit dem bloßen Auge zu erkennen ist. Auf eine kleine, aber bedeutsame Weise wurde jeder für den anderen zum Lehrer.

Mit achtzehn fand ich mich dann wieder in den Straßen von New York und versuchte abermals, mit dem Lohn eines Tellerwäschers zu überleben.

Hätte ich das Geld zusammenkratzen können, dann wäre ich nach Nassau zurückgekehrt – dermaßen beängstigend und entsetzlich erschien mir die Vorstellung eines weiteren Winters. Ich schrieb sogar an Präsident Roosevelt und bat ihn, mir die hundert Dollar zu leihen, die ich für die Reise wohl benötigen würde. Wenn ich mit dieser Bitte Erfolg gehabt hätte, dann hätte ich mein Leben vermutlich mit einem schlechtbezahlten Job verbracht, hätte Touristen herumgeführt und sonntags im Meer vor Nassau auf einem Felsen gesessen und versucht, einen großen Fisch zu fangen.

Als ich eines Tages kurz nach meiner Entlassung aus der Armee die Stellenanzeigen für Tellerwäscher durchsah, erweckte ein Artikel auf der Theaterseite der *Amsterdam News,* einer New Yorker Zeitung, meine Aufmerksamkeit. Ich hatte keinen Job, und meine Taschen waren fast leer – leer genug jedenfalls, daß ich zu jeder Arbeit bereit war, die ein schwarzer Junge ohne irgendeine Ausbildung leisten könnte, wenn kein Posten als Tellerwäscher zu haben wäre.

Die Stellenanzeigen standen auf der gegenüberliegenden Seite der Theaternachrichten, und zwischen den Nachrichten gab es einen Artikel mit der Überschrift »Schauspieler gesucht«. Ich las, daß eine Gruppe namens American Negro Theatre Darsteller für ihr nächstes Stück brauchte. Meine Gedanken überschlugen sich. Meine Augen sprangen zwischen Stellengesuchen und Theaternachrichten hin und her.

Ja, zum Henker, dachte ich, ich habe es mit »Tellerwäscher gesucht«, »Pförtner gesucht«, »Hausmeister gesucht« probiert – warum sollte ich es nicht auch mit »Schauspieler gesucht« probieren? Ich stellte mir vor, daß ich diese Aufgabe bewältigen könnte. Schauspielen konnte ja wohl nicht schwieriger sein, als Teller zu spülen oder Autos zu parken. Und in dem Artikel stand nichts darüber, daß eine besondere Ausbildung erforderlich sei. Aber als ich dann zum Theater ging und gleich vorsprechen mußte, teilte mir der zuständige Mann sehr rasch – und in klaren Worten – mit, daß ich da schieflag. Ich hatte keinerlei schauspielerische Ausbildung. Ich konnte kaum lesen. Und zu allem Überfluß sprach ich auch noch den zum Schneiden dicken Singsang der Bahamas.

Er riß mir den Rollentext aus der Hand, drehte mich um, packte mich am Schlafittchen und am Hosenboden und ließ mich auf Zehenspitzen zum Ausgang marschieren. Er kochte vor Zorn. »Mach, daß du hier wegkommst, und stiehl anderen nicht die Zeit. Such dir eine Arbeit, die du bewältigen kannst«, kläffte er. Und als er mich hinauswarf, fügte er noch hinzu: »Such dir eine Stelle als Tellerwäscher oder so was.«

Ich muß sagen, daß seine Worte mir ärgere Stiche versetzten als die Wespen, die in meinen Kinderjahren in den Sapodillbäumen gehaust hatten. Seine Einschätzung wirkte auf meine Seele wie ein Todesurteil. Ich hatte doch gar nicht erwähnt, daß ich zumeist als Tellerwäscher arbeitete. Wie hatte er das wissen können? Und wenn er es nicht gewußt hatte, was an mir hatte diesen Fremden zu der Überzeugung gebracht, ich sei für nichts anderes gut als Teller zu spülen?

Was immer der Grund sein mochte, ich wußte, daß ich daran arbeiten mußte, oder mein Leben würde arg düster aussehen. Es gibt etwas in mir – Stolz, Ego, Selbstgefühl –, dem jegliches Versagen verhaßt ist. Ich konnte ein solches Urteil nicht hinnehmen, wo ich mein Leben doch noch gar nicht begonnen hatte! Also machte ich mich daran, meine Situation zu verbessern.

Ich arbeitete nachts, und in den Essenspausen setzte ich mich in eine stille Ecke des Restaurants, in dem ich angestellt war, in der Nähe der Küchentür, las Zeitungen und versuchte, jede Silbe jedes unbekannten Wortes zu ergründen. Ein alter jüdischer Kellner, der meine Bemühungen bemerkte, hatte Mitleid und bot seine Hilfe an. Er wurde damals zu meinem Lehrer und zu meinem Schutzengel. Jeden Abend saßen wir in derselben Nische in dieser stillen Ecke des Restaurants, und er half mir beim Lesenlernen.

Mein unmittelbares Ziel war der Beweis, daß ich zum Schauspieler taugte. Nicht, daß ich mich wirklich nach einer Bühnenkarriere gesehnt hätte, das nicht. Nicht, daß ich jemals mit diesem Gedanken gespielt hätte, ehe ich auf den Artikel aufmerksam geworden war. Ich mußte einfach diesem Mann im *American Negro Theatre* beweisen, daß Sidney Poitier zu verdammt viel mehr taugte als nur zum Tellerwäscher.

Und es klappte. Beim zweiten Versuch wollten sie mich haben. Das war allerdings noch lange kein durchschlagender Erfolg, denn ich wurde nur angenommen, weil sie zu wenig Männer hatten und für die neue Schauspielklasse eben welche brauchten. Doch schon bald, nachdem diese erste Hürde gefallen war, wurde eine andere aufgerichtet: Weil es mir an Bildung und Erfahrung fehlte, kam ich nach einigen Monaten nicht mehr mit. Und wieder fühlte ich mich hilflos, als sei ich über Bord in tiefes Wasser gefallen. Wenn ich die Chance am Theater vermasselte, was sollte dann aus mir werden? Dann wäre ich einfach nur einer von vielen jungen Schwarzen, die kaum lesen konnten und auf der Insel Manhattan Teller wuschen. Also schlug ich einen Handel vor. Ich arbeitete für sie als Hausmeister, und sie ließen mich weiterlernen.

Die Lage verbesserte sich, und vielleicht verbesserte ich mich auch – als Schauspieler, meine ich. Doch als die Besetzung für die erste große Inszenierung vorgenommen wurde, kam ein Neuer dazu, noch ein Junge aus der Karibik, dazu einer, mit dem die Regisseurin schon einmal gearbeitet hatte. Nach all meinen Mühen, nachdem ich mir den Arsch aufgerissen hatte, um die Schauspielerei zu lernen (ganz zu schweigen davon, daß ich mir den Arsch auch aufgerissen hatte, weil ich den Bürgersteig fegen und den Ofen anheizen mußte), wollte sie ihm die Hauptrolle geben. Ich mußte ja auch zugeben, daß der Junge ziemlich gut aussah und eine schöne Stimme hatte. Er konnte sogar ein wenig singen.

Ich versuchte, mich ein wenig damit zu trösten, daß sie mich als zweite Besetzung nahmen, aber ich hatte ja keine Ahnung. Bei einer der ersten Proben, in denen wir das ganze Stück durchgingen, kam ein wichtiger Theatermann zu Besuch, und der Junge aus der Karibik, der die Hauptrolle spielen sollte – ein Junge namens Harry Belafonte – war an diesem Tag verhindert. Ich mußte für ihn einspringen, und dem Theatermann gefiel, was er dort sah, und er sprach mich an.

»Ich bereite eine Fassung der *Lysistrata* für den Broadway vor. Wären Sie wohl frei?«

»Machen Sie Witze?«

Als nächstes wurde mir klar, daß ich von einer Broadway-Bühne aus in ein Meer aus weißen Gesichtern starrte und außer mir vor Panik war, während ich meinen Text als Polydor herunterholperte.

Das Wort »schlecht« kann mein Elend nicht einmal vage charakterisieren. Ich meine, ich war *schlecht* ... Das Lampenfieber hatte mich dermaßen gepackt, daß ich die falschen Stichwörter gab und die Zeilen durcheinanderwarf, und schon bald bog sich das Publikum vor Lachen.

Als der Vorhang sich senkte, konnte *dieser* Junge aus der Karibik nur eilig in Deckung gehen. Meine Karriere war zu Ende, noch ehe sie begonnen hatte, und wieder öffnete sich ein Vakuum, um mich in sich aufzunehmen. Ich ging nicht einmal zur Premierenfeier, und das bedeutete, daß ich nicht dabei war, als die ersten Rezensionen erschienen.

Die Kritiker machten die Inszenierung herunter. Ich will damit sagen, sie fanden sie grauenhaft. Aber ich hatte ihnen gefallen. Ich war dermaßen mies gewesen, daß sie mich für gut hielten. Sie behaupteten, meine »erfrischende komödiantische Begabung« zu bewundern.

In meiner Welt mußten Leistung und Belohnung in einem natürlichen Gleichgewicht miteinander stehen. Und nach allen vernünftigen Maßstäben hatte ich an diesem Abend versagt, das wußte ich. Das war *meine* kritische Einschätzung. Diese Einschätzung mit all ihren Konsequenzen entfachte in mir einen gewaltigen Widerspruch. Vielleicht war ich der Schauspielerei ja einfach nicht gewachsen. Vielleicht hatte der Mann in dem kleinen Theater in Harlem recht gehabt. Vielleicht sollte ich mir wirklich eine Arbeit suchen, »die du bewältigen kannst«.

Ich konnte das Gefühl, versagt zu haben, das irgendwo in den Kulissen lauerte und mich in meine Bestandteile zerlegen würde, wenn meine Zweifel sich als Tatsachen erwiesen, nicht abschütteln. Aber trotzdem mußte ich mein Leben im Griff behalten, egal, wie alles enden mochte. Egal, was (oder wer) nach mir Ausschau halten mochte, ich mußte mich zuerst davon überzeugen, daß ich nach mir selber Ausschau hielt. Selbst dann, wenn die Angst, vom Versagen zu Fall gebracht zu werden, mein Inneres wild verknotete.

Hatte ich diese neue Kultur falsch eingeschätzt? Sollte ich den Glamour, der jetzt nur wenige Zentimeter von mir entfernt zu liegen schien, nicht ganz so ernst nehmen? Vielleicht ließ sich ein natürliches Gleichgewicht zwischen soviel Beton und Stahl nicht so leicht finden. Zwischen so vielen Maschinen, die Automobile bewegten, Fahrstühle nach oben trieben, Züge zogen. Oder war ich vielleicht im tiefsten Herzen noch nicht bereit zu akzeptieren, daß die Umgebung Werte viel eher zersetzt, als daß Werte die Umgebung prägen?

Das Stück lief nur vier Tage. Zu meiner Überraschung jedoch brachte mir mein »Triumph« in *Lysistrata* sofort ein weiteres Engagement als zweite Besetzung in *Anna Lucasta,* womit ich mit Unterbrechungen mehrere Wochen lang beschäftigt war. Dann, nach einer langen mageren und frustrierenden Periode, während der kleine Rollen abseits des Broadways mich gerade noch am Leben erhalten konnten, erfuhr ich durch einen Zufall, daß die 20th Century Fox die Besetzung für einen Film mit dem Titel *Haß ist blind* rekrutierte, den ersten Film also, den Reggie und Evelyn Poitier jemals sehen sollten.

Mit diesem ersten Film berührten meine Finger den Glamour, und das war eine enorme Leistung. Ich wußte sehr gut, wie weit ich mich von den Tagen in Nassau entfernt hatte, als ich davon geträumt hatte, in Hollywood als »Cowboy« zu arbeiten.

Während ich diesen Fox-Film in L.A. drehte, riet mir der Regisseur, Joseph Mankiewicz, nach meiner Rückkehr nach New York einen Produzenten namens Zoltan Korba aufzusuchen. Das tat ich, ich kam in sein Büro, als er gerade gehen wollte. »Keine Zeit zum Reden«, sagte er. »Könnten Sie mit mir nach London kommen?«

Als nächstes fand ich mich in einem Pan-Am-Clipper wieder, in einem Sitz erster Klasse, auf dem Weg über den Atlantik, nach London und anschließend nach Südafrika, um dann in dem Film *Denn sie sollen getröstet werden* den jungen Geistlichen zu spielen.

Das war eine gewaltige Entwicklung, und ich wurde das Gefühl nicht los, daß ich nicht nur verdammtes Glück hatte, sondern daß noch andere Faktoren eine Rolle spielen mußten. Ich war in einer Kultur aufgewachsen, in der die unsichtbaren Mächte gleich um die Ecke auf der Lauer lagen, in der sich die Menschen auf die »Mysterien« beriefen, um Glück und Pech zu erklären. Während ich versuchte, die Veränderungen in meinem neuen Leben zu verarbeiten, wurde ich immer wieder mit dem Wissen konfrontiert, daß diese vielen Zufälle und glücklichen Ereignisse im Filmgeschäft und auch anderswo normalerweise nicht vorkamen. Es gab sie nicht einmal im Film! Ich wußte, daß ich alles genauso leicht wieder verlieren könnte, wie ich es gewonnen hatte. Und diese beängstigenden Unsicherheiten machten mir zu schaffen.

Nach meiner Rückkehr aus London machte ich mich

dann endlich auf den Weg auf die Bahamas und bekam wieder festen Bodern unter die Füße. Zum ersten Mal nach acht Jahren sah ich meine Eltern wieder. Ich war als verstörter Junge von fünfzehn fortgegangen, und nun stand vor ihnen ein Mann von dreiundzwanzig, den sie kaum erkannten. Es war ein beeindruckender Moment, in unser kleines Haus in Nassau zurückzukehren und sie dort allein vorzufinden, an einem Samstagabend. Es war ein Moment wunderbarer Freude, aber auch ein Moment von niederschmetternden Schuldgefühlen für mich, denn ich war während dieser acht Jahre ganz einfach stumm geblieben.

Wie bereits erwähnt, gilt auf den Bahamas das ungeschriebene Gesetz, daß alle, die nach Amerika gehen, wenn sie nach Hause schreiben, Geld in den Briefumschlag stecken. Ich hatte meine Familie so lange Zeit nicht unterstützen können, daß mein Schweigen mir fast zur zweiten Natur geworden war. Oder zumindest rechtfertigte ich mich auf diese Weise vor mir selbst. Ich mußte warten, bis ich es zu etwas gebracht hätte, sagte ich mir. Aber ich wußte, daß Reggie niemals acht Jahre ohne ein Wort hätte verstreichen lassen.

Ich versuchte, alles wiedergutzumachen, aber das konnte mich nicht von meinen Schuldgefühlen befreien. Meine Eltern verziehen mir – sie hätten mir alles verziehen –, und ich gab ihnen fast die gesamten dreitausend Dollar, die ich während meiner angehenden Filmkarriere bisher verdient hatte. Aber ich wußte, wenn sie mich in diesem Moment hätten wiegen müssen, dann hätten sie mich für zu leicht befunden.

Die Rückkehr nach New York wurde deshalb zu einer wertvollen Übung in Demut. Nach meinem anfänglichen Erfolg – einige Filme, einige wichtige Theater-inszenierungen – fand ich mich als Tellerwäscher in Harlem wieder. Vielleicht steckte tief in mir eine Gabe von Cat Island, denn trotz dieses Rückschlags glaubte ich noch immer an mich und an die Zukunft – so sehr, daß ich eine schöne junge Frau namens Juanita heira-tete und mit meinem Leben weitermachte. Dann kam ein Freund von mir auf die kluge Idee, einen Grill zu eröffnen. Wir kratzten das Geld zusammen und mach-ten ein kleines Lokal auf, *Ribs in the Ruff* (an der Ecke 127th Street und 7th Avenue), mit Platz für insgesamt dreizehn Gäste.

Meine Frau versuchte sich damals als Model, das Gebot der Not zwang sie dazu, in einer Kleiderfabrik eine Stelle als Näherin anzunehmen. Es war ein hartes Leben, aber wir waren ihm gewachsen. Da ich mit meinen Eltern gelebt und beobachtet hatte, wie sie mit anderen Menschen und miteinander umgingen, traute ich mir so ungefähr alles zu.

Bald kam unser erstes Kind zur Welt, die kleine Be-verly, dann kündigte sich das zweite an, und ich hatte kein Geld. Unser kleines Grillokal war ein Loch in der Wand. Achtzig Cent für eine Mahlzeit, inklusive Bei-lagen. Mein Partner und ich machten alles selber. Wir grillten, wir stellten Kartoffel- und Kohlsalat her, wir schrubbten das Lokal, wenn wir morgens schlossen. Die Zeiten waren so hart, daß ich aus dem Lokal Milch für unsere zwei Kinder mitnahm.

Eines Tages, als meine Frau Pam erwartete, war ich im Grill an der Arbeit. Ich war erschöpft und machte mir Sorgen. Doch an diesem Tag, an dem weit und breit keine Ermutigung in Sicht war, rief ganz unerwartet ein bedeutender Agent namens Marty Baum an und fragte: »Könnten Sie vorbeikommen? Ich möchte etwas mit Ihnen besprechen.«

Er war natürlich nicht *mein* Agent, er half nur bei einer Rollenbesetzung aus. Sein Büro lag an der 5th Avenue, zwischen der 58th und der 57th Street.

Er sagte: »Gehen Sie zum Savoy Plaza Hotel, zur Suite Nummer soundso. Da wohnt ein Herr, der mit Ihnen über eine Rolle sprechen möchte.«

Ich ging ins Savoy Plaza. Dort fand ich zwei Männer vor, den Produzenten und den Regisseur. Wir sprachen kurz miteinander, sie musterten mich eine Weile, dann sagte der eine: »Würden Sie uns vorlesen?«

Ich antwortete: »Natürlich.«

Sie gaben mir ein Drehbuch, baten mich, eine bestimmte Seite aufzuschlagen, und ließen mir einige Minuten, um mir ein Bild von der Szene zu machen. Als ich glaubte, so weit zu sein, sagte ich: »Okay.« Dann sollte ich mit dem Produzenten die Szene lesen, während der Regisseur mich beobachtete.

Nach dem Vorlesen hatte ich ein gutes Gefühl, obwohl sie kaum etwas dazu sagten. Sie erkundigten sich nach meinen Lebensumständen und nach meinen früheren Rollen, und ich gab ihnen Auskunft. Sie gaben mir ein Drehbuch, das ich lesen sollte, und sagten, sie würden mit Marty Baum sprechen. Als ich ging, bedankten sie sich dafür, daß ich gekommen war.

Ich ging zu Marty Baum zurück. »Sie haben mir ein Drehbuch gegeben.« Er sagte: »Na, dann lesen Sie es. Kommen Sie morgen wieder, dann überlegen wir, wie es weitergehen soll.«

Ich ging nach Hause – in die 127th Street, nahe der

Amsterdam Avenue – und las das Drehbuch. Es gefiel mir nicht. Die für mich vorgesehene Rolle war die eines Mannes, der in einem Spielkasino in Phenix City, Alabama, als Hausmeister arbeitete. Er war ein sehr sympathischer Mann, aber im Kasino war ein Mord begangen worden, und das Drehbuch wollte, daß der Hausmeister über Informationen verfügte, die dem Schuldigen Probleme machen könnten. Er wurde bedroht, ihm wurde nahegelegt, den Mund zu halten, und er unternahm nichts, sagte nichts. Um ihre Drohungen noch zu untermalen, brachten die Schurken dann seine kleine Tochter um und warfen ihren Leichnam in seinen Vorgarten. Er war außer sich vor Wut. Und vor Qual. Aber er blieb weiterhin passiv. Er rührte keinen Finger. Er ließ seine Schlachten von anderen ausfechten.

Am nächsten Tag ging ich zu Marty Baum ins Büro.

»Na, wie finden Sie das Drehbuch?« fragte er.

»Na ja, ich muß Ihnen sagen, daß ich diese Rolle nicht spielen werde.«

Er verzog ungläubig das Gesicht. »Sie werden das nicht spielen?«

»Nein«, sagte ich. »Ich kann diese Rolle nicht spielen.«

»Wie meinen Sie das, daß Sie die Rolle nicht spielen können?« fragte er gereizt.

»Ich kann sie nicht spielen«, sagte ich noch einmal.

»Es ist keine schlechte Rolle«, erklärte er.

»Nein, das nicht.«

»Und das, was diesem Mann passiert, hat nichts mit seiner Rassenzugehörigkeit zu tun.«

»Nicht notwendigerweise«, sagte ich zustimmend.

»Unter diesen Umständen könnte es jedem passieren.«

»Was ist also Ihr Grund?« fragte er. »Ich meine, ist es ...« Er verstummte, offenbar versuchte er, in meiner Reaktion irgendeinen Sinn zu erkennen. »Sie werden nicht beschimpft, Sie werden nicht ...« So machte er weiter, dies passiert Ihnen nicht, jenes passiert Ihnen nicht.

Ich sagte: »Ja, das stimmt alles.«

»Was ist also der Grund?« drängte er.

»Ich kann es Ihnen nicht sagen«, antwortete ich. »Aber es gibt einen Grund. Ich möchte nur nicht näher darauf eingehen.«

Also sagte er: »Na, hören Sie, dann lassen wir es dabei. Aber ich kann das noch immer nicht verstehen.«

Ich bedankte mich bei ihm und verließ sein Büro. Von dort aus ging ich zur 57th Street und zum Broadway, zu einer Firma namens Household Finance Company, und belieh die Möbel in unserer Wohnung mit fünfundsiebzig Dollar, weil ich das Geld brauchte. Die Geburt unserer zweiten Tochter stand kurz bevor, ich wußte, daß das Beth-Israel-Krankenhaus diese Summe von mir verlangen würde, und deshalb mußte ich das Geld einfach zusammenbringen.

Sechs Monate später kam ein Anruf. »Hallo. Sidney Poitier?«

»Ja«, sagte ich.

»Hier spricht Marty Baum.«

»Ach, ja, und wie geht es Ihnen, Sir?« fragte ich.

»Gut. Und Ihnen? Was machen Sie so?« fragte er.

Ich antwortete: »Ich arbeite noch immer im Restaurant.«

Er sagte: »Sie hatten also keine neuen Rollen?«

»Nein, das nicht«, sagte ich.

Er sagte: »Kommen Sie her. Ich möchte mit Ihnen reden.«

Also ging ich zum Büro von Baum und Newborn. Es gab dort noch zwei oder drei andere Agenten und drei oder vier Sekretärinnen. Marty Baum führte mich in sein Privatbüro und bot mir einen Stuhl an.

»Ich habe keinen Job für Sie«, sagte er. »Aber ich habe Sie trotzdem hergebeten, denn ich möchte Ihnen etwas sagen.« Er starrte mich einen Moment lang schweigend an, dann fügte er hinzu: »Wissen Sie, jemand wie Sie ist mir noch nie über den Weg gelaufen. Es war eine ziemlich gute Rolle. Sie hatte keine rassistischen Beiklänge, aber Sie haben sie abgelehnt. Sie hatten seither keine anderen Angebote, und diese Rolle hätte – na, sie hätte Ihnen siebenhundertfünfzig Dollar die Woche eingebracht. Das wäre doch eine nette Abwechslung für Sie gewesen.«

Er bat mich noch einmal um eine Erklärung dafür, warum ich die Rolle abgelehnt hatte, aber ich konnte nur sagen: »Also, wissen Sie, so bin ich eben.«

Er sagte: »Na gut, dann werde ich Ihnen etwas sagen. Ich weiß ja nicht, was mit Ihnen los ist, aber jemanden, der so verrückt ist wie Sie, den möchte ich managen.«

Ich sagte: »Okay.« Und auf diese Weise kam ich zu einem Agenten, der meiner Karriere ein solides Fundament gab.

Ich konnte ihm das damals nicht sagen, und vielleicht klingt es selbst heute, nach so vielen Jahren, immer noch ein wenig selbstgerecht, aber ich hatte diese Rolle abgelehnt, weil der Mensch, den ich darstellen sollte, in meinen Augen einfach versagte. Er kämpfte nicht für das, was ihm am wichtigsten war. Er zeigte keine Würde.

Mein Vater, Reggie, war eine bestimmte Sorte von Mann, und er war eine bestimmte Sorte von Vater. Er war arm, klar, obwohl er hart arbeitete. Das einzige, was er konnte, war Tomaten anzubauen, aber der Boden in Nassau war nicht gut genug, dort wurde vor allem auf Tourismus gesetzt, und es gab für ihn einfach keinen Platz zum Pflanzen. Mit fünfzig oder fünfundfünfzig litt er unter anderem arg unter rheumatischer Arthritis. Er hatte in einem Fahrradladen in Nassau gearbeitet, diesen Job aber nach einigen Jahren verloren. Er konnte sich jetzt nur noch sein Brot verdienen, wenn mein Bruder in Miami ihm Kisten mit billigen Zigarren schickte. Mein Vater zog damit von einer Bar zur anderen und verkaufte sie. Hier eine, dort vielleicht zwei. So arm war er. Aber er tat, was er tun mußte. Und ich hatte keine Rolle spielen wollen, die vielleicht seine Werte in den Schmutz zog.

Auch meine Mutter ließ sich nie unterkriegen. Sie sammelte in der Nachbarschaft und im Wald Felsbrocken und Steine – manchmal bis zu einem Gewicht von zwanzig, dreißig oder sogar fünfzig Pfund. Wenn sie an die zwanzig Zentner auf dem Hof vor unserem Haus aufgetürmt hatte, setzte sie sich mit einem Hammer in der Hand und einem breiten Strohhut auf dem Kopf unter einen Mandelbaum und zerschlug die Steine von morgens bis abends in kleine Stücke und die Stücke zu Kies.

Sie brauchte Wochen, um einen Steinhaufen, der als Pyramide bis ans Dach reichte, in kleine Stücke zu schlagen. Und das sind verdammt viele Steine. Und sie machte das nicht für einige wenige Wochen, diese Wochen konnten durchaus zu Monaten werden. Wenn sie eine neue, ausreichend hohe Pyramide aus Kies verarbeitet hatte – und sie war nicht die einzige Frau, die das machte –, dann kam ein Mann mit seinem Lastwagen und seinen Arbeitern und feilschte mit ihr über den Preis dieser Pyramide aus zerstoßenen Steinen, und er zahlte ihr, was immer sie heraushandeln konnte – im Durchschnitt zehn Schilling, zwölf Schilling, anderthalb Pfund. Fünfzehn Schilling waren damals ungefähr soviel wert wie sechs Dollar. Der Mann bezahlte ihr die sechs Dollar oder was auch immer, seine Arbeiter schaufelten den Kies auf seinen Lastwagen, und dann fuhren sie weiter.

Nach vielleicht einer Woche Pause machte sie sich dann wieder auf zum Steinesammeln.

Doch die Art, in der Reggie und Evelyn ihren Lebensunterhalt verdienten, hatte einfach nichts mit ihrer Persönlichkeit zu tun. Auf den Bahamas gab es diesen ganzen Rasse/Klasse-Komplex, und unter den Schwarzen war die Klasseneinteilung überall sichtbar und wurde strikt eingehalten. Wer wirklich arm war, war ganz und gar machtlos, was für die meisten Menschen galt. Dann gab es eine Klasse von Schwarzen, die sich für etwas Besseres hielten. Sie eiferten dem kolonialen Wertesystem nach und hielten sich für die Spitze der schwarzen Gemeinschaft. Das war ihre Vorstellung von Hierarchie. Mein Vater dagegen war so arm, daß er aus der schwarzen Gesellschaftsstruktur und überhaupt aus *jeder* Gesellschaftsstruktur herausfiel. Er wurde von so gut wie allen ignoriert, abgesehen von seinen Freunden. Und er hatte viele Freunde.

Dennoch hat er sich nie beklagt. Das hier waren *meine* Klagen, nicht seine. Keine Klagen. Er lebte, das Leben war nun einmal so – das war seine Sicht der Dinge. Er wußte, was für ein Mensch er war. Er wußte, was für eine Familie er hatte. Er wußte, mit was für einer Frau er verheiratet war. Er hatte kein Geld; er mußte sich durch die seltsamsten Unternehmungen ernähren, aber alle seine Unternehmungen waren ehrlich und ehrbar, denn so war er ja auch selbst.

Und Evelyn, natürlich, nie habe ich von ihr ein Wort der Klage gehört – niemals, kein einziges Mal –, obwohl sie manchmal ein wenig sauer auf mich war, wenn ich mich über meine Kleidung beschwerte. Ich war einfach noch zu jung, um unsere Lage zu verstehen, aber vielleicht hat sie in meinem Maulen eine Kritik an ihren oder den Leistungen meines Vaters gehört. Auf jeden Fall hatte sie dann immer eine Antwort parat. Und ihre Antworten waren verdammt gut, sie enthielten weder Selbstmitleid noch Selbstvorwürfe. Sie sagte das, was stolze und ehrbare Mütter immer schon gesagt haben, zum Beispiel: »Solange deine Kleidung sauber ist, kannst du damit zufrieden sein.«

Doch als ich nach New York und dann nach Hollywood kam, aus welchem Grund, durch welchen Glücksfall auch immer, bot sich mir die phantastische Möglichkeit, eine Arbeit zu tun, die zeigte, wer ich war. Und wer ich war, das hing untrennbar zusammen mit Reggie und Evelyn und jeder verkauften Zigarre und jedem zerschlagenen Stein. So habe ich das immer gesehen: Meine Arbeit zeigt, wer ich bin. Ich beschloß

schon ganz zu Anfang, damals, als ich noch als Tellerwäscher in einem Harlemer Grill stand, daß meine Arbeit dem Namen meines Vaters niemals Schande machen sollte.

Was ich tue, tue ich für mich – und natürlich für meine Frau und meine Kinder. Und ich tue es aus einem
gewissen beruflichen Ego-Gefühl heraus und aus Ehr-
geiz, wie alle anderen. Doch alles, was ich tue, tue ich
auch für Reggie und Evelyn.

Ein Leben in Schwarzweiß

Meine improvisierte politische Erziehung setzte 1943 ein. Die Schule, die mir diese Erziehung ermöglichte, war der Bezirk nördlich des Central Park, der bekannt ist als Harlem, New York.

Nun hatte die Schule der harten Schläge keine Kurse in politischen Wissenschaften angeboten, doch schon lange vor meiner Ankunft dort wußten die Menschen in Harlem nur zu gut, daß sie in der Politik schlechte Karten hatten – durch eine unsichtbare Macht der Ausschließung, die aufs Geschickteste in die Fasern des täglichen Lebens eingeflochten war. In der Schule der harten Schläge bezeichnete Politik die Methoden der Weißen, alles zu ihrem Vorteil zu drehen.

Die Menschen in Harlem hatten allerlei erkennen müssen. Erstens: Sie wußten, daß Harlem aus simplen wirtschaftlichen Gründen niemals etwas anderes sein würde als ein billiges Reservoir an Arbeitskräften. Zweitens: Sie wußten, daß die Politik es aus kulturellen Gründen vorsah, daß nach Feierabend eine angemessene Distanz beibehalten wurde. Drittens: Sie wußten, daß in Rassenfragen die Politik die Regeln aufgestellt hatte und über die Mittel verfügte, diese Regeln durchzusetzen, sicherzustellen, daß die Menschen in Harlem den »Verhaltenskodex«, der während der vergangenen zweihundert Jahre zwischen sie und die größere Gemeinschaft geschoben worden war, respektierten. Viertens: Sie wußten auch, daß die Politik Harlem im Notfall mit Versprechungen bombardieren würde, von denen die Menschen dort wußten, daß sie niemals gehalten wurden.

Das Harlem, das ich vierzehn Jahre lang gekannt habe, war ein erstaunlicher Ort – ein sagenumwobenes Reiseziel, das in allen afroamerikanischen Gemeinden im ganzen Land bekannt war. Seine blendende Magie zog Besucher jeglicher Herkunft und aus allen Gegenden an, die durch Geruch, Geschmack, Berührung seine verzaubernden Kräfte, seine geheimnisvollen Schwingungen, seine charakteristischen Rhythmen, die angeblich alle in der Luft lagen, kennenlernen wollten. Und jeder Besucher Harlems wurde zu dem Glauben ermutigt, daß jeder Atemzug auch bestimmte spirituelle Segen enthielt, die aus der Seele von Harlems liebevoller Bevölkerung durch die Tore ihrer Herzen strömten.

Harlems Attraktionen riefen mit einem Augenzwinkern und einem Lächeln. Jazz im *Minton's*, Vaudeville im *Apollo*, Kabarett im *Smalls' Paradise*, Komiker und Schnulzensänger im *Baby Grand*, Swingtanz im *Savoy* und dem *Renaissance Casino*, Seelenfutter im *Jennylou's*, elegante späte Mahlzeiten im *Wells*. Es gab das *Palm*, das *Frank's*, das *Sugar Ray Robinson's*, das *Shalamar*, das *Joe's Barbecue*. Und wenn die legalen Bars um Mitternacht dichtmachten, dann öffneten die illegalen. Im *Rhythm Club* wurde rund um die Uhr gespielt. Es gab Freudenhäuser, die zu einem Befriedigung garantierenden Preis Zwischenspiele von hoher Qualität anboten.

Und es gab das Theresa Hotel – ein Symbol für Freude und Stolz der Gemeinde –, in dem ranghohe Gäste hof hielten. Würdenträger aus der Karibik, aus Afrika, Südamerika und anderen Ländern. Schwergewichte des Showbusiness wie der Herzog von Ellington, der Graf von Basie, Jimmie Lunceford, Louis Jordan, Billy Eckstine, Dinah Washington, Sarah Vaughan, Ruth Brown. Und zahllose andere. Doch die unvergeßlichsten Menschen tauchten plötzlich wie aus einem anderen Leben auf und waren ebenso plötzlich wieder verschwunden.

Baron Smith zum Beispiel war ein hochgewachsener, breitschultriger, braunhäutiger Mann von an die dreihundert oder mehr Pfund, der immer eine imposante Gestalt abgab, wenn er das Foyer des Theresa Hotel betrat oder verließ. Manchmal war er tadellos gewandet, in einen doppelreihigen Anzug aus weißem Rehleder, mit einer Nelke im Knopfloch, einem leicht nach vorn gezogenen Panamahut, zweifarbigen schwarzweißen Schuhen an den Füßen und einem Smaragdring mit Diamanten am linken kleinen Finger – eine Kombination, die insgesamt einen perfekten Hintergrund für ein elegantes, schwarzes maßgeschneidertes Hemd und die erlesene Krawatte bildete, die das Bild vollendeten. Am folgenden Tag erschien er vielleicht in einem eierschalenfarbenen Anzug mit ähnlich faszinierendem Zubehör. Und am darauffolgenden Tag sah er dann abermals ganz und gar anders aus.

In jedem Sommer wurde dieser wohlhabende Mann von Hotelleitung und -personal und von allen Lokalen in Harlem, zu denen auch gewisse Damen des Abends gehörten, die bei früheren Besuchen die angenehme

Bekanntschaft seiner Persönlichkeit und seiner Brieftasche gemacht hatten, begeistert empfangen.

Doch Baron Smith' Image und Erscheinen waren maßgeschneidert. Sie waren eine Vorstellung, die eine Woche lang auf der Bühne von Harlems aktuellen Etablissements ablaufen und jeden Sommer wiederholt werden sollte, solange die Geschäfte das zuließen.

Das wahre Leben des wahren Baron Smith spielte sich in Nassau auf den Bahamas ab. Dort war er ein Barkeeper, der den Einheimischen Rum verkaufte. Seine Bar war von bescheidener Größe, was auch für seinen Umsatz galt. Bei seiner Profitspanne mußte er andere Verpflichtungen ignorieren, wenn er seine allsommerliche Sieben-Tage-Wallfahrt nach Harlem finanzieren wollte. Doch Traumjäger und Opfer sind einander niemals lange fremd. Mein Vater schaute jeden Tag in Baron Smith' Bar vorbei, um den Gästen des Barons Zigarren zu verkaufen. Das Leben in Nassau gestaltete sich für Mr. Smith reichlich routinemäßig und ereignislos. Es bot keinerlei Sensation. Er sehnte sich nach Abenteuern, doch alles, was er sich ermöglichen konnte, war eine Woche Leben am Abgrund, auf perfekte Weise, am idealen Schauplatz, am makellosen Schauplatz seiner Träume. In Harlem, New York.

Ich kannte Mr. Smith ziemlich gut. Mit vielleicht zwölf Jahren schlich ich mich oft durch ein kleines Lüftungsfenster hinten im Haus, hinter der Leinwand, in das örtliche Kino. Das Fenster war so hoch, daß ich es eigentlich nicht erreichen konnte, deshalb brauchte ich einen Komplizen. Ich kletterte auf die Schultern meines Freundes Yorick, und wenn ich dann oben war, beugte ich mich aus dem Fenster, packte Yoricks Handgelenke und zog ihn hoch und herein. Dann krochen wir unter einer Portiere hindurch, die den Raum hinter der Bühne vom Kinosaal trennte, krochen unter den ersten Sitzreihen weiter und tauchten schließlich mit Unschuldsmienen in der vierten oder fünften Reihe wieder auf. Dort blieben wir sitzen und gaben uns alle Mühe, wie zahlende Kinogänger auszusehen. Nachdem wir diese Übung vielleicht ein Dutzend Mal erfolgreich absolviert hatten, tauchten wir eines Tages auf, setzten uns hin und – na, was wohl? Vor uns stand Mr. Baron Smith. Zu dieser Zeit war er Geschäftsführer des Kinos.

Er packte uns am Kragen, zog uns auf die Füße und schleppte uns in sein Büro, während uns Bilder von Erziehungsanstalten durch den Kopf jagten. Wir wußten, wenn er die Polizei riefe, dann würde an uns ein Exempel statuiert werden, zur Warnung für alle jungen männlichen Wesen in unserem Alter. Und das würde für jeden von uns sechs Jahre Knast bedeuten.

In seinem Büro mußten wir uns dann hinsetzen. »Ich kenne deinen Vater«, sagte er zu mir. »Was meinst du, was der wohl sagen würde, wenn er wüßte, was du hier treibst?«

Yorick und ich wußten, daß er auf diese Frage keine Antwort erwartete, und deshalb blieben wir schweigend sitzen. Seine Predigt war nur kurz, erreichte jedoch ihr Ziel.

»Jetzt macht, daß ihr fortkommt«, sagte er, nachdem er uns einige Minuten hatte schmoren lassen. »Wenn ihr das noch einmal versucht, werdet ihr es für den Rest eures Lebens bereuen. Was ihr gemacht habt, ist so schlimm wie Diebstahl. Ihr wollt doch nicht zu Dieben werden, oder? Diebe enden im Gefängnis, vergeßt das nicht. Ehrlichkeit ist wirklich der beste Weg.«

Wir hatten durchaus nicht vor, zu Dieben zu *werden*. Wir waren bereits Diebe. Aber wir wollten unsere Probleme nicht dadurch verschärfen, daß wir diese Information aus purer Wahrheitsliebe lieferten. Mr. Smith brachte uns auf die Straße und ließ uns laufen.

Sechzig Jahre sind vergangen, seit Mr. Smith Yorick und mich laufen ließ, aber seine damalige Großzügigkeit war mir wirklich eine wichtige Lehre. Aber auch die Großzügigkeit, mit der Harlem Baron Smith in seiner Rolle als Mann von Bedeutung, Reichtum, Freigebigkeit und elegantem Auftreten – alles durch Kleidung und Schein hervorgerufen – empfing, und die Großzügigkeit, mit der solche Träume für Baron Smith und Träumer wie ihn aus aller Welt am Leben gehalten wurden, waren eine wichtige Lehre.

Für Baron Smith, den Träumer, war Harlem ein Bühnenbild, das bloße Abbilder der Wirklichkeit wiedergab; aber Tatsache ist, daß wir, die Menschen von Harlem, wirklich waren. Mit der Folge, daß Harlem eine andere Art von Träumern hervorbrachte, die sich unseren Problemen widmeten.

Als junger Mann fing ich an, mich zu fragen: Wer spricht für mich, und wer spricht zu mir? In Zeitungen, im Radio, in der Wochenschau im Kino, in Gedichten und Predigten tauchten nun Stimmen auf – Stimmen von Menschen aus allen Lebensbereichen, die Visionen und Mut besaßen. Eine nach der anderen sprachen sie zu mir, und sie sprachen *für* mich. Sie gehörten Paul Robeson, Dr. Ralph Bunche, A. Philip Randolph, Adam Clayton Powell jr., Roy Wilkins,

Mary McCloud Bethune, Walter White, Whitney Young, Langston Hughes und anderen. Und im Laufe der Zeit kamen die Stimmen neuer Freunde aus meiner Generation dazu, wie die von William Garfield Greaves, Harry Belafonte, Leon Bibb, Philip and Doris Rose, William Branch, William Marshall, Julian Mayfield und anderen. Wie ich waren sie jung. Im Gegensatz zu mir waren sie keine politischen Frischlinge. Diese intelligenten jungen Menschen – vor allem Harry Belafonte, Leon Bibb, Philip und Doris Rose – sollten für meine politische Erziehung von unschätzbarer Bedeutung werden und bleiben. Durch ihr Beispiel und durch die große Mühe, die ich mir beim Zeitunglesen gab, konnte ich jeden Tag wichtige Informationen sammeln.

1945, achtzehn Jahre alt und gerade erst der Armee entronnen, wußte ich zum Beispiel nicht, was es bedeutete, ein »Demokrat«, ein »Republikaner«, ein »Progressiver«, ein »Sozialist«, ein »Kommunist«, ein »Anarchist«, ein »Nordstaatenliberaler«, ein »Südstaatenkonservativer« zu sein. Ich hatte auch keine Ahnung von den Unterschieden zwischen den Menschen, die mit diesen Bezeichnungen belegt wurden. Erst nach einiger Zeit begriff ich, welche Vertreter dieser unterschiedlichen Positionen wirkliche Verbündete derer waren, die für die Männer und Frauen von Harlem und für die jungen Leute meiner Generation sprachen. Mit einundzwanzig hatte ich mich mit der politischen Landschaft dann vertraut gemacht und mich darüber informiert, welche Philosophie die wichtigen Mitspieler antrieb.

Meine Lehrer fand ich in sehr unterschiedlicher Gestalt und an mancherlei Orten. Louise zum Beispiel lebte in Brooklyn, und der Weg vom *American Negro*

Theatre in der 127th Street bis zu ihrer Türschwelle war wirklich eine Reise. Ich bot ihr einmal nach einer späten Probe im Theater an, sie nach Hause zu bringen, und das machte ich in der Folgezeit dann immer wieder.

Aufopfernd, launisch, reizbar, grob, gemein, nachdenklich, sinnlich, eine begabte und kühne Person, die gern Risiken einging – das war Louise. Im Schauspielunterricht bot sie eine mitreißende, hypnotisierende Erscheinung. Als neunzehnjährige Schwarze wurde sie oft für eine Araberin, Asiatin oder Indianerin gehalten. In Wirklichkeit war sie von gemischter afroamerikanischer und weißer Herkunft, doch für sie galt nur ihr afroamerikanisches Erbe.

Ein Gespräch mit ihr war ein Vergnügen, vor allem, weil es mir eher darum ging, in ihre Gedanken Einlaß zu finden als in ihr Bett. Sie schien über alles etwas zu wissen, und ich wußte, sie konnte mir beim Füllen der Leerstellen in meiner eigenen Allgemeinbildung helfen. Ihre Worte schlugen Saiten an, die ich oft in mir selber gehört hatte, ihre Stimme brachte Dinge zum Ausdruck, die wir beide der Regierung vorwarfen.

Auch ihre Sprache war für mich eine Inspiration. Sie benutzte zum Beispiel die Ausdrücke »rhetorische Kacke« und »hinterhältiges Arschloch«. »Kacke« und »Arschloch« hatte ich natürlich gehört, aber welche Art Kacke ist rhetorisch, und was muß ein Arschloch tun, um als hinterhältig bezeichnet werden zu können? »Neger-Bourgeoisie« war ein anderer Ausdruck. Einmal kamen wir bei einer Diskussion darüber, wer sie und ich als Individuen in Amerika waren, nicht weiter. »Wie wir uns selber sehen, wie wir einander sehen«, sagte sie, »sollte von uns entschieden werden, nicht von Leuten, die uns zumeist nicht leiden können; von Leuten, die Gesetze erlassen, in denen wir zu einer Art Untermensch gemacht werden. Zu viele von uns sehen einander so, wie ›sie‹ uns sehen«, fügte sie hinzu. »Zeit, mit dieser Scheiße aufzuhören. Wir müssen selber entscheiden, was wir sind und was wir nicht sind. Unser eigenes Selbstbild zeichnen. Und es hegen und pflegen, bis es auf eigenen Füßen stehen kann.«

Sie sah durch das Fenster eines Cafés zu, wie in der Straße in Brooklyn, in der sie wohnte, der Schnee fiel. »Ich kann dir eins sagen«, fuhr sie dann fort. »Wenn ich dabei etwas zu sagen habe, dann wird diese Heucheldemokratie einiges an Änderungen durchgemacht haben, wenn meine Enkelkinder hier sitzen.«

Mehr als einmal habe ich mich damals gefragt, ob sie nur Dinge wiederkäute, die sie von einem an solchen Themen interessierten Vater, von einer belesenen Mutter oder auf einer Schule gehört hatte. Aber wenn ich die Leidenschaft spürte, die hinter ihren Worten steckte, dann wußte ich, daß sie aus Überzeugung sprach.

»Dinge, die eingepfercht werden zwischen ›unterschiedliche Meinungen‹, ›gegensetzliche Standpunkte‹, ›entgegengesetzte Ansichten‹ – das sind Themen«, erklärte sie. »Alles Gesellschaftliche, Politische, Religiöse, Finanzielle, Persönliche oder Unpersönliche, Objektive oder Subjektive, das zu Debatten, Kämpfen und Kriegen führt – das alles ist ein Thema.«

Von Louise lernte ich viel, nicht zuletzt die Erkenntnis, wie sehr das Beherrschen der Sprache unser Leben bereichern kann.

Doch uns blieb nicht viel Zeit. Bald ging ich an den

Broadway, dann tingelte ich mehrere Jahre mit dem Stück *Anna Lucasta,* anschließend verbrachte ich drei Jahrzehnte in Hollywood. Dabei verlor ich Louise aus den Augen. Alle meine Versuche, wieder Kontakt zu ihr aufzunehmen, erwiesen sich als fruchtlos. Wenn sie überlebt und wenn sie Kinder gehabt hat, kann ich mir durchaus vorstellen, daß diese unter den jungen Afroamerikanern waren, die in den sechziger Jahren in Südstaatenlokalen ihre Sit-ins veranstalteten. Die »Bull« Connors Hunden trotzten. Die alles für die Aufhebung der Rassentrennung gaben. Die sich dafür engagierten, die »Demokratie von der Heuchelei zu befreien«, wie Louise so gern sagte. Wenn Louise noch hier ist, dann weiß sie, daß die Zeiten sich geändert haben. Wenn nicht, dann bin ich hier, um für uns beide zu bezeugen, daß sie sich geändert haben.

Aus meinem behaglichen Leben auf Cat Island war ich herausgerissen und nach Nassau verpflanzt worden. Als ich mich in Nassau einigermaßen eingelebt hatte, was durchaus nicht leicht war, wurde ich abermals herausgerissen und in eine feindselige Umgebung namens Florida verpflanzt. Wieder und wieder mußte ich das aufgeben, mit dem ich mich wohl fühlte, und weiterziehen. Schließlich wurde das zum Ritual.

Eine Zeitlang war es New York, dann Kalifornien. Die vielen Theaterstücke, Filme und Veranstaltungen der Filmbranche. Die Freundschaften, die ich unterwegs schloß und entwickelte, gehörten dazu. Die meisten dieser Freunde ließ ich im Laufe der Zeit hinter mir zurück.

Der nomadische Lebensstil, den ich mir zugelegt hatte (wenn auch anfangs nicht freiwillig), brachte alle meine Freundschaften in dauernde Gefahr. Ich wurde zum Einzelgänger, zum Alleinreisenden.

Ich sah die Dinge immer anders als andere. Ich hörte anders. Ich hatte ein anderes Bild von der Zukunft. Meistens verlangte ich mehr von mir, als ich leisten konnte. Manches Mal kam ich der Selbstzerstörung sehr nahe. Ich habe offenbar großes Glück gehabt, denn mein Überlebenskampf war eigentlich nur ein Flickenteppich aus Versuchen und Irrtümern. Aber es brachte Befriedigung, Freude – nein, *Erregung –,* wenn sich ein Erfolg einstellte, nachdem ich nahe bei der Flamme getanzt und alles auf eine Karte gesetzt hatte. Und das Glück mir hold war.

Wenn ich mir sagte, daß ich aller Wahrscheinlichkeit nach verlieren würde, dann minderte das meine Angst vor dem Verlieren. »Sei aufs Schlimmste vorbereitet, hoffe aufs Beste.« Das war mein Motto. Das war das Credo, das es mir ermöglichte, von einer Krise zur anderen zu überleben.

Der Überlebenskampf ließ mich ernster werden, als mir eigentlich lieb war. Das führte aber nicht zum vollständigen Verschwinden von Vergnügen und einiger *Freude.* Nur auf den Bahamas aber konnte ich Vergnügen und Freude vollständig und ohne Einschränkungen genießen.

Eine sehr brauchbare Überlebensstrategie verdankte ich meiner Mutter. »Du mußt so charmant sein, mein Sohn«, sagte sie, »daß du die anderen neutralisierst.« Ich war also charmant, weshalb ich wenigstens vorübergehend die Messerstiche einer bedrohlichen Gesellschaft abwehren konnte.

So wie ich damals lebte und wie ich eine Beziehung zwischen mir und dieser komplexen Umgebung entwickelte, konnte ich mich den Freuden nicht einfach so hingeben. Es gab Freuden, und manchmal konnte ich mich ihnen hingeben. Aber niemals verlor ich die Tatsache aus den Augen, daß ich Rückendeckung brauchte, daß ich immer auf der Bühne stand.

Die Gesellschaft hatte Gesetze erlassen, die mich auf Distanz oder überhaupt außer Sichtweite halten sollten. Ich konnte in dieser oft feindseligen Welt nur durch immer neue Versuche, durch schrittweises Lernen überleben; und so wie damals, als ich lernte, die Früchte der Sapodillbäume zu pflücken, wurde ich oft gestochen.

»Ach, so funktioniert das also«, wußte ich dann. In meinem Keller wimmelt es also nur so von Versuchen und Fehlern und Werkzeug und wirklich schmerzhaft gelernten Lektionen.

Nachdem ich die Armee verlassen und beim *American Negro Theatre* angefangen hatte, wurde ich ein aufmerksamerer Beobachter als viele andere. Ich stammte aus einer schwarzen Kultur in der Karibik, aber ich fand es wunderbar, zur schwarzen Kultur New Yorks zu gehören. Dort hatte das Leben einen anderen Rhythmus. Es gab emotionale und physische Grenzen, die den Geist jedoch nicht einschränken konnten. Es gab so viele Orte, wo man ein freundliches Willkommen fand. Es gab viele Freuden. Und viele Menschen, die diese Freuden auskosteten, wie ich aus mitgehörten Gesprächen und durch meine Beobachtungen wußte.

Ich hatte jedoch auch mit der weißen Gesellschaft zu tun. Dort arbeitete ich schließlich. In ihren Vierteln gab es die meisten Kinos. Dort lag die 42nd Street. Immer wieder zog es mich in diese Welt. Die Lichter des Broadway lockten mich an. Samstags abends machte man sich fein und ging in die Stadt, angezogen vom lebhaften Treiben dort. Man lief einfach herum und – na ja, man wurde einfach süchtig nach diesem Leben.

Eine Unmenge von Dingen, die den alteingesessenen Einwohnern der Stadt selbstverständlich waren, mußte gelernt, geübt, geprobt werden. Zum Beispiel, wie man eine Münze in einen öffentlichen Fernsprecher wirft und dann die Nummer wählt – obwohl ich damals, als ich das lernte, in der ganzen Stadt nicht einen einzigen Menschen kannte, schon gar keinen mit Telefonanschluß. Ich lernte Straßennamen und Verkehrsschilder. Ich lernte U-Bahn- und Busverbindungen. Ich lernte, wo ich willkommen war und wo nicht. Ich lernte, genauer zuzuhören, schärfer hinzuschauen und nicht nur das zu sehen, was ich mit bloßem Auge wahrnehmen konnte. Vor allem, da Schlepper und Zuhälter oft aussahen wie Ärzte und Rechtsanwälte, ebenso wie Ärzte und Rechtsanwälte sich bisweilen verhielten wie Schlepper und Zuhälter.

Werktätige Familienoberhäupter – Büroangestellte und Handwerker, in der Innenstadt und in Harlem – mußten für mich so durchschaubar werden wie ihre Kollegen in Nassau es gewesen waren. Nur mußte ich das in dieser amerikanischen Stadt, wo die Zeit an sich schon eine Währung darzustellen schien, noch dazu die einzige, mit der ich ausreichend versehen war, schneller lernen.

Mit Anfang Zwanzig hatte ich viele Schlachten ausgefochten, viele Kriege verloren, viele Leben gelebt, die meisten, ohne überhaupt auf sie vorbereitet gewesen zu sein. Das Leben bot mir nicht die Möglichkeit, bei den vielen Rollen, die ich spielen mußte, zuerst vorzusprechen. Doch ich kann mich nicht daran erinnern, daß auf einer der vielen Straßen, die ich bereiste, je das Wort »Außenseiter« auf mich angewandt worden wäre. Ich hielt mich im Spiel des Überlebens für einen alten Hasen. Aber da zu jeder Zeit das Versagen in meinem Schatten wanderte und auf den falschen Schritt wartete, der meine gesamte Existenz aus dem Gleis werfen könnte, halte ich »Überlebender« auch für ein besseres Etikett, unter dem mein Leben einsortiert werden könnte.

Im Laufe der Zeit fiel mir allerdings auf, wie oft andere als »Außenseiter« bezeichnet wurden. Diese Bezeichnung ging mir nicht aus dem Kopf und brachte mich zu der Frage, wer ich im tiefsten Herzen eigentlich war. Schließlich sah ich mich im Außenseiter und den Außenseiter in mir. Ich wußte, daß der Außenseiter und der Überlebende oft zusammenarbeiten, Zwillinge sind sie jedoch nicht.

Was an den Außenseitern, fragte ich mich, zog die Neugier der anderen auf sich? Was trieb solche Persönlichkeiten um? Welche Mächte treiben sie an – Mächte, die dafür sorgen, daß ihnen nichts passiert, wenn sie in Bewegung bleiben, wenn sie sich im Rhythmus ihrer eigenen Trommeln bewegen, was immer auch passieren mag? Wurzelt ihr Leben in Opferbereitschaft und der Herausforderung zur Verteidigung edlerer Ziele und höherer Werte? Oder ist es das Leben von unkontrollierbaren Gelüsten in einer materialistischen Umgebung? Sind Außenseiter einfach Regelbrecher, die durch ihre Natur dazu gezwungen sind, immer auf der

Hut zu sein, als »einer von denen« zu gelten, aber nie als »einer von uns«?

Für mich als jungen Mann war die relevanteste Frage, welche Erwartungen ein solcher Außenseiter an sein Leben stellen mochte. Mit welchen Strafen mußte er rechnen? Welche Schönheiten kamen in seinem Leben vor, welche Narben trug er aus den vielen Situationen davon, in denen er plötzlich mit einer lebensverändernden Situation konfrontiert war, in der sein Weg versperrt, eine Drohung ausgestoßen, eine Herausforderung gestellt wurde? Die ihm die Frage stellte, ob er töricht genug sei, sich einzubilden, er sei diesen Herausforderungen gewachsen? »Hier mußt du durch, wenn es dir ums Überleben geht. Also entscheide dich, Mister Außenseiter. Wenn du dahin kommen willst, wo du dir einbildest, hinkommen zu wollen, dann hast du fünf Minuten, um zu einer Person aus Fleisch und Blut zu werden und in Schuhen zu laufen, die du bisher noch nicht einmal anprobiert hast. *Aber zuerst mußt* du *mich austricksen.*

Erst mit über sechzig fand ich mich wirklich mit meinem Außenseiterdasein ab und konnte mich darin einigermaßen häuslich niederlassen. Ich hatte über fünfzig Jahre am Rand verbracht, ob mir das nun bewußt gewesen war oder nicht, doch endlich akzeptierte ich nun die Wahrscheinlichkeit, daß ich *immer* ein Außenseiter bleiben würde.

Ich lebe heute in Beverly Hills, aber ich bin dort noch immer ein Außenseiter. Und Hollywood hatte mir von Anfang an gezeigt, wo mein Platz war. Damals drehte ich für die Columbia den Film *Und der Herr sei uns gnädig.* Insgesamt arbeiteten daran an die hundert

Menschen mit, und ich war der einzige Schwarze am Drehort. Was mich einwandfrei zum Außenseiter par excellence machte. Folglich hatte ich das starke Gefühl, bei jeder Bewegung fünfzehn, achtzehn Millionen Menschen zu vertreten.

Vor allem einer, ein Beleuchter, fragte den Kameramann mit großer Begeisterung immer wieder, ob er einen bestimmten winzigen Scheinwerfer einsetzen solle, um meine Augen zu betonen. Und wenn der Kameramann dann ja sagte, dann brüllte der andere seinen Untergebenen zu, sie sollten diesen Scheinwerfer holen. Dieser Scheinwerfer hatte das N-Wort als Spitznamen, und der Mann sprach es voller Wonne aus.

Jahre später erwähnte Arthur Ashe in seinem Buch die ungezählten Male in seinem Berufsleben, in denen seine Reaktion in ähnlichen Situationen nicht seine natürliche Reaktion war, sondern die berechnende Reaktion eines Menschen, der sich am Abgrund bewegt. Johnny Johnson von der Zeitschrift *Ebony* und Berry Gordy jr. von der Schallplattenfirma Motown haben von derselben Erfahrung berichtet. Altgediente Außenseiter wissen, daß der Kampf am Abgrund langfristig von größerem Wert sein kann als die persönliche Belohnung, die ein einzelner Außenseiter vielleicht davonträgt. Ashe, als Schwarzer im weißen Sport, wurde zum Botschafter seines Landes. Als er mit der U.S. Tennis Association nach Südafrika reiste, mußte er »versorgt« werden, man mußte mit ihm umgehen. Außenseiter wissen, daß ihr Kampf beobachtet wird. Schweigend, oft unter gefährlichen Umständen, legen sie Zeugnis ab.

Zu Beginn der fünfziger Jahre suchte ich jede Rollenvermittlung in New York City auf, ich betrat das Büro, steckte meinen Kopf durch die Tür und sagte hallo, und die Sekretärinnen und die Vorzimmerdamen und sogar die Agenten selbst lernten mich kennen.

1954 rief mich ein Mann aus dem New Yorker Büro von MGM an und sagte: »Wir drehen einen Film und suchen einige junge Darsteller.«

Ich fragte: »Wie jung?«

»Na ja, wissen Sie, die besuchen die High-School.«

Ich sagte: »Ach, da kenne ich ein paar.« Ich schloß mich selber automatisch aus, denn ich war damals an die siebenundzwanzig.

Ich nannte ihnen eine Reihe von Namen, und sie meldeten sich auch bei allen, doch dann riefen sie mich wieder an und wollten Probeaufnahmen machen. Die machten wir, schickten sie nach Kalifornien, und Richard Brooks, der Regisseur, hatte Interesse. Dann schauten sie sich meine übrigen Filme an, und danach wurde mir die Rolle angeboten.

Als schwarzer Theaterschauspieler in New York City wurde ich nicht gerade mit Angeboten überschüttet. Im Grunde hatte der Broadway einem Schwarzen so gut wie nichts zu bieten. Viele Jahre hindurch gab es *Lost in the Stars* und ein Stück namens *Deep are the Roots*, *Porgy und Bess* und einige andere Musicals, aber da es in New York City so viele schwarze Schauspieler und Tänzer und Sänger gab, die eine Theaterkarriere anstrebten, gab es nicht genug Arbeit, um damit einen Fingerhut zu füllen, wie meine Mutter immer sagte. Natürlich gab es auch solche, auf die das alles nicht zutraf.

Was ich sagen will, ist, daß damals am Broadway über vierzig Stücke aufgeführt wurden. Doch keins davon hatte etwas mit *unserer* Kultur, *unserer* Gemeinschaft, *un-*

serem Leben zu tun. Wir reichten immer wieder Anträge bei der Schauspielergewerkschaft ein und versuchten, die Frage besserer Arbeitsmöglichkeiten für uns zur Sprache zu bringen, aber diejenigen unter uns, die sich auf diese Weise engagierten, landeten auf den schwarzen Listen. Ich gehörte zu den jungen schwarzen Schauspielern, die zur Persona non grata erklärt wurden und als Unruhestifter galten.

Der Vorsitzende der Negro Actors' Guild war ein Mann namens Leigh Whipper, der meiner Ansicht nach mit ebenden Mächten unter einer Decke steckte, die versuchten, uns klein und auf Abstand zu halten. Eines Tages lief ich auf der 125th Street an der Ecke 7th Avenue Mr. Whipper in die Arme, als er gerade einen kleinen Tabakladen an der Nordwestecke der Kreuzung verließ. Er sah mich, kam auf mich zu und hielt mir eine Strafpredigt über meine Freunde, womit meine linksgerichteten Freunde gemeint waren. Dann wurde er persönlich.

Whipper war der Ansicht, wir Schwarze sollten uns mit dem abfinden, was das System uns zu geben hatte. Dieser Mann war um einiges älter als ich, deshalb wurde ich nicht unhöflich; ich hörte ihm einfach nur zu. Er ließ seinen Dampf ab und steigerte sich immer mehr in Rage, und dann sagte er: »Sieh dir das an, sieh dir das an.« Er öffnete seinen Mantel, und in seinem Hosenbund steckte eine Pistole, und er sagte, damit würde er mich und meine Freunde traktieren, wenn wir ihn anschissen. Aber ich war kein Anscheißer.

Deshalb blieb ich ganz ruhig und ließ ihn reden. Und als er mich zusammengestaucht hatte und zufrieden mit der Art zu sein schien, wie er mir meinen Platz zugewiesen hatte, zog er davon. Doch er hatte mir nichts Neues gesagt. Ich meine, als junge schwarze Schauspieler wußten wir nur zu gut, daß er alles ganz anders sah als wir.

Das war also der Hintergrund, vor dem ich dieses Rollenangebot der MGM bekam.

Ich reiste zu den Dreharbeiten von *Saat der Gewalt* nach Kalifornien. Ich ging zur Kostümanprobe. Ich traf alle notwendigen Vorbereitungen und lernte die anderen kennen. Wir machten die erste Leseprobe und sollten in vier oder fünf Tagen mit der Arbeit anfangen.

Dann rief mich einer der MGM-Anwälte an. Er sagte: »Könnten Sie mal vorbeischauen? Ich möchte mit Ihnen reden.«

Ich sagte: »Klar.«

Ich ging ins Büro dieses Mannes, den ich in meinem Leben noch nie gesehen hatte, und er sagte: »Sie müssen wissen, wir haben gehört, daß Sie einige Personen von zweifelhaftem Charakter kennen.«

»Von wem reden Sie da?« fragte ich, obwohl ich sofort wußte, was er meinte.

Jetzt redete er Klartext und sagte: »Paul Robeson, Canada Lee.«

Diese beiden gehörten damals bekanntlich zu den mutigsten Kämpfern gegen Rassendiskriminierung, und ich war stolz darauf, mit ihnen in einen Topf geworfen zu werden.

Ich fragte: »Und was wollen Sie also von mir?«

Er sagte: »Na ja, Sie müssen einen Loyalitätseid schwören.«

Und ich sagte: »Und was beinhaltet dieser Eid? Wozu muß ich mich verpflichten?« Es empörte mich immer wieder, daß diese Leute zwar rot, aber kein schwarz sehen konnten. Das war schon übel genug. Aber was mich richtig wütend machte, war die Tatsache, daß mir ein Vorwurf daraus gemacht wurde, mit Paul Robeson und Canada Lee zu sympathisieren – zwei Männern, denen ich tatsächlich Hochachtung entgegenbrachte! Wie hätte ich dermaßen mutige und integre Männer nicht achten können? Robeson war bei mir zu Hause gewesen und hatte mit meinen Kindern gespielt, und das machte mich stolz. Ich hatte ihn so gut kennengelernt, daß er besorgt um mich war und mich davor warnte, zuviel mit ihm zu tun zu haben.

Trotzdem hatte ich das Gefühl, daß dieser Anwalt selbst nicht so recht davon überzeugt war, hier das Richtige zu tun. Ich glaube, er schämte sich, denn ich spürte, daß er versuchte, sich ein wenig von seinem Ansinnen an mich zu distanzieren.

Ich ließ nicht locker und sagte: »Das muß ich mir erst überlegen.«

Er sagte: »Gut. Überlegen Sie sich die Sache. Ich rufe Sie morgen wieder an.«

Ich verließ sein Büro und wußte sehr gut, daß ich in ein paar Tagen nach New York zurückkehren würde, denn nichts auf der Welt erschien mir absurder als seine Forderung. Ich lebte hier in einer Kultur, die mir den Menschenwert absprach. In allen Eisenbahnzügen südlich der Mason-Dixon-Linie mußte ich im Wagen für Farbige sitzen. Ich lebte in einer Stadt, in der ich in vielen Restaurants abgewiesen wurde, in der Josephine Baker zu den eleganten Nightclubs keinen Zutritt hatte. Ständig wurde ich daran erinnert, daß ich einst durch das Gesetz dieses Landes zu einem Dreifünftelmenschen erklärt worden war und daß nur hundert Jahre zuvor der Vorsitzende des Obersten Gerichtshofes Menschen meiner Rasse für »dermaßen minderwertig, daß sie keinerlei Rechte haben, die der weiße Mann respektieren muß« befunden hatte. Wo immer ich hinschaute, wo immer ich mich hinwandte, bei jedem Versuch, den ich machte, um meine Sicht der Dinge vorzutragen, stieß ich auf Widerstand, und nun saß dieser Kerl hier und sagte: »Wir möchten, daß Sie Ihre Loyalität schwören.«

Loyalität wem oder was gegenüber, bitte schön?

Ich ging zur Probe zurück, und Richard Brooks wollte wissen, was losgewesen sei.

»Nichts«, sagte ich. »Der Typ ruft mich morgen wieder an.«

Brooks sagte nichts mehr, und am nächsten Tag ging ich zur Arbeit, aber niemand rief an. Am dritten Tag ging ich zur Arbeit, probte, machte mich bereit, doch noch immer kam kein Anruf.

Am ersten Drehtag sagte ich zu Richard: »Weißt du, ich habe von diesem Kerl noch nicht wieder gehört, aber ich muß dir erzählen, was er von mir will. Und ich muß dir sagen, daß er das nicht bekommen wird. Er verlangt meine Seele.« Dann versuchte ich, zu erklären, daß meine Integrität auf dem Spiel stehe. Ich sagte: »Ich muß ihm klarmachen, daß hier kein Geschäft zu machen ist. Es geht um etwas, das nicht zum Verkauf steht.«

Und Richard Brooks sah mir in die Augen und sagte: »Weißt du, was? Scheiß auf ihn.« Und dann fingen wir an zu drehen.

Ich habe mich oft gefragt, ob Richard der Firma etwas gesagt hat. Hat er vielleicht gesagt: »Ihr bringt mich in die Situation, im Handumdrehen einen anderen Darsteller finden zu müssen, das schaffe ich nicht, es wird die Dreharbeiten verzögern, und euch wird das Geld kosten.«

Ich weiß nicht, was er und ob er überhaupt etwas gesagt hat. Vielleicht hat der Anwalt sich ja selbst gefragt: »Mein Gott, was mache ich hier eigentlich?«

Kurz nach Beendigung der Dreharbeiten, als ich wieder in New York war, kam ein Anruf von dem Fernsehproduzenten David Susskind. Er sagte: »Ich habe ein einfach phantastisches Drehbuch, und ich möchte dich dafür haben.« Er schickte mir das Drehbuch, und es war großartig, ein Fernsehfilm namens *A Man is Ten Feet Tall*. Der Titel gefiel mir außerordentlich gut, er sagte etwas über den Inhalt des Filmes aus.

Ich sagte zu David: »Ich finde die Idee toll. Ich bin dabei.«

Er sagte: »Gut, dann ist das abgemacht.«

Wir wollten gerade mit den Proben anfangen, hatten aber noch keine Verträge unterzeichnet, als jemand von NBC anrief und fragte: »Könnten Sie mal vorbeischauen?« Ich ging hin, und wieder sollte ich ein Schriftstück unterzeichnen. Es war eine Loyalitätserklärung, und wieder sollte ich mich darin von dem von mir so sehr bewunderten Paul Robeson distanzieren.

Diesmal konnte ich mich nicht beherrschen. Ich ließ meinem Zorn zwar keinen freien Lauf, aber ich konnte meine Gefühle nicht verbergen. Ich sagte dem Mann, hier sei die Rede von jemandem, den ich zutiefst respektierte, und ja, ich kannte ihn, und ja, ich mochte ihn. Ich schätzte sein Engagement. Für mich sei er ein guter Mann, sagte ich, und unter keinen Umständen würde ich mich an irgend etwas beteiligen, durch das er herabgesetzt würde: »Haben Sie vielen Dank, aber so nicht.« Und dann ging ich.

Ich rief David Susskind an und erzählte ihm von dem Gespräch, und er sagte: »Laß mich das mal versuchen.«

Ich sagte: »Gut«, aber dann erklärte ich noch einmal, daß ich das einfach nicht machen konnte. Ich wußte alles über das Tauziehen zwischen rechts und links. Ich war durchaus in der Lage, es vor dem Hintergrund zu interpretieren, wie es mein Leben als junger Schwarzer in Amerika beeinflußte. Mein politisches Bewußtsein war inzwischen reifer geworden. Ja, ich tendierte damals zweifellos zur Linken. Ja, ich fand dort eher Menschen wie Phil Rose und David Susskind, Menschen, die ehrlich bereit waren, mich als ihresgleichen zu akzeptieren. Das war vermutlich für das FBI Grund genug, mich im Auge zu behalten. Überall herrschten Angst und Panik dieser schrecklichen, irrsinnigen Tage des kalten Krieges. Es war eine Zeit, in der ein junger Afroamerikaner mit seiner Zeit aneinandergeraten und immer wieder Lösungen für die grundlegenden Konflikte in seinem Leben suchen mußte. Für Konflikte, die wenig oder nichts mit Politik, aber alles mit den kulturellen Mächten, die in ihm verwurzelt waren, zu tun hatten, und mit den zahllosen täglichen Demütigungen, die deren gesellschaftliche Umgebung von ihm verlangte. Er suchte nach Gleichgewicht, ohne zu wissen, was das überhaupt war. Irgendwann wird er es als Daseinszustand kennenlernen. Es läßt sich nur an einem Ort finden, von dem viele glauben, daß es ihn nicht gibt. Die Wahrheit ist, daß es einen Ort gibt, der überall zwischen zwei Gegensätzen existiert, und irgendwo dort liegt ein Punkt, an dem sich Gleichgewicht finden läßt.

Die Menschen, die mich anständig behandelten, behandelten mich anständig. Wenn ich ihre Motive untersucht hätte, hätte ich vielleicht festgestellt, daß sie politisch anders ausgerichtet waren als ich oder vielleicht politisch mit mir übereinstimmten. Ja, ich kannte Liberale und Progressive und Demokraten und Republikaner und Mitläufer, Kommunisten, Anarchisten, Bolschewiken und Trotzkisten; aber was immer sie waren, war ihre eigene Entscheidung – zu der sie jedes Recht besaßen.

Schwarze Liste hin oder her, ich war entschlossen, Schauspieler zu werden, denn ich empfand eine tiefe Verbindung zwischen mir und diesem Metier. Und schwarze Liste hin oder her, ich schwor mir, ich würde Arbeit finden oder in einem kleinen Theater arbeiten, in einem nicht am Broadway gelegenen Theater, ich würde in Harlem arbeiten, ich würde als Pförtner oder Hausmeister arbeiten, würde jede Arbeit annehmen. Um meine Familie zu ernähren, würde ich sogar als Schreinergehilfe arbeiten, was ich einmal auch tat.

Ich war damit zufrieden, in dem kleinen Restaurant zu schuften und abzuwaschen und Fleisch auf den Grill zu legen und für achtzig Cent pro Mahlzeit zu verkaufen. Ich wollte weitaus lieber Geschirr spülen und am Grill stehen, als einen mir widerwärtigen Eid zu leisten.

Doch einige Wochen später rief David Susskind an und sagte: »Bitte, komm jetzt zu den Proben.«

Ich fragte: »David, was soll das heißen? Ich hab' dir doch gesagt, daß ich diesen Wisch nicht unterschreiben kann.«

Er sagte: »Hör mal, diese Typen spinnen doch. Wir proben jetzt einfach und sehen dann weiter.«

Also fingen wir an und drehten den Film, und er schlug ein wie eine Bombe. Er handelt von einem Mann, der am Hafen arbeitet, als einziger Schwarzer in seiner Gruppe. Und dann kommt ein junger Weißer dazu, ein junger Südstaatler, und er wird angeheuert und in meine Gruppe gesteckt, und er entpuppt sich als wunderbarer Mensch mit einer bemerkenswerten philosophischen Lebenssicht. Wir werden gute Freunde, was die Schurken ärgert. Es war wie ein moralisches Lehrstück. Es machte sich im Fernsehen sehr gut, und später wurde auch ein Kinofilm mit dem Titel *Ein Mann besiegt die Angst* daraus.

In der Fernsehfassung, die am 21. Oktober 1955 ausgestrahlt wurde, wurde die Rolle meiner Frau von einer jungen Schauspielerin namens Hilda Simms gespielt. Sie war eine sehr hellhäutige Afroamerikanerin, die als Anna Lucasta auf dem Broadway zu Ruhm gelangt war. Sie hatte einen so hellen Teint, daß sie auf den damaligen Schwarzweißfernsehern weiß aussah.

Während der Sendung liefen bei NBC die Telefonleitungen heiß, sie glühten. Sie glühten von Anfang bis Ende des einstündigen Films, einer Produktion des Philco Playhouse. Die Philco-Leute ertranken ebenfalls in Briefen, in denen dieser Skandal gegeißelt wurde. Die Kritiker lobten das Stück sehr, doch das Land war an diesen Anblick noch nicht gewöhnt.

Die schöne Ironie der Sache war natürlich, daß Hilda Simms eben doch schwarz war – nur nicht schwarz genug, um dem damaligen Schwarzenbild des Landes zu genügen.

Sidney Poitier

Das Seltsame am Außenseiterdasein ist, daß wir niemals wissen, wo unser Schutzengel sich herumtreibt. Wenn dieser Studiotyp noch einmal angerufen hätte, dann hätte ich gesagt: »Also, diesen Gefallen kann ich Ihnen nicht tun. Sie verlangen von mir, daß ich meine Loyalität aufgebe. Sie scheißen auf meine Würde.« Und wenn ich das zu ihm gesagt hätte, dann hätte ich von der MGM keine Arbeit mehr bekommen. Und dieser Typ von NBC. Als ich sagte: »Nein, ich steige aus«, und ging, hat dieser Typ zu David gesagt: »Also, ich habe mit dem Kleinen geredet, und er will nicht, aber hör mal, was soll das eigentlich? Dreh doch einfach deinen Film.« Wieder weiß ich nicht, was passiert ist. Ich weiß nur, daß die Liste, die vielleicht zu diesen Unterredungen geführt hat, auf die Dauer meine Karriere nicht merklich schädigen konnte.

Zugleich waren das damals die Tage der großen Studioverträge. Der Junge, der in *Die Saat der Gewalt* den Schurken gespielt hatte, Vic Morrow, bekam von MGM einen Vertrag angeboten. Die anderen redeten die ganze Zeit darüber, wer noch für einen Vertrag in Frage käme. Aber ich wäre nie auf die Idee gekommen, daß ich eine Chance haben könnte. Das war das Gute an dieser Situation, denn sonst wäre die Versuchung aufgetreten anzunehmen. Es hätte ein festes Gehalt bedeutet, aber ich hätte wahrscheinlich sehr häufig tatenlos herumgesessen, weil ich ihre Rollenangebote vermutlich abgelehnt hätte. Als Außenseiter auf dem freien Markt konnte ich jedoch meine Projekte selbst aussuchen, und das brachte mir Arbeit, zu der ich noch immer stehen kann, Arbeit, die von meinen Lebenserfahrungen geprägt wurde, Arbeit, die meinen Werten entsprach.

1955 wurde ich nach Atlanta geschickt, um für *Die Saat der Gewalt* die Werbetrommel zu rühren. Ich besuchte vor allem schwarze Zeitungen und schwarze Rundfunksender. Vor meinem Abflug hatte ich Hunger und wollte noch schnell etwas essen. Ich ging also in ein sehr nettes Flughafenrestaurant, wo alle Kellner schwarz waren; auch der Oberkellner, der einen Smoking trug, war schwarz. Er erkannte mich, ich nehme an, er hatte mich im Kino gesehen.

Ich betrat das Restaurant, und er fragte: »Kann ich Ihnen behilflich sein?«

Ich sagte: »Ja, ich hätte gern einen Tisch.«

Seine Augen weiteten sich ein wenig. »Sind Sie allein?« fragte er.

Ich sagte: »Ja.«

Er sagte: »Mr. Poitier, es tut mir leid. Ich kann Ihnen einen Tisch geben, aber dann müssen wir um Sie herum Wandschirme aufstellen.«

Und ich fragte: »Wie meinen Sie das?«

»Na ja, das ist hier so üblich. Das ist vorgeschrieben.«

Ich schaute ihm in die Augen und sah, wie es ihn quälte, das tun zu müssen. Ich sah es, ich roch es. Daß er, ebenfalls ein Schwarzer, sagen mußte: »Wir haben einen Tisch, aber dann müssen wir um Sie herum Wandschirme aufstellen« – das muß ihm weh getan haben.

Also sagte ich: »Nein, vielen Dank«, und ging, voller Mitleid für diesen Mann. Nicht für mich, denn ich konnte diesen Ort ja verlassen. Ich fühlte mich keineswegs betroffen, denn derjenige, den sie hinter Wandschirmen verstecken wollten, das war ich nicht.

Aber war ich denn nicht empört? Natürlich war ich

das. War ich wütend? Ja, aber ich nahm es doch einigermaßen gelassen hin – denn dieser Moment der Absurdität war damals völlig normal. Für die Afroamerikaner des Jahres 1955 war diese Art von Kränkung ein alter Witz. Deshalb schluckte ich sie hinunter und machte weiter mit meinem Leben, um andere Schlachten zu schlagen, denen ich mich stellen mußte. Aber akzeptiert habe ich diese Kränkungen nie.

Wenn die Nation sich im Jahre 1955 die Mühe gemacht hätte, sich umzusehen, dann hätte sie den aufziehenden Bürgerrechtssturm gesehen, der am Horizont schon Staub aufwirbelte, der näher rückte, vielleicht, um den stillen, jungen Prediger des Evangeliums zu erreichen, der uns durch die schwierigen und schmerzhaften Jahre führen sollte, die vor uns lagen. Und noch ehe 1955 zur Geschichte geworden war, schien für Martin Luther King jr.'s Auftritt auf der nationalen Bühne kein Ende in Sicht zu sein.

Träumende Lippen

Vor nicht allzu langer Zeit schrieb Brent Staples in einem Artikel der *New York Times*, Amerika müsse, wenn weiße Kinder Amok laufen, endlich seine Seele erforschen, feststellen, was im Argen liegt. Die Probleme schwarzer Kinder jedoch bleiben immer die der »anderen« und sind gewissermaßen etwas anderes.

Als wir *Die Saat der Gewalt* drehten, wurden im Land Stimmen laut, unter anderem die von Clare Booth Luce, die diesen Film als unamerikanisch bezeichneten. Viele hielten ihn für eine Falschdarstellung des amerikanischen High-School-Systems. Und bestimmt ging es in diesem Film nicht um die Art von Schule, wie Ms. Luces Kinder sie vermutlich besucht haben. Es gab einige Schüler hispanischer Herkunft, einige schwarze Schüler, und alle stammten sie aus einkommensschwachen Familien. Es ging um eine Berufsschule in New York City, eine Schule für die Unverbesserlichen und die, die im Unterricht nicht mitkamen. Die Botschaft, die von den Kritikern unseres Films laut und deutlich zu hören war, war: »So sind wir nicht.« Doch Richard Brooks, der Regisseur des Films, verkündete eine andere Botschaft: »Doch, so sind wir. So sind ›wir‹ auch.«

Der Film basierte auf dem gleichnamigen Roman von Evan Hunter, der wenig später unter dem Pseudonym Ed McBain zu einem der erfolgreichsten Krimiautoren in Amerika werden sollte. Roman und Film handelten von Mut und Zugehörigkeitsgefühl. Diese Themen wurden im Rahmen der Veränderungen behandelt, die sich im Laufe der Zeit in einer ethnisch gemischten Klasse von Problemschülern vollzogen. Die Menschen in dem beschriebenen Klassenzimmer kommen zu bestimmten Erkenntnissen im Zusammenhang mit Selbstwahrnehmung, Mut und Machtmißbrauch. Und alle diese Elemente wurden aufs geschickteste dargestellt und zueinander in Beziehung gesetzt.

Bei der Filmmusik entschied sich der Produzent für einige Rock'n'Roll-Einlagen. Und daß in den fünfziger Jahren der von mir gespielte Junge mit seinem entfremdeten und widerspenstigen Verhalten im Klassenzimmer die Autorität des Lehrers herausforderte (und dann doch – in gewisser Weise – eine Art Bündnis mit ihm einging), während Bill Haley and his Comets »Rock around the Clock« sangen – das kam einem Elektroschock gleich.

Die Saat der Gewalt wurde 1954 gedreht, dem Jahr, in dem der Brown-Prozeß gegen das Erziehungsministerium ausgefochten wurde, aber trotz des in diesem Prozeß ergangenen Urteils waren schwarze Schulen damals für das weiße Amerika unsichtbar. Es war, was populäre Unterhaltung anging, die Zeit von Perry Como und den Andrews Sisters. *Your Hit Parade* war die große Fernsehattraktion und das kulturelle Barometer. Die Sit-ins der Bürgerrechtsbewegung sollten erst einige Jahre später ihren Anfang nehmen. Zwischen 1943, als ich in Florida angekommen war, und 1954 hatte sich in Rassenfragen kaum etwas geändert. Damals konnte ich nicht einfach einen Laden betreten, um ein Paar Schuhe anzuprobieren. Wenn ich etwas aus einem Restaurant holen wollte, das außerhalb meines Viertels lag, mußte ich den Hintereingang nehmen. Wenn ich mit dem Bus fuhr, mußte ich hinten sitzen. Wenn ich mit der Bahn fahren wollte, wurde ich in den Wagen für Schwarze verbannt. Thurgood Marshall war im ganzen Land unterwegs und erhob immer wieder Anklage, aber Amerika war damals noch nicht reif für eine Veränderung. Die meisten Leute wollten von diesem Thema nichts wissen.

Mit *Die Saat der Gewalt* verdiente ich pro Woche siebenhundertfünfzig Dollar und war überglücklich. Für mich war das eine gewaltige Summe, aber ich wußte dennoch, daß sich mein Leben dadurch nicht ändern würde. Ich kehrte zurück nach New York, zurück zum Riverside Drive an der 147th Street, zurück zu meinem Restaurant-Imperium, das auf drei Lokale angewachsen war, von denen jedoch nur eins profitabel war. Es ging abwärts mit dem Unternehmen, und bald brach dann alles auseinander. Als mein Partner und ich unsere Zusammenarbeit beendeten, übernahm er das einträgliche Lokal, und ich saß mit den beiden anderen da – und wußte nicht mehr weiter. Hier war ich nun, ein in der Filmbranche bekanntes Gesicht, hatte drei Kinder zu ernähren, kein Geld und zwei nicht laufende Lokale als einzige Einnahmequelle.

Mein Schwiegervater war Maurermeister. Nach einigem Überlegen ging ich zu ihm und bat ihn, mich in sein

Handwerk einzuweisen. Er ernannte meinen Schwager zu meinem Lehrer. Mein Schwager ging mit mir in die 126th Street, zu einem Zweifamilienhaus mit Hinterhof, das einem seiner Freunde gehörte, und wies mir einen Stapel Ziegelsteine und etwas Zement zu. Es war sehr eng auf dem Hof, und ich mußte zu Lot und Wasserwaage greifen, um gerade Reihen zu produzieren. Ich gab mir alle Mühe, aber ich war offenbar nicht zum Maurer geboren.

Zu Hause sagte ich dann zu meiner Frau: »Mach dir keine Sorgen. Ich werde schon Arbeit finden.« Davon war ich wirklich überzeugt. Ich hatte schon einmal als Maurergehilfe gearbeitet. Einmal hatte ich sogar Fässer voller Nägel gestapelt. Immer wieder war ich dabei zum Eingang des Lagerhauses gelaufen, in dem die Fässer standen, um sie dann zu einem hinter dem Haus gelegenen Kriechkeller zu schaffen und dort zu stapeln. Es war mörderisch für meinen Rücken.

Unter allen Maximen meines Vaters ist bei mir besonders seine Vorstellung vom wahren Maß eines Mannes haften geblieben. Ein Mann wird daran gemessen, wie gut er seine Kinder versorgt, und diese Lehre schien sich in mein Gehirn eingeätzt zu haben. Ich wußte nicht, wie meine nächsten Schritte aussehen würden, aber ich wußte, daß von Versagen keine Rede sein könnte.

Mit der Restaurantbranche war ich für alle Zeit fertig. Ich ging zu dem kleinen Zeitungs- und Tabakladen nebenan. Ich überließ dem Besitzer alle übriggebliebenen Lebensmittel und jegliches Inventar, mit dem er etwas anfangen konnte, und schloß die Türen. Ich war noch Miete schuldig, deshalb mußte ich die

Einrichtung aufgeben. Und dann drehte ich mich einfach um.

Als nächstes kam ein Anruf von Richard Brooks, der in Kenia *Flammen über Afrika* drehen wollte. Und von diesem Moment an ging meine Karriere wirklich los.

Wir befanden uns allerdings weiterhin im Amerika der fünfziger Jahre, einem Amerika, in dem ein farbiger Außenseiter von einer solchen Karriere bisher nicht einmal zu träumen gewagt hätte; in der gesamten Filmgeschichte hatte es das noch nicht gegeben: einen schwarzen Hauptdarsteller. Ich stand in dieser Institution, mit der ich so wenig übereinstimmte, im Mittelpunkt eines revolutionären Prozesses. Doch mich interessierte die »Natur der Dinge« auch weiterhin mehr als meine Karriere. Ich tat nur das, was für mich natürlich war, doch ich wußte, daß das in einem größeren Zusammenhang gesehen alles andere als »natürlich« war und daß es nicht mit dem Alltagsgeschehen im Land übereinstimmte. Das Arbeitsleben, die Wohnverhältnisse, der gesamte Umgang mit schwarzen Amerikanern waren von gewaltiger Ungerechtigkeit geprägt.

Diese Wahrheit war mir in aller Deutlichkeit bewußt. Die Erklärung für meine Karriere lag darin, daß ich für die wenigen Filmemacher, die ein soziales Gewissen besaßen, ein überaus wichtiges Werkzeug war. Es handelte sich dabei um Männer wie Darryl Zanuck, Joe Mankiewicz, Stanley Kramer, Mike Frankowitch, David Susskind – Männer, die in ihrer Arbeit versuchten, die Probleme ihrer Zeit zu thematisieren.

Von meiner Gage für *Flammen über Afrika* konnte ich für siebenundzwanzigtausend Dollar in Mt. Vernon, New York, ein Zweifamilienhaus kaufen. In dieser gemischten, aber vor allem schwarzen Wohngegend bewohnten wir mit drei Kindern (das vierte war unterwegs) das Erdgeschoß. Zu unseren Nachbarn – die alle keine Durchschnittsmenschen waren – gehörten Ossie Davis und Ruby Dee. Es war eine Mittelklassegegend, deren Bewohner entweder sichere Arbeitsplätze oder solide Einkünfte hatten. Ossie, Ruby und ich wußten, daß wir eine leichte Abweichung von der Norm darstellten. Schwarze Schauspieler, die sich ein Mittelklasseleben leisten konnten, machten weniger als ein Prozent aller schwarzen Kollegen in der Branche aus. Die wenigen Glücklichen, die regelmäßig Arbeit fanden, mußten sich immer die Unwägbarkeiten dieser Zahlenverhältnisse vor Augen halten und ständig auf der Hut sein, damit ihr Glück sich nicht ungesehen von ihnen abwandte und sie wieder in die Armut zurück stürzte. Durch das von früheren Generationen – die es sich genau überlegen mußten, wann sie ihren Fuß auf einen Bürgersteig setzten – ererbte Wissen konnten wir die – guten wie schlechten – Schwingungen aufnehmen, mit denen wir konfrontiert waren. Vor allem in bedrohlichen Situationen eröffnete die Intuition oft einen letzten Ausweg. Und dann ließ sich eine Verhaltensstrategie festlegen.

1958 drehte ich einen weiteren Film, *Flucht in Ketten,* der einigen Staub aufwirbelte. In diesem Fall stammte ein Großteil der Einsprüche von meinen Freunden aus der schwarzen Gemeinschaft. Es handelte sich um einen Stanley-Kramer-Film, dessen Drehbuch von zwei überzeugten und engagierten Progressiven stammte, Nathan E. Douglas und Harold Jacob Smith, die ihre Ansichten über die Rassenverhältnisse in Amerika zum Ausdruck bringen wollten. Der Film handelt von zwei entflohenen Sträflingen, einem weißen und einem schwarzen, die im wahrsten Sinne des Wortes aneinandergekettet sind – zumindest am Anfang. Sie hassen sich, aber da sie aufeinander angewiesen sind, müssen sie lernen, Rassenvorurteile und gegenseitige Verachtung zu überwinden.

Sie können Begriffe wie Klasse und Rasse nicht deutlich definieren. Sie haben Armut erlebt, können sie aber nicht objektiv charakterisieren, sie wissen nur, daß sie kein Geld in der Tasche haben. Sie sind einfach arm und deshalb verbittert, und jeder läßt seine Wut am anderen aus – bis beiden aufgeht, daß das wirkliche Problem in ihnen selber liegt.

Stanley Kramers Botschaft war, daß alle Menschen im Grunde gleich sind. Unsere Unterschiede sind weitestgehend rein äußerlicher Natur. Der Weiße, den Tony Curtis spielte, zeigte, daß die von uns aufgebaute Gesellschaft auch viele Menschen schlecht behandelt, die nicht hispanischer Herkunft sind, keine Schwarzen, keine Indianer. Manche von diesen Menschen sind irischer Herkunft, andere italienischer, wieder andere französischer, spanischer oder osteuropäischer Abstammung. Überall finden wir Unterdrückung, sei es nun in kultureller, rassischer oder religiöser Hinsicht. Die Männer, die Tony Curtis und ich in *Flucht in Ketten* spielten, sind nicht bereit, diesen Umstand zu akzeptieren, bis sie mit der Nase hineingestoßen werden und ihr Schicksal nicht mehr ignorieren können. Also stützen sie sich gegenseitig, kämpfen gemeinsam um ihr Überleben und geben nicht auf.

Diese beiden Männer sind austauschbar. Der belanglose Umstand – der ungeheuer belanglose Umstand –, daß der eine weiß und der andere schwarz ist, verdeckt alle anderen gesellschaftlichen Aspekte. Alle gesellschaftlichen Übel auf rassische Unterschiede zurückzuführen wäre eine zu große Vereinfachung.

Trotzdem wurde *Flucht in Ketten* kritisiert. Einer kleinen, aber ziemlich lautstarken Gruppe im Publikum gefiel zwar der Film, aber nicht sein Ende. Im Grunde drückte diese Kritik aus: »Wir sind noch nicht reif für die Einheit.« Nur stammte dieser Einwand diesmal von schwarzer Seite.

Einige meiner Freunde in Hollywood wünschten sich ein für sie befriedigenderes Ende – eine Art Rache. Die letzte Szene beginnt damit, daß Tony Curtis nicht so schnell rennen kann wie ich, um den fahrenden Güterzug zu erreichen, der zu unserer letzten Fluchtmöglichkeit geworden ist. Er gibt sich alle Mühe, meine ausgestreckte Hand zu greifen und festzuhalten. Einmal berühren sich unsere Hände schon, doch dann entgleiten seine Finger meinen wieder. Und in diesem Moment springe ich vom Zug und laufe hinter ihm her. Meine Freunde diskutierten also die Frage, ob ich auf dem Zug hätte bleiben und »scheiß auf den Typen« hätte denken sollen. Ich erklärte, daß die Drehbuchautoren und der Regisseur die Szene so gestaltet hatten, um zu zeigen, daß in beiden Männern etwas passiert war, daß sich eine so starke Entwicklung vollzogen hatte, daß der von mir gespielte Mann bereit war, für einen *Freund* ein Opfer zu bringen

Trotzdem aber fanden meine Freunde es unbefriedigend, daß der von mir gespielte Mann vom Zug abspringt. Wer diese Ansicht vertrat, hätte Tony Curtis also lieber seinem Schicksal überlassen, wie immer das aussehen mochte, und wäre selbst auf dem Zug geblieben. Und wenn ich mich im wirklichen Leben in dieser Situation wiedergefunden hätte, wie hätte ich mich dann verhalten? Tatsache ist, ich weiß es wirklich nicht. Der Film vertritt den Standpunkt Stanley Kramers, und jetzt, im Nachhinein, halte ich seine und die Entscheidung der Drehbuchautoren in dieser Hinsicht für eine glückliche. Der Film enthält eine Botschaft der Toleranz, die die Zeiten sehr gut überdauert hat, wenn wir bedenken, daß er schon über vierzig Jahre alt ist.

Am Ende des Films haben sich die beiden mit dem Teil ihrer selbst, den sie im anderen wiedererkannt haben, versöhnt. Der von Tony gespielte Mann liegt übel zerschunden in meinen Armen, macht jedoch Witze über unsere Lage und bringt alles zu einem guten Ende, indem er ausdrückt: »Vieles in dir ist ein Teil von mir, und vieles in mir ist ein Teil von dir, und ich finde das gut so.« Der Film endet, ehe das Publikum die Frage stellen kann, wie lange diese versöhnliche Stimmung vorhalten wird, wohin sie führt und wie tief sie eigentlich verankert ist. Aber ich habe noch immer den Eindruck, daß die Art von Selbsterkenntnis, zu der der von Tony gespielte Mann kommt, nicht wieder verfliegt. Wir können sie ignorieren – wir können zu dem Schluß gelangen, daß es sich politisch oder gesellschaftlich auszahlt, sie später wieder zu ignorieren – aber wir können sie nicht auslöschen, denn es ist eine Erkenntnis, die in der Tiefe unserer Gemeinsamkeiten Wurzel schlägt – dort, wo wir alle aus demselben Lehm geformt sind.

Ich selber empfinde nur selten das Verlangen, diese Überlegungen anderen unter die Nase zu reiben. Mir reicht das Wissen, daß ich vor meinen eigenen Augen bestehen kann. Es reicht für mich, daß ich an den Film zurückdenken und sagen kann: »Darin bin ich gut getroffen. So möchte ich von anderen gesehen werden. Ich möchte als Mensch gesehen werden, der für sich einige Werte vertritt, und das gelingt mir.«

Doch wenn mir jemand Unrecht tut, dann bin ich durchaus in der Lage, diesen Menschen in Gedanken auf die Folter zu spannen. Ich wehre mich gegen das Unrecht, indem ich mir alle möglichen Reaktionen und Gegenzüge ausdenke, die meinen Zorn stillen könnten, aber das alles findet nur in meinen Gedanken statt. Danach tun mir diese Überlegungen leid, und ich versuche zu vergeben.

Ich kann mich an keine Situation in meinem Leben erinnern, bei der Verzeihen nicht am Ende die Lösung gebracht hätte. Aber das bedeutet nicht, daß ich schnell in der Lage wäre zu vergeben. Trotzdem konnte ich solche Beziehungen doch zumindest von Bitterkeit befreien, auch wenn sie nicht immer wiederhergestellt werden konnten. Und ich kann mit dieser Lösung besser leben, auch wenn eine Beziehung in irgendeiner Hinsicht unwiderruflich verändert ist.

Gouverneur Wallace sagte vor seinem Tod, er bereue seine Taten und er bedaure die Wut und den Schmerz, die er mit seinen Ansichten und seinem

Handeln verursacht habe. Jesse Jackson suchte ihn auf, und ich glaube, er erteilte ihm eine Art Absolution. Wenn wir ehrlich und von Herzen für Wut und Schmerz um Vergebung bitten, dann zeigt das, daß unser Leben uns an einen anderen Ort geführt hat, fort von dem, an dem wir uns befunden haben, als wir Wut und Schmerz auslösten und an keine Entschuldigung dachten. Aber dieser Prozeß ist niemals einfach, und Worte können kein zerstörtes Leben zurückholen.

Wir spielen dieses Spiel der Geschichte der Menschheit nun schon lange, und allein während der letzten Jahre haben wir zugesehen, wie in Ruanda, im Kosovo, in Bosnien und anderswo Hunderttausende von Menschen unter dem Vorwand ethnischer Unterschiede gefoltert und ermordet worden sind. In unserer Geschichte wimmeln die Jahrhunderte nur so von Völkermord und versuchtem Völkermord.

Das, was sich in der Geschichte immer wieder abspielt, trägt in den unterschiedlichen Zeitaltern auch immer neue Namen. Was im Namen von Isabella und Ferdinand in Mittel- und Südamerika begonnen wurde, kulminierte am Little Bighorn und am Wounded Knee. Wir nannten es »Entdeckung der Neuen Welt«, aber es führte zu Millionen von Toten und der Auslöschung ganzer Kulturen.

Heute sind die meisten Länder nicht in solche Greueltaten verwickelt, aber bei den meisten war das zumindest irgendwann einmal der Fall. Mal führt ein Land einen Krieg, mal ein anderes, dann vielleicht drei oder vier auf einmal. Und hier stehen wir nun am Beginn eines neuen Jahrtausends – doch sind wir der Aufklärung, die uns an einem solchen Verhalten hindern könnte, wirklich nähergerückt?

Es ist durchaus möglich, daß wir nicht mehr bekommen werden als nur eine Möglichkeit, gegen die Finsternis zu wüten und zu hoffen und zu träumen und uns vorzustellen und zu erwarten, daß die Welt irgendwann – durch unsere Kinder, unsere Enkel oder irgendwelche Nachkommen in vielen Generationen – endlich ein friedlicher Ort werden wird.

1964 wurde ich als bester Darsteller für meine Leistung in *Lilien auf dem Felde* als erster Afroamerikaner überhaupt mit dem Oscar ausgezeichnet. Doch habe ich mir danach gesagt: »Dieses Land wacht auf und erkennt, daß bestimmte Veränderungen unvermeidlich sind?« Nein, das habe ich nicht. Ich wußte, daß wir noch nicht viel weiter gekommen waren, denn noch immer war ich der einzige. Meine Karriere war in ganz Hollywood die große Ausnahme. Ich wußte, daß ich eine Ein-Mann-Show war, und das war einfach nicht richtig so. Und doch kam mir diese Ehrung in anderer Hinsicht ganz normal vor. Es überraschte mich nicht, daß mir Gutes widerfuhr, denn ich hatte mich niemals kleiner gesehen, als ich war. Als ich erkannt hatte, daß ich mehr sein könnte als ein Feld-, Wald- und Wiesenschauspieler, hatte ich auch die Verpflichtung erkannt, nicht als Schwarzer, sondern als Künstler, mir ungeheure Disziplin aufzuerlegen. Ich wußte, daß das Publikum mich an seinen Maßstäben messen würde, und das ließ ich niemals außer acht.

Inzwischen war ich mit meiner Familie auf ein sieben Morgen großes Grundstück in Pleasantville, New York, umgezogen, in ein riesiges Haus in einer wohlhabenden Gegend, wo wir sehr gut behandelt wurden. Ich erinnere mich an die Damen, die ein Empfangs- komitee bildeten, allesamt weiß, und die uns in die Gemeinde einführten. Unsere Kinder spielten mit ih- ren Kindern, und unsere Kinder hatten in der Schule niemals Schwierigkeiten.

Während der sechziger und siebziger Jahre stieg ich in den besten Hotels von New York City ab. Niemals kam es dabei zu Zwischenfällen. Ich wurde immer mit Respekt behandelt. So war es auch in Restaurants, Geschäften, Theatern und überhaupt an allen öffent- lichen Orten. Was aber alles nicht bedeuten soll, daß der Rassismus nicht in anderen Formen schmerzlich offensichtlich gewesen wäre. Aber auch wenn diese Riesenstadt kein Paradies war, war sie zweifellos teuf- lisch attraktiv. Und außerdem war sie sehr viel besser als der Süden.

Natürlich gab es keine Stadt und keinen Staat ohne ihre eigenen Einstellungen zur Rassenfrage. Schwarze Künstler konnten beispielsweise während einer Tour- nee immer noch Probleme mit der Unterkunft haben – und das war noch nichts im Vergleich zu den Schwie- rigkeiten von Millionen normaler schwarzer Menschen in diesem Land, die wirklich in einer üblen Lage waren. Die Begeisterung für Duke Ellington oder Nat Cole konnte über die schändliche Behandlung anderer nicht hinwegtäuschen.

Und diese hartnäckig andauernden Schwierigkei- ten brachten dann die studentischen Aktivisten hervor. Nicht die Künstler riefen zum Sturm auf, sondern diese tapferen jungen Menschen, die sagten: »Moment mal. Wir sind mit den besten Absichten und Manieren zu euch gekommen, aber ihr unternehmt nichts. Und jetzt hört ihr uns gefälligst zu. Was wollt ihr uns eigentlich noch alles antun? Ihr könnt uns umbringen. Ihr könnt Hunde auf uns hetzen und uns schlagen, aber ihr werdet uns im Dutzend wegschleifen müssen, und Hunderte werden dann unseren Platz einnehmen.«

Das Land konnte das einfach nicht fassen. Vielen schien der Aufstand aus dem Nichts entstanden zu sein, da sich über unerträglich lange Zeit hinweg niemand für die Probleme der Rassendiskriminierung interessiert hatte.

Sammy Davis jr., Duke Ellington, Count Basie, Lena Horne, Sidney Poitier – nicht wir standen bei diesem Kampf an der Spitze. Wir kämpften nicht an vorderster Front, nicht uns wurden die Köpfe eingeschlagen, obwohl unsere Karrieren immerhin zeigten, was möglich war, wenn uns zugehört wurde. Fünfundzwanzig Jahre zuvor hatte die Allgemeinheit noch nicht daran gedacht, daß Schwarze einmal Wissenschaftler, Politiker, Künstler sein würden. Und wann immer ich ins Rampenlicht trat, fühlte ich mich verpflichtet, mein Bestes zu tun, um Erfolg als normal erscheinen zu lassen.

Mitte der sechziger Jahre hatte mich Pandro Berman, der Produzent von *Die Saat der Gewalt*, wegen eines anderen Projekts angesprochen. Jetzt, zehn Jahre später, wollte er einen Film namens *Träumende Lippen* machen.

Guy Green sollte dabei Regie führen. Dieser englische Drehbuchautor hatte sich auf die Regie verlegt und einige wirklich beeindruckende Filme gedreht, und nun hatte er sich in dieses Projekt verliebt. Ich weiß nicht mehr, ob er Pandro Berman darauf aufmerksam gemacht hatte oder ob es umgekehrt gewesen war. Doch als mir eine Rolle angeboten wurde, las ich das Drehbuch sehr, sehr gründlich, ehe ich mich mit Guy Green über seine Sicht der Dinge unterhielt. Es war schließlich ein brisantes Thema, wenn auch eine wunderbar originelle Idee: eine blinde junge Weiße, in deren Leben ein Schwarzer tritt. Dieses Thema war reich an interessanten Möglichkeiten, doch die Frage war, wie die Öffentlichkeit darauf reagieren würde. Wir mußten viele, sehr viele Fehler vermeiden, wenn unser Produkt nicht nur unterhaltsam sein, sondern auch etwas bewirken sollte.

Nach unserem Gespräch hatte ich das Gefühl, daß Green das Thema gut im Griff hatte. Warum ich das so empfand? Weil er Engländer war? Ich glaube nicht, denn die Engländer sind in Rassenfragen auch nicht anders als alle anderen. Doch dieser Mann hatte etwas zutiefst Menschliches – ich meine, seine Weltsicht löste in mir wirklich gute Schwingungen aus –, und deshalb sagte ich zu.

Vor Beginn der Dreharbeiten hatte ich Proben mit der jungen Schauspielerin Elizabeth Hartman. Sie schien mir eine unscheinbare, warme, zarte und scheinbar zerbrechliche Person zu sein, also offenbar die perfekte Besetzung. Mir war damals nicht klar, daß sie sich für diese Rolle kleingemacht hatte. Sie war in Wirklichkeit eine sehr attraktive Frau. Außerdem war sie eine gutausgebildete Schauspielerin, die eine starke Technik entwickelt hatte.

Wir begannen mit den Proben, und ich war von Elizabeth' großartiger Arbeit verblüfft. Ich selbst bewegte mich auf Boden, den ich noch nie betreten hatte, und geriet in mir bisher unbekannte emotionale Schlaglöcher. Ich hatte es mit einer Weißen zu tun, und wir lebten im Amerika der sechziger Jahre. Es war ein revolutionärer Versuch der Filmarbeit, und ich wollte sichergehen, daß es zu keinen unwahren, negativen oder stereotypen Darstellungen kam. Ich wollte sichergehen, daß die Geschichte mit Würde und Achtung für die darin behandelten Fragen erzählt würde. Es handelte sich nicht um die Geschichte eines gemischtrassigen Paares, es ging hier einfach um einen Mann, der versucht, einer jungen Frau in Not zu helfen. Es war eine sehr menschliche Geschichte.

Aber es war auch die Zeit der großen Demonstration von Selma, der ersten Bürgerrechtsgesetzgebung und der Sit-ins. Viele Wunden wurden damals bloßgelegt. Die Rassenfrage erschütterte die Gesellschaft bis in ihr Fundament hinein, und deshalb war ich absolut auf der Hut. Ich hatte schon entschieden, wie die Person, die ich darstellte, in meinen Augen auszusehen hatte. Ich konnte meinem Metier treu bleiben und diese Rolle ganz und gar füllen. Ich meine, wirklich füllen, auch mit allen Schwächen und Verfehlungen dieses Menschen. Er wollte ein ganz und gar menschliches Wesen sein, kein eindimensionaler Pappkamerad, wie wir ihn in zu vielen Filmen finden – vor allem in Filmen über amerikanische Rassenprobleme.

Auf die anderen Aspekte des Films hatte ich keinen Einfluß. Ich wußte zum Beispiel nicht, wie Shelley Winter ihre Rolle als Mutter der jungen Frau füllen würde. Das ging mich auch nichts an. Ich konnte nur Einspruch erheben, wenn mir etwas als wirkliche Abweichung von der Intention des Films erschien. Doch Shelley beherrschte ihr Handwerk, und sie zeigte nicht nur alle Schwächen dieser Frau, alle charakterlichen Mißbildungen, ihr gelang noch mehr. Sie zeigte nämlich die Eigenschaften einer reichlich unangenehmen Person, ohne daß diese Eigenschaften anderen Menschen wirklich fremd blieben.

Mein Bruder wurde von Ivan Dixon gespielt, einem ungeheuer guten Schauspieler. Er füllte seine Rolle auf großartige Weise, so daß alles, was ich in den Szenen, die sich zwischen ihm und mir abspielten, zeigen wollte, wirklich hervorströmte. Dann gab es noch die Nebenrollen wie Elizabeth Hartmans Großvater.

Alle Beteiligten leisteten absolute Spitzenarbeit. Nach ungefähr einem Drittel hatte ich erfaßt, worauf der Regisseur hinauswollte, und entspannte mich. Ich wußte, daß ich in guten Händen war. Ich wußte, daß er das Thema gut im Griff hatte, daß er der Geschichte absolut treu bleiben würde und daß er auch der in der Geschichte zum Ausdruck gebrachten Menschlichkeit gegenüber die Treue bewahren wollte.

Ich bin nicht immer mit jeder meiner Szenen in jedem Film zufrieden, doch in *Träumende Lippen* war meine Darstellung meiner Ansicht nach genau richtig; das Gefühl hatte ich die ganze Zeit über. Vieles davon hing damit zusammen, was die Kolleginnen und Kollegen mir gaben. Sie brachten mich dazu, etwas anzustreben, von dem ich bisher nicht gewußt hatte, daß ich dazu fähig wäre.

Ich meine, es war gute *Arbeit*. Die anderen Schauspieler brannten wirklich, und ihre Brillanz griff auf meine Darstellung über, ob ich das nun verdiente oder nicht. Es mußte meine Darstellung beeinflussen, denn ich war neben der jungen Frau die wichtigste Person im Film, während die anderen sich um sie und mich und uns zusammen zu drehen hatten.

Ich spielte einen sympathischen Mann. Ich spielte einen guten, anständigen, nützlichen Menschen – und die meisten Hollywood-Filme jener Zeit, mit seltenen Ausnahmen, waren für Schwarze alles andere als schmeichelhaft. Das machte mich stolz, vor allem, wenn ich an Butterfly McQueen, Stepin Fetchit, Hattie McDaniel und Mantan Moreland zurückdachte.

Das Hollywood früherer Zeiten hatte so wunderbare Talente wie Lena Horne, Rex Ingram und Ethel Waters auf zweifelhafte Weise genutzt – Talente, die niemals die Möglichkeit erhalten hatten, sich an wirklich objektiven Maßstäben messen zu können. Diese Menschen waren Schauspielerinnen und Schauspieler gewesen. Zu Beginn meiner Karriere hatte ich viele von ihnen kennengelernt. Ich kannte Louise Beavers, ich wußte einiges über Mantan Moreland, ich war dem Mann doch begegnet. Ich kannte Rex Ingram, Bill Walker, Juanita Moore. Ich kannte so viele von diesen Menschen. Ich war ihnen begegnet und hatte sie als menschliche Wesen aus Fleisch und Blut erlebt. Manche waren beredt, andere drückten sich eher hausbacken aus, wieder andere waren ausgesprochen belesen, manche waren einfach interessante, normale Menschen – aber alle waren durch eine rassistische Gesellschaft und eine Industrie, die diese Gesellschaft nur auf eine einzige Weise widerspiegelte, kleingemacht worden. Es gab damals zum Beispiel keine Rollen für schwarze Lehrer. Und wenn schwarze Schulkinder auftraten, dann sahen sie allesamt aus wie Bilderbuchnegerlein, deren Haare aufwärts gekämmt worden waren, als stehe ihre Kopfhaut unter Strom, und die kicherten und mit den Augen rollten.

Diese Menschen lebten in West Los Angeles um die Central Avenue herum, in Adams und Cranshaw. Ich sah ihre gepflegten Häuser, und ich besuchte einige dieser Häuser, und ich muß schon sagen, in der Gesellschaft (und damit auch in der Filmbranche) mußte schon eine ziemliche Ignoranz am Werk sein, um ein Volk so darzustellen, ohne in irgendeiner Hinsicht seine Menschlichkeit sichtbar zu machen.

Sie waren den schwarzen Schauspielern und Schauspielerinnen, die ich heute kenne, nicht unähnlich, doch sie waren an Stereotypen gefesselt, obwohl viele von ihnen zu großen Leistungen fähig waren. Ihnen wurde ganz einfach keine Chance gegeben. Sie lebten und starben, ohne daß sie jemals die Gelegenheit bekamen, ihr Talent zum Ausdruck zu bringen. Wenn ich meine Geschichte auch im Angedenken meiner schwarzen Vorgängerinnen und Vorgänger sehen will, muß ich diesen Schwarzen Gerechtigkeit widerfahren lassen. Und dann kann ich nur zu der Feststellung gelangen, daß Hollywood die Schwarzen wirklich schlecht behandelt hat.

Wir brauchten Alternativen. In New York City gab es Menschen wie Oscar Michaux, einen schwarzen Filmemacher – aber er mußte sich seine Filme unter den Arm klemmen und sich auf die Suche nach Kinos für Schwarze machen, von denen es nicht viele gab. Er war dauernd unterwegs. Wenn er einen Film beendet hatte, dann begab er sich auf die Reise und zeigte sein Werk in schwarzen Kinos. Er wurde zu einer Art Vaterfigur für die heutigen schwarzen Filmemacher in Amerika, aber natürlich kennen die seine Leistungen nur vom Hörensagen.

Es gab noch andere schwarze Persönlichkeiten, die schwarze Filme drehten. In New York lebte ein gewisser Ralph Cooper, der wirklich einer der ganz großen Namen dieser Branche war. Er war ein Schauspieler, der jede Art von Rollen spielte, auch romantische Liebhaber und Gangster. Und es gab sogar den schwarzen singenden Cowboy Herb Jeffries.

Die Studios in Hollywood rührten damals solche Filme nicht einmal mit der Zange an. Mantan Moreland, Stepin Fetchit, Butterfly McQueen und Hattie McDaniel konnten also nur von einer Zeit träumen, in der es einen Denzel Washington, einen Wesley Snipes, eine Angela Bassett, einen Will Smith, einen Samuel L. Jackson und einen Morgan Freeman geben und in der eine Erfindung namens Fernsehen eine Berühmtheit namens Bill Cosby hervorbringen würde. Und sie hätten ihre Phantasie arg strapazieren müssen, um solche Träume zustande zu bringen.

Ich blicke also zurück auf diese Menschen, die vor mir da waren, und ich stehe gewissermaßen in ihrer Schuld. Manchmal war es mir nur noch peinlich, zu sehen, wozu man sie gezwungen hatte. Manchmal habe ich applaudiert, wenn eine ihrer Szenen wirklich mein Herz anrührte. Doch ich wußte immer, wie schmerzlich ihr Dasein bisweilen gewesen sein mußte. Sicher nicht immer, aber wie oft muß es sie angeekelt haben, einen bestimmten Satz zu sagen oder sich auf eine bestimmte Weise zu verhalten. Deshalb blicke ich voller Respekt und Bewunderung auf sie zurück. Sie waren vor uns da und haben durchgehalten. Leben, Natur und Geschichte haben von ihnen verlangt, diesen Weg zu gehen.

Sie haben mich entstehen lassen, denn ein Teil meiner Arbeit, ein Teil von Denzel Washingtons Arbeit, ein Teil von Angela Bassetts Arbeit basiert auf der Durchhaltefähigkeit dieser Menschen. Wir waren und sind so, wie sie gern gewesen wären, und wir könnten nicht so sein, wenn sie nicht ihren Preis gezahlt hätten.

Warum Weiße Sidney Poitier so sehr lieben

1968 war ein Jahr unvorstellbarer Konflikte und Kontraste. Es war das Jahr, in dem Martin Luther King jr. und Robert F. Kennedy ermordet wurden, das Jahr, in dem Lyndon B. Johnson vor dem Hintergrund der Proteste gegen den Vietnam-Krieg auf seine Präsidentschaftskandidatur verzichtete, das Jahr, in dem die Polizei bei einem Parteikongreß der Demokraten in Chicago Amok lief. Für mich persönlich aber war es zugleich auch ein Jahr ungeheurer beruflicher Befriedigung. Einer meiner Filme stand auf Platz eins der Top-ten-Liste, zwei weitere lagen auf Platz zwei und drei: *Junge Dornen* mit Lulu und Judy Geeson, *In der Hitze der Nacht* mit Rod Steiger und Lee Grant und *Rat mal, wer zum Essen kommt* mit Spencer Tracy und Katharine Hepburn. Und ich glaube, unsere damaligen Arbeiten können sich noch immer sehen lassen.

Doch im Rahmen der sich rasch verändernden gesellschaftlichen Strömungen schlug mir aus gewissen Kreisen der schwarzen Gemeinschaft mehr als nur Unzufriedenheit entgegen. Eine kulturelle Welle setzte sich in Bewegung, die einige Jahre später ihren Höhepunkt erreichte, als die *New York Times* einen Artikel mit der Überschrift »Warum Weiße Sidney Poitier so sehr lieben« brachte.

Im Grunde ging es um die Frage, warum ich nicht zorniger und konfliktfreudiger war. Neue Stimmen meldeten sich für die Afroamerikaner zu Wort und drückten sich auf neue Weise aus. Stokely Carmichael, H. Rap Brown, die Schwarzen Panther. In einer gewissen Lesart, die damals populär wurde, war ich ein »Onkel Tom«, ein »Hausneger«, da ich Rollen spielte, an denen ein weißes Publikum keinen Anstoß nahm, weil ich den »edlen Neger« gab, der weiße liberale Phantasien befriedigte. Mir wurde zum Vorwurf gemacht, daß ich vorbildliche und makellose Menschen darstellte: in *Junge Dornen* den jungen Ingenieur, der sein Glück als Lehrer versucht, den Mordermittler aus Philadelphia, der in *In der Hitze der Nacht* fern von zu Hause im Einsatz ist, und den jungen Arzt, der sich in *Rat mal, wer zum Essen kommt* in die Tochter von Tracy und Hepburn verliebt.

Ich muß zugeben, daß der junge Lehrer, den ich darstellte, der Inbegriff aller Tugenden war. Elegant und beredt, intelligent und gütig, doch auch mutig und prinzipientreu, als er sich gegen alle Verleumdungen wehrt und sich dabei weiterhin dem Wohlergehen seiner Schüler widmet. Police Detective Tibbs ist ebenfalls ein überaus mutiger und intelligenter Mann, der noch dazu eine bewundernswerte Selbstbeherrschung zeigt. Und der junge Arzt in *Rat mal, wer zum Essen kommt* ist nicht nur ein bezaubernder Liebhaber, ein überaus höflicher Gast und ein vollendeter Sohn, sondern hat auch noch eine ganze Wagenladung an Universitätsexamen vorzuweisen und versucht, durch seine Arbeit für die Weltgesundheitsorganisation die Menschheit zu retten.

Die Frage war also, was ist hier die Botschaft? Daß Schwarze von der weißen Gesellschaft nur dann akzeptiert werden, wenn sie zweimal so »weiß« sind wie der erfolgreichste weiße Absolvent eines Medizinstudiums? Daß Schwarze etwas darstellen müssen, was sie gar nicht sind? Oder einfach, daß es in der schwarzen Gesellschaft – natürlich – gewisse gebildete, höfliche, erfolgreiche Individuen gibt und daß die weiße Gesellschaft – natürlich – diese Tatsache endlich zur Kenntnis nehmen sollte?

Die erhitzten Gemüter von damals haben sich längst wieder abgekühlt, ideologische Moden kommen und gehen. Doch die Tatsache bleibt, daß ziviler Ungehorsam Ende der sechziger Jahre von radikalen Vorgehensweisen abgelöst wurde. Die wütende »Rache« für die Filme, in denen Schwarze unwürdig dargestellt worden waren, stand unmittelbar bevor, und meine Rolle als Schlüsselfigur in Hollywood näherte sich ihrem Ende.

Trotzdem aber wäre es zu einfach, Filme wie *Rat mal, wer zum Essen kommt* zu unterschätzen und zu vergessen, wie revolutionär sie unter den damaligen Umständen gewirkt haben.

Es war wieder ein Film von Stanley Kramer, und er ist die Art von Filmemacher, die immer die Frage stellen: »Welchen Film könnte ich drehen, der mutig, interessant und notwendig ist?« Als er mir 1967 das Drehbuch zu *Rat mal, wer zum Essen kommt* gab, war ich zutiefst beeindruckt. Stanley wußte, daß das Land für diesen Film noch nicht reif war, aber er sagte einfach: »Egal, wir machen ihn trotzdem.«

Es ist bezeichnend für die damalige Zeit, daß er beschloß, der Columbia zunächst nicht zu sagen, worum es in diesem Film gehen sollte, und dafür hatte er gute Gründe. Er hatte mit dieser Gesellschaft einen Vertrag für eine bestimmte Anzahl von Filmen, und deshalb reichte (zunächst) die Ankündigung eines Films mit Spencer Tracy, Katharine Hepburn und Sidney Poitier. Mehr verriet er ihnen nicht.

»Klingt toll«, sagte die Columbia. »Dann setz dich mals ans Drehbuch.«

Was er auch tat. Aber zu einem bestimmten Zeitpunkt mußte er wieder zur Columbia gehen und sagen: »Es läuft wirklich gut. Wir sind schon sehr weit, und ich würde gern bald mit den Dreharbeiten anfangen.«

Und sie sagten: »Na gut, aber sprich doch mal Klartext. Du nimmst Poitier und Tracy und Hepburn, und wir finanzieren den Film. Wovon handelt er denn nun eigentlich?«

»Familienkram«, antwortete er. »Wißt ihr, Familienkram.«

Und die Jungs von der Columbia nickten, und Stanley sagte: »Die Geschichte ist warm, sie ist menschlich, sie ist ...« – was auch immer. Aber noch immer wurde er nicht konkret.

Doch ehe dann wirklich das Geld auf den Tisch mußte, wollten die Leute von der Columbia das Drehbuch sehen. Sie wollten die Katze nun mal nicht im Sack kaufen.

Also sagte Stanley: »Überlegt doch mal, ich habe diese drei. Ich habe Tracy und Hepburn. Wißt ihr, was diese Kombination bedeutet? Wißt ihr, was das bringt?« Und er hielt seine Verkaufsrede, und er sagte ihnen, daß sie am Ende ihre Chancen verspielen würden, diese

Kombination einzukaufen, denn Tracy sei kein junger Mann mehr. Aber Tatsache war, daß sie den Film nicht machen wollten, als sie dann endlich das Drehbuch in den Händen hielten. Sie glaubten, das Thema überfordere das amerikanische Publikum, und dieses Risiko erschien ihnen als zu groß.

Also wanden sie sich, servierten Ausflüchte und ersannen schlußendlich etwas, das bei der Columbia als Möglichkeit angesehen wurde, aus ihren vertraglichen Verpflichtungen auszusteigen. Aufgrund von Tracys Gesundheitszustand konnte die Filmgesellschaft ihn für die Zeit der Dreharbeiten nicht versichern lassen. Angeblich wollten sie die Produktion unter diesem Vorwand stoppen, aber Tracy wollte keine Zahlungen annehmen, solange noch gedreht wurde, und damit war dieses Argument entkräftet. Widerwillig gaben sie deshalb endlich Ruhe und ließen uns mit den Dreharbeiten beginnen.

Und dann wurde ich zu Miss Hepburns Haus bestellt, weil sie mir auf den Zahn fühlen wollte. Als ich vor ihrer Tür stand und diese Tür geöffnet wurde, sah sie mich an, sagte kein Wort und lächelte auch nicht. Aber so war sie immer. Endlich sagte sie dann: »Hallo, Mr. Poitier«, und ich sagte: »Hallo, Miss Hepburn«, und ein Gespräch begann. Ich wußte, daß ich bei jedem Wort, bei jeder Antwort und Reaktion gewogen und gemessen wurde. Ich stellte mir vor, wie sie in Gedanken eine Plus- und eine Minusrubrik ausfüllte. Ein so großer Schritt war diese Begegnung für sie, das stelle ich mir zumindest vor.

Nach dieser ersten Begegnung ging Stanley mit mir zu Tracys Haus am Doheny Drive, um mit Tracy,

Hepburn und einigen anderen Gästen zu Abend zu essen. Diesmal war Miss Hepburn viel natürlicher und entspannter, aber noch immer war klar, daß beide mich genau im Auge behielten.

Tatsache ist, daß wir zu Beginn unserer beruflichen Beziehung die Situation im Film, den wir drehen wollten, fast genau nachstellten. Der Schwarze kam zum Essen, was eben nicht unbedingt üblich war. Ich hatte es mit sympathischen, aufgeklärten, liberalen Menschen zu tun, mit großen Hollywood-Stars, die ihre Ideale auf die Probe stellten – doch auch bei ihnen galt weiterhin die Tatsache, daß das »eben nicht unbedingt üblich ist«. Sie standen kurz vor dem Beginn einer intensiven kreativen Partnerschaft mit einem Schwarzen – einer Partnerschaft, mit der sie gegen eines der grundlegenden Tabus unserer Kultur verstoßen würden, nämlich der Heirat von Angehörigen unterschiedlicher Rassen –, und auch das war »eben nicht unbedingt üblich«.

Hätte ich mich erniedrigt fühlen sollen, weil Tracy und Hepburn mich so genau unter die Lupe nehmen wollten? Hätte ich wütend reagieren und mich wehren sollen? Sie hatten schließlich ausreichend Gelegenheit gehabt, sich mit meiner Arbeit vertraut zu machen. Ich hatte damals bereits über dreißig Filme gedreht und einige Jahre zuvor einen Oscar gewonnen. Wenn sie mit Paul Newman einen Film hätten drehen sollen, hätten sie den auch einer dermaßen eingehenden Musterung unterzogen? Aber Tatsache ist, ich bin nicht Paul Newman. Wenn Paul die Rolle des jungen Arztes gespielt hätte, der ihre Tochter heiraten wollte, dann hätte ja kein Problem bestanden.

Mit *Träumende Lippen* hatte ich diese gesellschaftliche

Mein Vater, Reginald Poitier   Meine Mutter, Evelyn Poitier

Bei einem Besuch auf Cat Island

In der Army

Herausgeputzt im Anzug

eine Nahaufnahme für *Saat der Gewalt*

Mit Tony Curtis in *Flucht in Ketten*

In *Junge Dornen*

Mit Rod Steiger in *In der Hitze der Nacht*

Mit Glenn Ford in *Saat der Gewalt*

Mit John Cassavetes in *Ein Mann besiegt die Angst*

Mit Claudia McNeil in *Ein Fleck in der Sonne*

Mit Lilia Skala in *Lilien auf dem Felde*

Mit Katharine Houghton, Katharine Hepburn und Spencer Tracy in *Rat mal, wer zum Essen kommt*

Grenze bereits überschritten, doch die Kultur insgesamt, und das galt auch für die sogenannte liberale und aufgeklärte Subkultur, war noch nicht so weit. Spencer Tracy und Katharine Hepburn waren überaus anständige Menschen, und ihre politische Einstellung fand ich durchaus richtig, aber ich glaube noch immer, die Erwartung, sie könnten in dem Amerika, das wir damals kannten, noch »emanzipierter« vorgehen, wäre eine verdammt hohe Forderung gewesen.

Also handelte ich nach dem Prinzip »im Zweifel für die Angeklagten« und betrachtete sie als normale, anständige Menschen. Und das waren sie dann auch, wie sich herausstellen sollte, und sie waren noch verdammt viel mehr. Doch anfangs waren sie eben besorgt, und das nicht ohne Grund, und sie mußten sich einfach ein Bild von mir machen.

Spencer Tracy und Katharine Hepburn lebten, wie der Großteil ihres Publikums, in Amerika. Wichtiger noch, sie lebten in Hollywood, und der Auftritt eines afroamerikanischen Bräutigams bei den Hunderten von Eheschließungen, die sie in ihrem Privatleben und auf der Leinwand erlebt hatten, war dort einfach nicht alltäglich.

Wenn sie fünfundzwanzig oder dreißig Schwarze gekannt hätten, und zehn davon wären Schauspieler gewesen, drei Mediziner, vier Hausangestellte, sechs Lehrer, die anderen Arbeiter, dann wären sie die Frage vielleicht anders angegangen. Doch als Angehörige der oberen Mittelklasse waren ihnen Schwarze wohl so gut wie ausschließlich als Dienstboten in ihren Häusern und in den Studios begegnet – Schwarze, die Miss Hepburn jeden Dienst erwiesen. Mr. Tracy erschien mir als sehr human eingestellter Mann, der sich im Zweifelsfall immer anständig verhalten und auf der Seite der Gerechtigkeit stehen würde. Vielleicht dachte ich so wegen der beeindruckenden Rolle, die er in *Stadt in Angst* gespielt hatte, wo er einem von dem schwarzen Schauspieler Juano Hernandez gespielten Mann tiefes Mitgefühl entgegengebracht hatte. Ich weiß, daß die beiden zweifelsfrei *unabhängige* Menschen waren. Doch obwohl ich nichts über die Zusammensetzung ihres Bekanntenkreises weiß, glaube ich doch nicht, daß sie jemals viel Kontakt mit Farbigen gehabt hatten.

Tracy und Hepburn kannten Stanley Kramer gut; Tracy war außerdem Kramers Lieblingsschauspieler. Die beiden Männer hatten bei *Der Brady Skandal, Das Urteil von Nürnberg* und *Eine total, total verrückte Welt* zusammengearbeitet. Tracy und Hepburn waren damit verpflichtet, mir denselben Respekt zu erweisen wie Kramer und sich zu sagen (was sie auch getan haben, da bin ich mir sicher), dieser Junge muß schon ziemlich in Ordnung sein, wenn Stanley unbedingt mit ihm arbeiten will.

Was mich in dieser ganzen Angelegenheit betrifft, so kann ich nur sagen, daß es durchaus angebracht sein kann, wenn jemand wütend und trotzig auftritt, und daß das manchmal auch weiterbringt, aber meine Rolle ist das nie gewesen. Und ich muß auch sagen, daß ich den Menschen, die ihren Zorn verarbeiten und anderweitig nutzen können, tiefe Achtung entgegenbringe.

Andererseits hätten Martin Luther King jr. und Mahatma Gandhi, die nun wirklich nicht zornig auftraten, als sie sich mit der Welt anlegten, sich niemals mit der Welt angelegt, wenn sie nicht irgendwann in ihrem

Leben sehr, sehr wütend, sehr, sehr nachtragend und sehr, sehr verletzt gewesen wären.

Verletztheit, Schmerz, Rachsucht und Wut sind zutiefst menschliche Kräfte. Zu irgendeinem Zeitpunkt finden wir sie in den Herzen eines jeden Menschen. Nur selten tritt ein Gandhi auf, nur selten ein Martin Luther King jr., nur selten jemand wie Paul Robeson oder Nelson Mandela. Wenn solche Menschen auftreten, dann werden Gefühle wie Wut, Zorn, Rachsucht, Frustration irgendwann durch die Selbstdisziplin dieser Menschen zu einer positiven Energie reifen, auf die sie bei ihren positiven, gesunden Unternehmungen zurückgreifen können.

Was in den Menschen, die ich hier erwähnt habe, heftige Gefühle aufwallen ließ, waren keine Phantasiesituationen oder Erfahrungen anderer, sondern wirkliche Erlebnisse, ihre und die von Menschen in ihrer Umgebung. Doch sie hatten irgendein Mantra, irgendeinen Mechanismus, eine Kraft, eine Disziplin, eine Vision, die es ihnen möglich machte, ihre Wut in Antriebskraft zu verwandeln. Wut ist negative Energie – eine zerstörerische Kraft –, aber sie verwandelten sie in Antriebskraft, in *positive* Energie. Ihr umgewandelter Zorn trieb sie auf *positive* Weise an; bei ihnen allen ist genau das passiert.

Nelson Mandela – glauben Sie vielleicht, er hätte die Befürworter der Apartheid geliebt? Glauben Sie, er hätte die Kerle geliebt, die ihn zum Tode verurteilten und ihn dann Steine klopfen ließen, mit dem Versprechen, ihn nach sechs Monaten wieder freizulassen, um ihn dann *dreizehn* Jahre dort schuften und sich Beine und Knie ruinieren zu lassen? Er wurde als robuster Berufs-

boxer in körperlicher Spitzenform eingesperrt und mußte sich abrackern, bis seine Füße und Knöchel bleibende Schäden davongetragen hatten. Aber er verließ das
Gefängnis mit Respekt vor sich selber, seinen Werten,
seinen Zielen und ohne Haß auf die Männer und Frau-
en, die einen beträchtlichen Teil ihres Lebens dem Versuch gewidmet hatten, ihn zu zerstören. Er verachtete
oder verabscheute oder haßte das, wofür sie standen,
aber er war menschlich genug, um sie mit all ihren
Schwächen als menschliche Wesen zu sehen. Das gilt
auch für Martin Luther King jr., der das wörtlich so ausdrückte. Und für Gandhi, der es wörtlich so ausdrückte.

Ich kann nicht von mir behaupten, daß ich dieses
Ideal jeden Tag erfülle, aber ich glaube aus ganzem
Herzen daran. Wenn ich mich selber einschätzen müßte, dann würde ich bereitwillig meine Sünden, meine
Schwächen, meine Mängel, meine Unzulänglichkeiten
eingestehen. Das mache ich immer wieder, und ich bin
dazu in der Lage und brauche mich nicht zu schämen,
weil ich fast immer dazu bereit bin, mein Bestes zu
geben. Und wenn ich meinen Standard nicht erreiche,
nachdem ich mein Bestes gegeben habe – und sogar
dann, wenn ich völlig versage oder wenn meine Schwächen mich fesseln, dann kann ich das akzeptieren. Ich
meine, ich akzeptiere mein Versagen, aber meine Sünd-
haftigkeit, meine Schwächen, meine Unzulänglichkeiten
kann ich nur dann akzeptieren, wenn ich wirklich versucht habe, sie zu überwinden.

Wann immer bei einer Konfrontation Macht und
Ohnmacht aufeinandertreffen, wird die Macht dieses
Ungleichgewicht normalerweise kaum registrieren.
Nach einer Weile gewöhnen die Mächtigen sich daran,

die Macht zu ihren Gunsten und auf für sie schmerzlose Weise zu nutzen. Sie ist die Luft, die sie einatmen, das Wasser, in dem sie schwimmen.

Die Machtlosen, die nicht in Komfort und Gelassenheit schwimmen, sehen die Ungleichheit mit ganz anderen Augen als der Mann aus dem Villenviertel. Aber das gilt für Japaner und Chinesen, für Afroamerikaner und weiße Amerikaner, das gilt für Indianer und weiße Amerikaner, das gilt für hispanische Amerikaner und weiße Amerikaner. Das gilt für die Briten und ihre Kolonien, von denen viele jetzt als Commonwealth-Länder bezeichnet werden. Egal, wie viele Hinweise die Machtlosen, die Stimmlosen oder die Sklaven ihnen auch geben, die Mächtigen neigen einfach nicht zu Selbsteinsicht oder Reue.

Wenn wir unsere eigene Geschichte betrachten, dann sehen wir recht deutlich, wie lange es gedauert hat, bis die Ungleichheit in unserer Gesellschaft endlich zur Kenntnis genommen wurde. Um Himmels willen, fast die gesamte Filmgeschichte hindurch haben wir doch Streifen gedreht, in denen die Indianer immer nur die Bösen waren!

Wenn wir mit der Macht zu tun haben, können wir ja nicht erwarten, daß sie bereitwillig aufgibt. Wenn wir sagen: »Hört mal, Leute, bitte, seht euch doch mal an, was ihr angerichtet habt, seht es euch selbst an, und bestraft euch, und versucht endlich, die Sache in Ordnung zu bringen«, na ja, dann kommen wir eben nicht so voran, wie wir erwartet hatten. Ich meine, noch die bescheidensten Hoffnungen werden unerfüllt bleiben.

Noch heute behaupten überall auf der Welt Menschen, der Holocaust habe niemals stattgefunden. In den

USA gibt es Leute – Leute, die ganz oben auf der Skala der Macht sitzen, von der hier die Rede ist –, die behaupten, die Sklaven seien doch glücklich gewesen, die immer erklären: »Das war nun einmal zum Besten des Landes. Auf diese Weise konnte der politische Prozeß am Auseinanderbrechen gehindert werden.« Es gibt endlos viele Begründungen für solches Leugnen.

Andere wiederum sagen: »Hört mal, nach dreißig Jahren Förderungsmaßnahmen haben sie es ja wohl geschafft. Wenn Schwarze heute keinen Erfolg haben, dann ist das ihre eigene Schuld.«

Ja, natürlich sagen sie das. Und sie sagen es nicht nur über Schwarze. Wir können es in allen Kulturen hören. Wir haben etwas für euch getan, wer immer »ihr« sein mögt. Und wir finden, daß es jetzt reicht.

Auf diese Argumentation läuft es hinaus: Wir haben etwas getan, und wir finden, das muß reichen. Es ist vielleicht nicht perfekt, aber es ist immerhin schon reichlich gut. Also laßt uns jetzt erst einmal eine Runde Applaus hören. Und bedankt euch bei uns. Und nehmt gefälligst den Hut ab, wenn ihr vor uns steht, um euch zu bedanken.

So ist die Lage. Aber wir wollen hier nicht steckenbleiben. Wir müssen noch Meilen hinter uns bringen, ehe wir schlafen gehen können. Es gibt noch viel zu tun, und manches davon erledigt sich eben nicht von selber, soviel ist sicher.

Viele der Anführer der Schwarzen, gemeinsam mit vielen weißen Sympathisanten, meinen, es sei noch zu früh, um in unserem Land von Vergebung zu sprechen. Wir haben die Verantwortlichkeiten noch nicht geklärt, es fehlt noch an Schuldbekenntnissen. Und Gleichheit haben wir nun wirklich noch nicht erreicht. Aber wir müssen trotzdem versuchen, eine zivilisierte, gerechte, prinzipientreue, menschliche Gesellschaft aufzubauen. Und wenn ein Teil dieses Prozesses – ein Teil des Weges dorthin, ein Teil der Bemühungen, die dazu führen sollen – uns zu einem neuen Verständnis, einer neuen Akzeptanz oder sogar zu einer gewissen Versöhnlichkeit bringen könnte, warum denn nicht? Ich rede hier nicht nur von der Versöhnungsbereitschaft der Menschen, denen Unrecht getan worden ist. Vergebung wirkt in den meisten Fällen in beide Richtungen. Wir müssen uns auch selbst verzeihen. Die Mächtigen müssen sich selbst für ihr Verhalten verzeihen. Und das sollte ein geheiligter Prozeß sein.

Mitgefühl für andere Menschen muß sich auch auf die Gesellschaft ausdehnen, die die Machtlosen mit Füßen tritt. Je zivilisierter eine Gesellschaft wird, um so menschlicher wird sie auch; je deutlicher sie ihre eigene Menschlichkeit erkennt, um so klarer sieht sie, auf welche Weise sie sich *un*menschlich verhalten hat. Diese Ungerechtigkeit der Welt löst einen dermaßen brennenden Zorn aus, daß vielleicht nur ein Mord als angemessene Genugtuung erscheint; es ist ein selbstzerstörerischer, weltzerstörerischer Zorn. Schlicht gesagt, ich habe gelernt, daß ich für meine Wut einen positiven Auslauf finden muß, wenn ich nicht von ihr zerstört werden will. Ich muß eine Möglichkeit suchen, diese Wut ins Positive umzuwandeln, und es gibt nichts Positiveres als Vergebung.

Damals in Miami, mit knapp sechzehn, saß ich eines Abends in einer weißen Mittelklassegegend fest. Ich hatte in der Reinigung in »unserem« Viertel erfahren, daß meine Sachen noch nicht fertig waren. Das war ein arges Problem für mich, denn es war schon später Nachmittag, und ich wollte am nächsten Tag die Stadt verlassen. In der Reinigung hieß es, ich könne meine Kleidung in ihrer Zentrale auf der anderen Seite der Stadt abholen. Ich fuhr also mit dem Bus quer durch die Stadt, aber meine Sachen waren noch immer nicht fertig. Und alles wurde noch durch die Tatsache verschlimmert, daß inzwischen der letzte Bus weg war, und da saß ich nun, verloren und ganz und gar am falschen Ort.

Ich hielt Ausschau nach Autos, die in Richtung der »schwarzen Stadtteile« unterwegs zu sein schienen. Wenn ich eins entdeckte, das schwarze Insassen zu haben schien, dann – und nur dann – hob ich den Daumen, in der Hoffnung auf eine Mitfahrgelegenheit. Das erste Fahrzeug, das anhielt, war ein ziviler Streifenwagen, in dem ich irrtümlicherweise eine schwarze Familie vermutet hatte.

Ich wußte, daß es Ärger geben würde, als das Beifahrerfenster heruntergekurbelt wurde und der Cop dort nach rechts zeigte und fragte: »Siehst du diese Gasse da hinten, Kleiner? Trag deinen Arsch da rüber. Und zwar sofort.« Nachdem ich meine Lage kurz durchdacht hatte, ergriff irgend etwas in mir die Kontrolle, und ich gehorchte. Der zivile Streifenwagen hielt dann hinter mir auf die Gasse zu.

Kein Mensch war zu sehen. Was immer passieren würde, es würde keine Zeugen geben. Als ich mich wieder umdrehte, sah ich im offenen Rückfenster auf der Fahrerseite einen Revolverlauf, der auf meinen Kopf zielte. Durch das offene Fenster konnte ich im

Auto folgenden Dialog hören: »Was sollen wir mit dem Kleinen machen?« – »Rausfinden, was er hier zu suchen hat.« – »Sollten wir ihn hier erschießen?« Ich konnte sehen, daß der Hahn gespannt war, und ich war außer mir vor Angst – aber ich war auch wütend, außer mir vor Zorn über ihr offenkundiges Bedürfnis danach, mich zu demütigen.

Ich erzählte ihnen, daß ich den Bus genommen hatte, um meine Sachen aus der Reinigung zu holen, aber das Gerede im Wagen wurde nur noch übler. Der Polizist am Steuer fragte: »Kleiner, wenn wir dich laufen lassen, meinst du, du kannst den ganzen Weg nach Hause gehen, ohne dich auch nur einmal umzusehen?«

»Ja, Sir«, antwortete ich.

»Überleg es dir gut«, befahl er. »Denn wenn du dich auch nur einmal umblickst, dann knallen wir dich ab. Meinst du, du schaffst das?«

»Ja, Sir«, beteuerte ich.

»Na gut, dann mal los. Wir bleiben dicht hinter dir.«

Ich verließ die Gasse, bog in die Hauptstraße ab und machte mich auf den Weg, der fünfzig Blocks weiterführte – und nicht ein einziges Mal schaute ich mich um. Wenn ich meine Augen, aber nicht meinen Kopf, ganz leicht nach rechts bewegte, dann konnte ich in den Schaufenstern, an denen ich vorüberging, das Spiegelbild des Streifenwagens erkennen. Die Cops waren da, gleich hinter mir, und da blieben sie während des ganzen Weges, bis ich das Haus, in dem ich bei meinen Verwandten wohnte, erreichte. Dann fuhren sie davon.

Fünfzig Blocks bieten sehr viel Zeit, um darüber nachzudenken, was mit uns passiert, uns in der wahnwitzigen Ungerechtigkeit der ganzen Situation zu suhlen. Aber auch Zeit genug, um Dinge wie Disziplin, Unabhängigkeit, charakterliche Werte und geistige Stärke zu verinnerlichen.

Ich habe Reportagen über Eltern von ermordeten Kindern gesehen. Diese Eltern gehen zu den Mördern, um sie kennenzulernen, um ihnen, wenn möglich, zu helfen, was auf den ersten Blick verblüfft. Doch bei genauerem Nachdenken bleibt die Frage: Was sollten sie denn sonst tun? Natürlich könnten sie sich rächen, die Welt zerstören. Im Grunde geht es darum, eine bestimmte Ungerechtigkeit anders zu sehen. Die Eltern eines ermordeten Kindes versuchen, den Mörder zu verstehen und zu retten, was an Menschlichkeit vielleicht zu retten ist – in diesem Fall vielleicht einen guten Kern im Mörder. Natürlich machen die Eltern sich nicht bereits drei Tage nach dem Mord an ihrem Kind auf diesen Weg, auch nicht einige Wochen nach der Beerdigung. Sie machen vermutlich eine unerträgliche Hölle durch, denn in ihnen ringen die unterschiedlichen menschlichen Kräfte, die uns antreiben, um die Macht: Haß, Angst, Rachsucht. Diese Mächte agieren allein und zusammen und manchmal auch gegeneinander.

Und wenn diese Eltern dann keine Antworten finden können, müssen sie sich ihrem Schmerz stellen. Und dann – irgendwann im Laufe dieser Konfrontation – finden sie vielleicht eine Möglichkeit, eine Andeutung, einen Hinweis, eine Ahnung, irgend etwas, das ihnen dabei hilft, die Dinge anders zu sehen. Und eines Tages, in irgendeinem Moment, einer Minute, einer Sekunde, auf diesem Weg werden sie erkennen, daß sie unmöglich mit den Forderungen ihres Zorns, den Forderungen ihrer Wut, den Forderungen ihres Hasses leben können. Sie müssen Frieden finden, denn der bleibt aus, solange sie diese Gefühle immer wieder durchleben. Irgendwann auf diesem Weg, vermute ich, finden sie durch Zufall ein Licht (oder sie haben den Weg zu diesem Licht ganz bewußt gesucht, oder es kommt von einem unbekannten Ort her zu ihnen), und der Keim zur Vergebung ist gelegt.

Ob ich diesen Frieden immer besessen habe? Nein. Ich war ja schließlich ein zorniger junger Mann, als ich den Jungen in *Die Saat der Gewalt* gespielt habe. Ich war mit neun oder zehn und mit zwölf oder fünfzehn und dann mit siebenundzwanzig ein anderer. Wie bin ich also mit meinem Zorn umgegangen? Auf eine Weise, die ich meinem frühen Leben verdanke, meiner Familie, meinen Freunden, der Tatsache, daß ich zu der schwarzen Gemeinschaft gehörte, die im Land die Mehrheit bildete. Diese Einflüsse in meinen Kindheitsjahren prägten den jungen Mann, der 1943 das Boot nach Florida bestieg. Und als dieser junge Mann in Florida eintraf und Florida sagte: »Aber hallo! Den Knaben wollen wir doch mal auf den Pott setzen und ihm die Regeln erklären«, war es schon zu spät. Inzwischen hatte ich meine eigenen Regeln aufgestellt – Regeln, die dem, was Florida mir zu sagen hatte, energisch widersprachen.

Dieser Zorn fand in meinen ganz frühen Jahren auf Cat Island und später in Nassau keinen sonderlich fruchtbaren Nährboden. Auf den Bahamas existierte er in einem Frühstadium, erlebte aber niemals die Blüte wie später in Florida. Florida ging ganz offen vor. Florida fragte, wer man war, und man sagte Florida, wer man war, und dann sagte Florida: »Nein, das bist du nicht. *Dies* bist du, und *jenes* wirst du sein.« Und ich sagte, nein, und je energischer Florida sagte, doch, um so heftiger loderte mein Zorn.

Ich versuchte nicht, einem Cop die Pistole zu entreißen und es in dieser Gasse in Miami zu einem Schußwechsel kommen zu lassen, das war nicht meine Art. Es wäre selbstzerstörerisch gewesen. Mein Zorn hätte mich zerstört. Mein Überlebensdrang, den ich auf Cat Island trainiert hatte, erwies mir gute Dienste.

Gesellschaftliche Bewegungen entstehen nicht über Nacht, und sie kommen nicht einfach aus dem Nichts. Es gibt Ereignisse, die in den Nachrichten auftauchen, wie etwa der Einsatz der National Guard in Little Rock, doch danach hören wir ein, zwei, drei, vier, fünf Jahre nichts mehr davon, doch plötzlich ... WAMM! In den zehn Jahren zwischen *Flucht in Ketten* und *Rat mal, wer zum Essen kommt*, *In der Hitze der Nacht* und *Junge Dornen* ist so viel passiert, daß wir beim Vergleich des ersten Films mit den drei späteren glauben möchten, daß kulturell gesehen weit mehr als nur ein Jahrzehnt verstrichen ist.

Ein Filmemacher wie Stanley Kramer hat in dieser Zeit großartige Leistungen vollbracht, aber Kunst kann keine gesellschaftlichen Probleme lösen. Kunst ist eine Mahnung, eine Irritation, sie wirkt klärend, sie rückt Dinge ins Rampenlicht, aber sie bietet keine Lösungen. Mögliche Lösungen wurden ignoriert, bis Amerika dazu gezwungen wurde, sich mit seinen Problemen auseinanderzusetzen. Thurgood Marshall besuchte auf der Suche nach Lösungen das ganze Land, und manchmal mußte er auf dem Weg vom Gerichtshof zum Flughafen Klan-Mitgliedern aus dem Weg gehen, nachts von

Stadt zu Stadt weiterreisen, unangekündigt nach Hause fahren oder sich von Sympathisanten, die ihn beschützen wollten, in Autos mit dunkel getönten Fensterscheiben vom Bahnhof abholen lassen. Und egal, wie sehr die National Organisation for the Advancement of Colored People sich auch abmühte, ihre zaghaften Aktivitäten tauchten nur selten in den Zeitungen auf. Es hieß einfach: »Ach, diese NAACP-Leute haben vielleicht Probleme! Jetzt beschweren sie sich schon wieder!«

Doch an den Universitäten begann es zu gären, und dieser Prozeß entwickelte sich gegen Ende der fünfziger Jahre weiter und ließ sich in den frühen Sechzigern dann nicht mehr übersehen. Die ersten Sit-ins waren noch klein, die Teilnehmer ihrer Zeit um einiges voraus. Das Land erfuhr von ihren Aktivitäten aus kurzen Notizen, die sporadisch in den Zeitungen auftauchten. Und endlich hieß es: »Mein Gott, was ist denn hier los?« Als ob jemand plötzlich eine Krise in die Welt gesetzt hätte. Als ob dieser zivile Ungehorsam einfach so vom Himmel gefallen wäre und nichts mit der Erde zu tun hätte.

So ging es los, aber es war keine einfache Reise. Die zehn Jahre zwischen *Flucht in Ketten* und *Rat mal, wer zum Essen kommt* waren hart. Von der Regierung wurde verlangt, die Rechte von Leuten zu verteidigen, die anderen ihre Rechte verwehrten. Die Regierung mußte erklären, daß die Gesetze der Städte und Staaten unzulässig seien und gegen die Verfassung verstießen. Und die jungen schwarzen Studenten lehnten den Status quo unüberhörbar ab und entwickelten ungeheure Aktivitäten.

Alles ging durcheinander, aber es waren auch Fortschritte zu beobachten. Danach jedoch warf Vietnam manches von dieser Entwicklung aus dem Gleis, da der Krieg zu neuen Zerwürfnissen im Land führte und die Proteste einen anderen Tonfall bekamen und gewaltsamere Reaktionen folgten. Es gab Krawalle. Es gab Morde. Die Entwicklung machte drei Schritte vorwärts und einen zurück, zumindest in bezug auf die Botschaft aus *Flucht in Ketten* – dem Gefühl, daß uns mehr verbindet als uns trennt.

Doch ein progressiver Schritt, der *nicht* zurückgenommen wurde – und die grundlegendste Veränderung – war die Durchsetzung der Verfassungspunkte, die Schwarzen das Wahlrecht zubilligten. Und das hatte lange gedauert. Wir müssen hier bis zu W. E. B. Du Bois zurückgehen. Wir gehen zurück zu Historikern wie John Hope Franklin. Wir gehen zurück zu Männern wie A. Philip Randolph, dem Anführer der Schlafwagenschaffner. Wir gehen zurück zu Roy Wilkins. Und wir gehen zurück zu Künstlern wie Paul Robeson, Langston Hughes, Richard Wright und Ralph Ellison. Es gab auch extremere Ansichten – die von Menschen wie Marcus Garvey etwa, die in ihrer Frustration vorschlugen: »Diese Leute sind so stur, sie sind so verbissen in ihre Irrtümer. Machen wir, daß wir zurück nach Afrika kommen. Machen wir, daß wir weg von hier kommen.«

All diese Aktivitäten befanden sich in hartem Konflikt mit den Gesetzen der einzelnen Staaten, und die Gesetze der Staaten wurden durch die Verfassung geschützt. Und wann immer jemand der Wahrheit zu nahe kam, hieß es: »Aber das Gesetz sagt doch, daß du

Sidney Poitier

kein vollwertiger Bürger bist, du bist nur drei Fünftel eines Menschen, und Wahlrecht kommt nur vollwertigen Menschen zu. *Wahlrecht kommt nur vollwertigen Menschen zu.*«

Diese Art von Welt sollte ich nun wieder betreten, als Walter Mirisch mir die Rolle eines Polizisten aus Philadelphia anbot, der durch Zufall in einer Kleinstadt im tiefen Süden in einem Mordfall ermitteln muß. Als ich das Drehbuch für *In der Hitze der Nacht* las, interessierte mich in erster Linie der Geschäftsmann, der auf das Leben der Stadt einen enormen Einfluß ausübte. Im Laufe des Films hält es der von mir gespielte Detective Tibbs für nötig, diesen Mann zu vernehmen. Der Polizeichef, dargestellt von Rod Steiger, begleitet mich, und wir fahren zu der auf einem Hügel gelegenen Villa des Geschäftsmannes. Ich verhalte mich während des Gesprächs sehr höflich, doch irgendwann muß ich ja die unvermeidliche Frage stellen: »Wo waren Sie zum Zeitpunkt des Mordes?« – worauf der Mann ausholt und mir ins Gesicht schlägt. Seiner Ansicht nach bin ich durch die Andeutung eines auch nur hauchdünnen Verdachts zu weit gegangen. Und deshalb schlägt er mich ins Gesicht.

In der ersten Fassung des Drehbuchs blickte ich ihn voller Verachtung an, hüllte mich in meine hehren Ideale und ging. Das wäre einem anderen Schauspieler in dieser Rolle sicher möglich gewesen, mir jedoch nicht. Ich konnte mich zu gut an die Nacht in Miami erinnern, als die Pistole auf meine Stirn zielte, an die lange Wanderung, verfolgt von den feixenden Cops in ihrem Streifenwagen. Ich sagte dem Regisseur, die Szene müsse geändert werden.

Er fragte: »Und haben Sie Vorschläge?«

Ich sagte: »Ich kann Ihnen sagen, worauf ich *bestehe*.« Ich sagte zu Walter: »Dieser Südstaatenkavalier alter Schule verhält sich seiner Tradition gemäß, laut der seine Ehre es verlangt, daß er mich ins Gesicht schlägt.« Und ich sagte: »Wollen Sie einen Moment, einen wirklich wunderbaren, beeindruckenden Moment auf der Leinwand?« Ich sagte: »Legen Sie die Szene so an, daß ich ihn meinerseits ohne das geringste Zögern ins Gesicht schlage.«

Walter sagte: »Das gefällt mir.«

Und es wurde ein sehr, sehr dramatischer Moment in diesem Film.

Die Stütze der städtischen Gemeinde wendet sich an den von Rod Steiger gespielten Polizeichef und fragt: »Gillespie, haben Sie das gesehen?« Und Steiger erwidert, wie nur Steiger das kann: »Klar doch.« Dann dreht sich der Schauspieler, der den alten Mann spielt, zu mir um und murmelt: »Es hat eine Zeit gegeben, da hätte ich Sie erschießen lassen können.«

Für mich persönlich bildet eine andere Szene den emotionalen Höhepunkt des Films. Polizeichef Gillespie und Detective Tibbs fahren an einem Baumwollfeld vorbei, und dort schleppt eine erschöpft wirkende Gruppe von Feldarbeitern ihre Baumwollsäcke durch die Reihen. Gillespie schaut mich an und sagt: »Nichts für Sie, oder?« Dabei ist mein Gesicht zu sehen, während ich diese Leute betrachte. Ich, der Schauspieler, der diese schwarzen Männer und Frauen beim Baumwollpflücken sah, dachte dabei, daß ich mit den Rollen, auf denen ich bestanden hatte, auf dem richtigen Weg sei.

Zwischen meiner Ankunft in Amerika und dem Jahr, in dem ich einen Detective des Philadelphia Police Department spielte, der im ländlichen Mississippi einen Mord aufklären muß, war wirklich etwas passiert. Doch der wahre Fortschritt war weder hemmungslosem Zorn noch devoter Unterwerfung zu verdanken. Damals wie heute entsteht Fortschritt aus dem Zusammenspiel starker Kräfte in den Herzen derer, die sich dafür einsetzen, Wut und Mitgefühl, Liebe und Haß, Stolz und Scham.

Vernichtung oder Auferstehung?

Diejenigen von uns, die das Glück haben, in der Filmbranche erfolgreich zu sein, und deren Gesichter durch viele Jahre hindurch über die Leinwand geflimmert sind, werden, ob sie das nun wollen oder nicht, zu Ikonen, mythischen Gestalten. Wer als »Star« gilt, hört einfach auf, ein Schauspieler zu sein, und wird zu einem Teil des kollektiven Unbewußten, zu einem Teil der Traumstrukturen der Kultur. Das ist eine ungeheure Verantwortung, der die Angehörigen meiner Branche sich mit unterschiedlichem Erfolg stellen.

Zwischen dem Leben und der individuellen menschlichen Persönlichkeit besteht ein Geheimnis, und ich glaube, daß die Kamera dieses Geheimnis einfängt. Die individuelle Persönlichkeit besitzt in sich eine Verbindung zu allen Wundern des Universums. Wenn ein Künstler sich treu ist und alles gibt, dann wird diese Verbindung sichtbar.

Was fängt die Kamera ein, wenn sie auf mich gerichtet ist? Das sollen andere entscheiden. Aber wenn ich meinerseits in das Objektiv starre, dann spüre ich, daß vieles von dem, was sonst im Verborgenen lebt, eingefangen und sichtbar wird. Das, was auf der Leinwand zu sehen ist, erinnert die Zuschauer an etwas in ihnen selbst, weil ich aus so vielen unterschiedlichen Dingen bestehe. Ich bin ein Netzwerk aus ursprünglichen Gefühlen, aus instinktiven Empfindungen, mit denen ich schon so lange kämpfe, daß sie sich automatisch einstellen. Was ich an mir nicht mag, was ich an mir mag, was ich bin, aber nicht sein möchte, was ich bin, von dem andere aber nichts erfahren sollen – das alles gerät in mir in Bewegung. Diese vielen widersprüchlichen Aspekte machen mein Wesen aus. Mut und Feigheit, Stärke und Schwäche, Angst und Freude, Liebe und Haß – sie alle ergeben den Schauspieler und sind für die Kamera zugänglich.

Das Objektiv sieht, was es sieht, sein »Blick« ist ganz und gar neutral. Es sucht nicht nach meinen besten oder nach meinen schlechtesten Seiten, und wir können uns nicht darauf verlassen, daß es etwas wirklich Repräsentatives einfangen wird. Es kann das Selbst nicht vollständig wiedergeben, aber ich weiß, daß es zeigt, wenn ich denke, und ich weiß, daß es zeigt, wenn ich etwas zu verbergen versuche.

Wenn ich in einer Szene Wut darstelle, dann entspricht das nicht meinem Erleben von Wut im täglichen Leben. Wut im täglichen Leben ist so ursprünglich, daß alles blitzschnell abläuft. Sie kann explosionsartig ausgelöst werden, sie kann auf niedriger Flamme kochen und dann, je nach Reaktion, eskalieren oder sich legen. So ist das Leben. Wenn jemand mein Kind schlägt und ich das sehe, dann will ich diesen Menschen in Fetzen reißen. Oder etwa nicht? Aber der Schauspieler, der kein Kind hat, diese Reaktion in einem Film aber darstellen muß, woher nimmt er die Erfahrung dieser Empfindung? Auf welche Weise versucht er, diesem Gefühl so dicht wie möglich auf die Spur zu kommen, und wie findet er dazu Zugang, so daß es aussieht wie im wirklichen Leben?

Er greift auf sein emotionales Gedächtnis zurück. Er sucht tief in sich einen Ort auf, wo alle seine individuellen emotionalen Erinnerungen gespeichert sind, und an diesem Ort ist er mit dem Universum verbunden. Diese Verbindung ermöglicht ihm den Zugriff auf mehr als nur die Erinnerung an das Wesen von Wut, von Ungerechtigkeit, von anderen Zumutungen oder Beleidigungen oder Kränkungen, die Wut auslösen können. Es gibt ein Netzwerk aus Intuitionen und Instinkten. Ich meine hier die *rohen* Instinkte – ein echtes Netzwerk aus Verbindungen zwischen diesen Kräften, Energien und Wahrnehmungen, die die Menschheit antreiben. Die Gesamtsumme der bisherigen Lebenserfahrungen des Schauspielers ist in diesem emotionalen Gedächtnis gespeichert, jede Erfahrung ist dort gespeichert, auch die, die dem Bewußtsein nicht so einfach zugänglich ist. Beim Schauspielern zwingt ein kreatives Moment den Darsteller, sich an diesen Ort zu begeben. Und die Kamera fängt diesen Kontakt mit dem emotionalen Gedächtnis ein, sie fängt also etwas nicht Sichtbares ein. Manche nennen das *Präsenz*, andere behaupten, die Kamera *möge* diesen Schauspieler. Doch egal, wie wir es bezeichnen, die Kamera *sieht* etwas; sie sieht es ganz einfach.

Etwas weniger metaphysisch könnten wir auch sagen, daß dieser Schauspieler ein ausdrucksstarkes Gesicht besitzt. Selbst wenn er nichts sagt, wissen wir doch, daß etwas in ihm, in seiner Seele, passiert. Er steht einfach da und schaut ins Leere, aber etwas geschieht, das uns wirklich und echt und lebendig vorkommt.

Das liegt daran, daß er jetzt diesen kreativen Ort betritt. Oder vielleicht sollten wir lieber sagen, er ist *empfänglich* für diesen Ort. Wir könnten sagen, daß dieser Ort an sich ein Gefühl seiner Existenz ausstrahlt, das die betreffende Persönlichkeit erreicht, auch wenn sie es nicht selbst weiß. Weil eine Psyche arbeitet. Weil in einer Brust ein Herz schlägt.

In den fünfzig Jahren in Hollywood, während derer ich lernte, Leben auf dem Bildschirm darzustellen, habe ich vielleicht auch etwas über das Leben gelernt. Und sollte das der Fall sein, dann muß ich mich dafür bei einigen hervorragenden Lehrern und einigen außergewöhnlichen Mitschülern bedanken.

Was das Handwerk an sich betrifft, so habe ich nie mit einem guten Schauspieler zusammengearbeitet, von dem ich nicht meinerseits etwas gelernt hätte. Während der Dreharbeiten zu *In der Hitze der Nacht* erinnerte Rod Steigers Arbeit mich immer wieder an mein Glück, den Weg zu zwei der größten Lehrer aller Zeiten gefunden zu haben, zu Paul Mann und Lloyd Richards. Irgendwann in den fünfziger Jahren stand ich vor der Tür ihres Studios und hatte keinerlei Vorstellung von »Schauspieltechnik«. Bevor sie mich als Schüler aufnahmen, hatte ich *gespielt*. Ich hatte vorgetäuscht, angedeutet, so getan, als erlebe ich bestimmte Empfindungen, aber niemals hatte ich wirklich das Niveau erreicht, wo das wirkliche Leben und die schönen Künste einander widerspiegeln.

Steiger war ein Produkt des Actors Studio, und seine Herangehensweise an seine Arbeit faszinierte mich. Zuerst ging er jeden Aspekt einer Szene objektiv durch. Dann betrachtete er jedes Detail, das er bei seinem objektiven Durchgang entdeckt hatte, auf subjektive Weise. Am Ende stellte er seine eigene Persönlichkeit dermaßen auf Null, daß er für den Rest der Dreharbeiten nur noch im selben Tonfall sprach, sogar beim Abendessen. Sogar am Wochenende, wenn wir uns einen Film ansahen, essen gingen oder einfach im Motel saßen und über Gott und die Welt redeten. Ob er nun arbeitete oder nicht, er steckte voll und ganz in der Persönlichkeit dieses Südstaatensheriffs. Ob die Kamera nun lief oder nicht, er sprach mit demselben Akzent, bewegte sich in derselben Gangart. Ich war verblüfft von der Intensität, mit der er sich in seine Rollen einlebte.

Die Arbeit mit Rod Steiger und Lee Grant an den so gut geschriebenen Szenen von *In der Hitze der Nacht* war eine Offenbarung. Was Lloyd Richards und Paul Mann mir über Technik beigebracht hatten, befähigte mich, mich neben Schwergewichtlern wie Steiger und Grant zu behaupten. Während der gesamten Dreharbeiten fühlte ich mich auf der Schwelle zu der Erkenntnis, was Schauspielern wirklich bedeutet, nämlich die Möglichkeit zu erkennen, was *Leben* wirklich bedeutet.

Ich wußte immer schon, daß erstklassige Schauspieler über außergewöhnliche Begabung verfügen, aber ich wußte auch, daß eine außergewöhnliche Begabung an sich nicht unbedingt einen erstklassigen Schauspieler ausmacht. Die schauspielerische Begabung muß einer Technik, einer erlernten Vorgehensweise, einer Disziplin unterworfen werden, damit ein Schauspieler seine Möglichkeiten immer wieder wie vollständig ausschöpfen kann. Ich hatte mich schon Jahre mit der Suche nach dieser »Vorgehensweise«, dieser »Disziplin« abgemüht. Ich kann gar nicht sagen, wie schwer es mir fiel, alle Bestandteile einer effektiven Technik zusammenzubekommen.

Es gibt Dinge, die wir im Theater nicht akzeptieren – die wir nicht akzeptieren wollen und auch nicht akzeptieren sollten –, die wir im Leben jedoch akzeptieren müssen. Das sind die sogenannten Zufälle. Manche Zufälle im Theater stellen sich ein, weil die Darsteller die Kausalität nicht beachten. Vielleicht sollten wir allesamt immer wieder die Ursachen hinterfragen, um festzustellen, ob die Dinge wirklich so sind, wie sie aussehen. Wir sollten darauf achten, daß B zwar immer auf A zu folgen scheint, daß bloße Reihenfolge aber noch keine Kausalität beweist. Aber ob wir nun etwas falsch machen, mißverstehen oder falsch interpretieren, einen Grund dafür gibt es immer.

Die Entdeckung von Ursache und Wirkung und der Entschluß, ihnen wie einem Leuchtfeuer zu folgen, bedeuteten für mich einen Wendepunkt. Und dafür danke ich so wunderbaren Schauspielerinnen und Schauspielern wie Steiger, Grant, Ruby Dee, Marlon Brando, Alice Childress, Frank Silvera, Spencer Tracy, Canada Lee und vielen anderen, deren Beispiel mich im Laufe der Jahre langsam zum Licht führte; nur durch sie kam ich der Fähigkeit, die feine Grenze zu erkennen, die gekonntes »Vortäuschen«

von erstklassiger organischer Schauspielerei trennt, näher.

Während ich in wirklich professionellem Sinn noch nicht zu Hause angekommen war, hatte ich mich doch schon weit von den frühen Zeiten des Hintertreppentheaters entfernt, in dem mir ebenso unerfahrene Schauspieler wie ich und nicht besonders gute Schauspiellehrer eingeschärft hatten: »Du mußt Zwerchfellunterricht nehmen. Du mußt vom Zwerchfell aus sprechen können, um noch in der letzten Reihe im Zuschauerraum gehört zu werden. Du mußt deine Stimme vom Zwerchfell hochholen, sie nach oben stoßen, sie hinauspressen, damit sie beim Publikum widerhallt.«

Ich hatte mich fast zu Tode gepreßt bei dem Versuch, noch in der letzten Bankreihe gehört zu werden. Während meiner frühen Auftritte litt ich häufig unter Verstopfung, weil mein Magen ganz einfach verknotet war, solche Muskeln hatte ich vom ewigen Pressen um mein Zwerchfell herum entwickelt.

Andere weitverbreitete, doch zugleich unhaltbare Überzeugungen wurden mir vorgetragen wie ein Evangelium aus der Bibel der Schauspielkunst. Zum Beispiel hieß es, wenn ich einen Schurken spielte, dann müsse ich mir einprägen, daß Schurken wie harte Burschen gehen, reden, atmen, riechen, spucken. Und das zwang mich zu unvorstellbaren Karikaturen. Um so einen harten Burschen zu spielen, hielt ich immer die Hände bereit, um jemanden zu erwürgen, mein Mund war verzerrt, ich senkte meine Stimme und schien wirklich Feuer zu speien. Und ich sah ganz einfach albern dabei aus. Nicht, daß ich keinen Schurken spielen konnte –

aber ich dachte, ich müsse diesen Schurken aus Äußerlichkeiten zusammenbauen.

Als ich dann mehr über Schauspielkunst und das Leben lernte, ging mir auch auf, daß manche hartgesottenen Schurken recht feminin aussehen, andere sind mager und nicht besonders groß oder stark, wieder andere haben blecherne Stimmen. Manche sehen auf den ersten Blick eher aus wie Geistliche, andere wie Archivare oder Tankwarte oder Leseratten. Die Erinnerung an die Zeiten, in denen ich harte Burschen spielte und mein Zwerchfell auspreßte, ist mir unsäglich peinlich. Ich habe damals auf der Bühne bestimmt grauenhaft ausgesehen. Aber anfangs sagte uns niemand, daß die beste Schauspielkunst eine komplexe und doch vereinfachte Reaktion auf das Leben ist und daß Menschen, die nicht auf der Bühne stehen, auf diese Weise einen Großteil ihres Lebens zubringen: mit Reagieren.

Viele begabte, aber unerfahrene junge Schauspieler, die es nie geschafft haben, hätten Erfolg haben können, wenn ihnen jemand gesagt hätte, daß die emotionalen Elemente, aus denen die Reaktionen der Menschen entstehen, bei uns allen im Grunde dieselben sind, und das schon seit Jahrmillionen. Warum konnte uns niemand sagen, daß die Menschen in ihrer Reaktionsfähigkeit ungeheuer vielseitig begabt sind? Die Reaktionen sind bei allen Menschen ähnlich – aber die Bandbreite dieser Reaktionen ist ungeheuer groß. Wir können mit Besorgnis reagieren – weil wir etwas wünschen oder etwas verhindern möchten. Wir können mit – physischer oder emotionaler – Nervosität reagieren, weil uns die Angst davor, daß etwas passieren oder nicht passieren könnte, überwältigt. Wir können mit Angst reagieren oder mit einer Mischung aus Angst und Zaghaftigkeit und einem kleinen Glücksgefühl. Mit ein wenig Freude, mit großer Freude, mit dem Gefühl von Einsamkeit, Langweile, Frustration, Selbstmitleid, Verlegenheit, Scham, Liebe, Haß, Schüchternheit, mangelndem Selbstbewußtsein, übertriebenem Selbstbewußtsein, Angst vor Abweisung, Angst vor dem Tod.

Da mir in meiner frühen Schauspielerzeit das Leuchtfeuer fehlte, bewegte ich mich blind, ließ mich von falschen Vorstellungen leiten und brauchte deshalb zu viele Jahre, um mein Handwerk endlich zu verstehen. Aber endlich stellte ich dann fest, daß zwischen dem Schauspieler und dem Publikum kein Unterschied besteht; keinem sind die Erfahrungen des Lebens fremd. Ich wuchs als Schauspieler in dem Moment, in dem mir aufging, daß die anderen im Theater sitzen und zusehen, wie ich Gefühle zum Ausdruck bringe, die ihren eigenen ähneln, wissen, ob ich diese Gefühle wirklich empfinde oder ob ich sie vortäusche. In ihrem tiefsten Inneren, wo sie dieselben Gefühle und Reaktionen erlebt haben, wissen sie, ob ich eine ehrliche Interpretation liefere oder mich nur verstelle. Bewußtes Leben erfordert Echtheit; wir müssen zuhören und auf andere ehrlich und offen reagieren, wir müssen im Jetzt anwesend sein. Und das alles gilt ebenso für überzeugende Darstellung. Die Schauspielkunst ist kein »Wir tun mal so«-Spiel. Sie ist eine Übung in Authentizität.

John Cassavetes hat mir einmal, als es darum ging, wie Leben und Kunst miteinander verflochten sind, einen Rat gegeben, der sich als unbezahlbar erweisen sollte. Das war vor einigen Jahren, als er mir eine bestimmte Rolle anbot. Ich weiß nicht, wie, aber er hatte gespürt, daß ich zögerte, obwohl ich nur gesagt hatte: »Ja, gute Idee. Wir reden noch darüber.«

Er sagte: »Du, hör mal zu.« Er sagte: »Wir sind gute Freunde, aber du darfst keinem Freund jemals, jemals einen künstlerischen Gefallen erweisen. Du kannst deinen Freunden Geld leihen, du kannst auf jede andere Weise für sie da sein, aber du darfst ihnen keinen künstlerischen Gefallen erweisen, denn du brauchst einen Lebensbereich, in dem es keine Kompromisse gibt.«

Das ist harter Tobak, aber ich glaube, es ist unabdingbar, wenn wir ein Werk von Dauer schaffen wollen. Wir können uns mit guter Arbeit einfach nicht »durchmogeln«. Doch auch die reinste Hingabe an eine Kunst oder ein Handwerk lebt nicht in einem Vakuum. Wir arbeiten mit anderen, mit Menschen, die uns oft sehr nahestehen, und deshalb kann es durchaus seinen Preis haben, an unseren Überzeugungen festzuhalten.

Ich lernte diese Lektion, als ich 1960 wieder mit Theaterarbeit anfing, nachdem ich zehn Jahre lang nur gefilmt hatte. Ich trat auf in *Ein Fleck in der Sonne,* einem außergewöhnlichen, von Lorraine Hansberry geschriebenen Stück, das von Philip Rose produziert wurde und bei dem Lloyd Richards die Regie führte. Sie alle waren in meinem Alter und meine Landsleute.

Diese Erfahrung bedeutete für mich eine Bestätigung. Ich hatte lange nicht für das Theater gearbeitet, mir aber alle Mühe gegeben, meine Schauspielerei voranzubringen, und meine Erfahrungen als Filmschauspieler hatten meine Arbeitsweise geändert. Es war ein sehr schwieriges Jahrzehnt gewesen – schwierig, weil ich unbedingt die Fähigkeit entwickeln wollte, so authentisch zu spielen, daß es für mein Publikum natürlich aussah.

Ich hatte gerade erst *Porgy und Bess* abgedreht, als wir mit den Proben zu *Ein Fleck in der Sonne* anfingen. Claudia McNeil sollte die Mutter spielen, ich den Sohn, Ruby Dee war meine Frau, Diana Sands meine Schwester und der zehn oder zwölf Jahre alte Glen Furman mein Sohn.

Wir fingen in New Haven an, gingen weiter nach Philadelphia, und dann – da das Theater auf dem Broadway, das uns zugesagt worden war, noch für einige Wochen belegt war – traten wir mit dem Stück in Chicago auf und feilten an die vier Wochen daran herum.

Gleich von Anfang an hatten wir einen gigantischen Erfolg. Das Stück war in vielerlei Hinsicht eine Premiere. Noch nie hatte eine schwarze Familie so sehr im Mittelpunkt gestanden. Es war eine realistische Neuerung, eine moderne Neuerung, und es war von enormer Kraft.

Trotzdem war es für mich entsetzlich schwer. Ich kann nicht nur mit Technik arbeiten. Ich brauche für meine Arbeit reine, rohe Erfahrung, und deshalb mußte ich mich auf irgendeine Weise zu dieser rohen, organischen Erfahrung bringen. Das gelang mir vier Monate lang, doch dann fiel es mir ungeheuer schwer, weil ich den Text so gut kannte, daß ich mich zwingen mußte, nicht einfach die Zeilen zu sprechen und die Bewegungen nur vorzuführen.

Das Broadway-Publikum war an diese neue Art von Theater noch nicht gewöhnt, ein Theater, dessen Kraft einen packte und dessen Kraft in seinen grundlegenden menschlichen Emotionen lag. In den nackten Emotionen einer Mutter, eines Sohnes, einer Schwiegertochter, einer Tochter und eines Enkels, die alle in zutiefst menschlichen Tragödien und Problemen verfangen sind. Es gab quälende Probleme zwischen Mutter und Sohn, Sohn und Frau, Sohn und Schwester und zwischen dem Sohn und dessen Sohn. Das Stück war eine Lektion in bezug auf das wirkliche menschliche Wesen. Menschen sind nicht einfach schwarz oder weiß. Schwarz und Weiß sind angesichts von wirklichen Problemen reine Äußerlichkeiten.

Als sich nach der Premiere in New York der Vorhang senkte, wußte ich endgültig, daß ich zum Schauspieler geschaffen war. Nach allen Zweifeln, die sich angehäuft hatten seit jener zufälligen Begegnung zwischen mir und dem Herrn im *American Negro Theatre*, der mich hinausgeworfen und mir die Tür vor der Nase zugeknallt hatte. Nach meinen vielen unbeholfenen Schauspielversuchen (wie beim ersten Vorsprechen, als ich aus *True Confessions* vorgelesen hatte). Nach meinem katastrophalen ersten Auftritt in *Lysistrata* und meinen Problemen, mir meinen Text zu merken. Nach allem Lampenfieber, das mich überwältigt hatte, als ich beim Schauspielunterricht nicht so recht wußte, was ich da überhaupt machte. Nach all den Jahren des Ringens mit einem Handwerk, das ich nicht in den Griff bekam. Nach allen diesen Erlebnissen – an diesem Abend des Jahres 1960 wußte ich endgültig, daß ich jetzt meine wahre Berufung erkannt hatte. Ich hatte endlich gelernt, wo die Energie saß und wie ich sie rufen, wie ich sie erneuern und wie ich verhindern konnte, sie zu erschöpfen. An diesem Abend *war ich ein Schauspieler*. Ich war einen weiten, weiten Weg gegangen. Aber ich war noch längst nicht am Ziel. Sieben weitere Jahre sollten kommen und gehen, ehe Rod Steiger und ich in *In der Hitze der Nacht* unsere Techniken miteinander messen konnten.

Als ich nach sechs Monaten aus dem Stück ausstieg, redete die Darstellerin der Mutter kein Wort mehr mit mir. Sie haßte mich. Ich brauche wohl nicht zu erwähnen, daß das für ein Ensemble durchaus keine angenehme Situation ist. Claudia McNeil, eine hervorragende Schauspielerin, dominierte die meisten anderen Mitglieder des Ensembles. Und natürlich wollte sie das Stück vom Standpunkt der Mutter her inszeniert sehen. Ich dagegen hielt es für besser, den Sohn in den Mittelpunkt zu stellen, und so argumentierte ich auch. Weshalb wir uns die ganze Zeit stritten.

Ich machte weiter, hauptsächlich, weil ich als der Schauspieler galt, der für die erfolgreiche Durchführung verantwortlich war. Ich nehme an, daß einige mir nicht zustimmten, aber sie fügten sich einfach, weil ich diese Position einnahm. Aber das wollte ich natürlich nicht ausnutzen. Das war nie meine Art und ist es auch heute noch nicht. Ich war jedoch ehrlich davon überzeugt, daß die Tragödie, von der die Familie im *Fleck* getroffen wurde, für den Sohn die schlimmsten Folgen hatte, denn die Mutter war eine ziemlich mächtige Gestalt.

Meiner Ansicht nach trug der Sohn die Verantwortung, Publikum und Stück miteinander zu verbinden. Die Zuschauer wollten vor allem wissen, ob das Schicksal ihn vernichten, ob es ihn unwiderruflich zu Boden werfen würde. Eine solche Beziehung zwischen Publikum und Mutter konnte ich nicht erkennen. Das Publikum sah ihre Trauer. Es sah, daß die Familie dieser Frau sich aufzulösen drohte, es sah die Mutter jedoch auch als starke Kraft: »Ja, schlimm, aber sie schafft das schon.«

Wo also spielte sich in diesem Stück das Drama ab?

Das Drama verlangt vom Publikum *Mitgefühl.* Das war mein Argument der Autorin, dem Produzenten und dem Regisseur gegenüber. Wenn das Publikum Mitgefühl entwickeln soll, dann müssen wir es auch an den Ort führen, an dem die schlimmsten Verletzungen möglich sind.

Wenn es seinen Blick auf die Mutter richten soll, dann wird das Publikum sagen: »Ja, schrecklich, was da passiert ist – aber glaubt mir, diese Familie überlebt das schon. Meine Erfahrung als Schauspieler und als Theatermensch jedoch sagte mir, daß der Schwerpunkt immer dort liegt, wo die Zerstörung eines Menschen droht; und die einzige im *Fleck* wirklich bedrohte Existenz war die des Sohnes. Die Chancen, daß dieser Junge es schaffen, daß er wieder auf die Beine kommen würde, standen fünfzig zu fünfzig. Aller Wahrscheinlichkeit nach würde er nicht die nötige Widerstandskraft aufbringen, den Mumm, das Durchhaltevermögen, die Entschiedenheit.

In meiner ganzen Argumentation lag kein Ego. Ich meine, ich war ein Theatermensch. Ich hatte einen Großteil meiner frühen Jahre im Theater verbracht – nicht unbedingt am Broadway, aber in vielen anderen Häusern und Produktionen. Ich hatte Dutzende von Stücken gesehen, ich war in Dutzenden von Stücken aufgetreten, und deshalb war ich mir bei meiner Definition von Drama, im Theater wie im Leben, sehr sicher.

Das war also mein Standpunkt, und ich verteidigte ihn gegenüber Regisseur, Autorin und Produzent mit Zähnen und Klauen. Vor allem Ruby Dee teilte meine Auffassung, und deshalb beschloß ich, mit ihrer Zustimmung, das Stück bei der Premiere so zu spielen, wie ich es für richtig hielt. Dazu brauchte der Text nicht verändert zu werden, nötig war eine grundlegende Veränderung in der Haltung der Personen.

Und das bringt uns zum eigentlichen Kern der Schauspielkunst. Wie verlagern wir den Schwerpunkt in einem Stück, wenn, wie es bei *Ein Fleck in der Sonne* der Fall ist, zwei Personen wichtig und stark sind? Das geht so: Wenn wir glauben, daß der Sohn nicht nur persönlich, sondern auch seiner Familie wegen leidet, dann verlagert sich der emotionale Schwerpunkt, und wir haben es mit einem anderen Stück zu tun.

Es geht in diesem Stück um den Tod des Vaters und darum, daß die Mutter von der Versicherung zehntausend Dollar erhält, weil ihr Mann bei einem Arbeitsunglück ums Leben gekommen ist. Der Sohn möchte das Geld auf die konstruktivste Weise verwenden, die er sich vorstellen kann: Er möchte ein Geschäft eröffnen, um die Familie in der Gesellschaft nach oben zu bringen.

Die Mutter ihrerseits möchte von dem Geld ein Haus kaufen. Doch der Sohn sagt: »Wenn wir mit dem Geld ein Haus kaufen, ändert sich für die Familie nichts. Ich werde noch immer als Chauffeur arbeiten, meine Frau wird noch immer putzen gehen, du wirst noch immer putzen gehen. Nichts wird sich ändern. Aber wenn wir

Schweiß und Tränen nicht scheuen und uns alle Mühe geben, dann könnte sich etwas ändern, wenn wir das Geld in ein Geschäft stecken, in dem wir alle arbeiten können. In zwei oder fünf Jahren könnten wir uns dann nach einem Haus umsehen, und das Geschäft läuft hoffentlich gut, und in zehn Jahren, wenn mein Sohn aufs College kommt, haben wir zwei oder drei Geschäfte.«

So argumentiert er, seine Mutter dagegen sagt: »Du willst mit diesem Geld einen Schnapsladen eröffnen?« Sie beharrt: »Der gute Name meines Mannes soll nicht mit einem Schnapsladen in Verbindung gebracht werden. Ich werde von dem Geld ein Haus kaufen, damit wir ein Dach über dem Kopf haben.«

Der Sohn sagt daraufhin: »Wäre es nicht besser, wenn der Tod meines Vaters die Familie weiterbrächte? Du hast eine Tochter, die aufs College gehen könnte, aber woher soll das Geld kommen? Ich habe einen Sohn, der bald ein junger Mann sein wird. Was lernt er aus dieser Geschichte? Ich bin Chauffeur. Und wie soll das weitergehen? Soll ich auch mit sechzig noch Chauffeur sein, und soll mein Sohn mein Nachfolger werden?«

Das ist also das Problem. Deshalb muß der Mann auf eine solche Weise spielen, daß das Publikum glaubt, daß es ihm wirklich um seine Familie geht und daß er hier seine letzte Chance sieht, seine absolut letzte Chance. Wenn er jetzt versagt, wird er niemals mehr genug Kraft, Mut und Entschiedenheit aufbringen können, um einen weiteren Versuch zu wagen. Dazu wird er einfach nicht mehr in der Lage sein.

Diese Ahnung möglicher Zerstörung bereitet das Publikum auf die Tragödie vor, die eintritt, als die Mutter ihm das Geld gibt, als er wirklich kämpft und sich ab-rackert und das Geld verliert. Das ganze Geld.

Das Publikum erwartet entweder die vollständige Zerstörung dieses Mannes oder seine Auferstehung. Für die Mutter jedoch kann es zu keiner Auferstehung kommen. Sie gibt das Geld ihrem Sohn, weil sie schließlich entscheidet, ihn den Versuch machen zu lassen, ein Mann zu sein, ein selbständiger Mann – und dann sieht sie zu, wie er alles verbockt. Für sie als Mut-ter mag das traurig sein, für sie als Individuum bedeu-tet es keine große Tragödie. Sie verliert zehntausend Dollar, die sie vorher ja auch nicht hatte.

Doch dieser junge Mann ist vernichtet. Das nimmt das Publikum an. Aber im dritten Akt steigt er aus der Asche auf, und hier liegt das wahre Drama, denn er sieht seinen Sohn an und spricht mit ihm. Genauer gesagt, er spricht durch den Jungen zum Publikum, und bei dieser Rede dreht das Publikum einfach durch. So *dramatisch* ist das alles.

So sah ich die Sache – und so spielte ich. Die Darstel-lerin der Mutter vertrat mit Vehemenz die Gegenposi-tion, und als ich ausstieg, um wieder Filme zu machen, und sie mich ersetzen mußten, hielten meine Nachfol-ger sich an die andere Interpretation, die der Mutter, denn der andauernde Erfolg des Stückes beruhte auf der Mitwirkung von Claudia McNeil.

Das Publikum akzeptierte es, das Stück hatte weiter-hin Erfolg, denn meine Nachfolger waren allesamt gute Schauspieler, hervorragende Schauspieler. Unter ihnen war auch Ruby Dees Ehemann, Ossie Davis.

Und was sagt uns diese Geschichte? Ich glaube, daß das Festhalten an unseren Überzeugungen bisweilen mehr kostet, als wir zu bezahlen bereit sind. Und ob wir nun bezahlen oder nicht, auf jeden Fall müssen wir mit den Konsequenzen leben. Wenn ich in einer bestimmten Situation den Preis zahle, dann bringt mir das eine gewisse Selbstachtung. Und wenn ich den Preis als zu hoch erachte, dann habe ich am Ende, egal, wie gut alles laufen mag, das Gefühl, daß etwas fehlt.

Ein Schauspieler, der dann jeden Abend in einer angespannten Atmosphäre auf der Bühne stehen muß, wie wir das in *Ein Fleck in der Sonne* erlebt haben, kommt sich vor wie in einer unglücklichen Ehe. Ich hatte das Gefühl, von Claudia McNeil nicht das zu bekommen, was ich brauchte. Sie wußte, wo meine großen Momente lagen, sie wußte, wann sie sich zurückhalten und mich ins Stolpern bringen konnte – und mit diesem Widerstand mußte ich monatelang leben. Es tat mir weh zu sehen, wie unsere Meinungsverschiedenheiten unsere Kollegen beeinflußten.

In New Haven spielte ich gegen meine Überzeugung, aber ich suchte nach weiteren Möglichkeiten. Ich fühlte mich einfach nicht wohl in meiner Haut. Ich konnte dem Publikum nicht ins Gesicht sehen, wenn ich nicht so spielen durfte, wie ich es für dieses Stück für nötig hielt. Wir gingen weiter nach Philadelphia. Dasselbe passierte. Das Stück kam gut an, aber etwas fehlte. Es kam überall an, aber ich war nicht richtig dabei. Wir fuhren nach Chicago. Dasselbe passierte. Deshalb machten Ruby Dee und ich uns an die Arbeit, und in Chicago geschah dann das Wunder. WAMM! Ich spielte von jetzt an anders.

Anschließend traten wir in New York auf, und bei der Premiere erreichte die Kraft des Stückes ihren Höhepunkt. Der Regisseur sah das auch, doch er war nicht bereit, die gesteigerte Erregung im Publikum meiner Darstellungsweise zuzuschreiben. Der Produzent sah es auch, doch er sagte, es sei einfach ein gelungener Abend. Die Autorin saß im Publikum, und ich half ihr auf die Bühne, damit alle Welt diese großartige junge Frau, diesen begabten Menschen, sehen könne. Sie ging davon aus, daß dieses große Theatererlebnis, das wir alle geteilt hatten, dem Stück zu verdanken war, so, wie sie es geschrieben hatte.

Ich dagegen behaupte, der Erfolg lag an meiner besonderen Deutung, die ich von Chicago mit nach New York gebracht hatte.

Kurz vor Schluß gab es im dritten Akt einen besonderen Moment. Die Familie hat eine Anzahlung auf ein Haus geleistet, sie haben das Geld noch nicht verloren, doch dann teilt ihnen ein Mann mit, daß sie in dieser Gegend unerwünscht sind. Der Sohn, den ich spiele, muß mit diesem Mann sprechen. Er erzählt von seiner Familie. An einer bestimmten Stelle sagt er: »Das ist meine Mutter.« Dann sagt er: »Das ist meine Schwester.« Und dann sagt er: »Das ist meine Frau – und sie ...«, und Stolz, Schmerz und Liebe überwältigen ihn, und er bringt ihren Namen nicht über die Lippen. Und als er sich seinem Sohn zuwendet, lassen seine Gefühle sich nicht mehr in Worte kleiden. Er winkt dem Jungen zu, doch er bringt kein Wort heraus und muß sich endlich dazu zwingen. Er sagt: »Das ist mein Sohn.« Und das Publikum tobte.

Ich wußte aus eigener Erfahrung, daß es nicht viel bringt, wenn wir durchhalten wollen, weil wir Angst vor dem Versagen haben. Aber es gibt eine andere

Antriebskraft. Ich denke dabei an meinen Vater, der von Kneipe zu Kneipe zog und seine Zigarren verkaufte und der mir in den Arm kniff, aus Angst, ich bekäme nicht genug zu essen. Und dann setzt er sich hin und schreibt einen Brief an seinen ältesten Sohn, daß er den Jüngsten nicht mehr im Griff hat, daß er Hilfe braucht. Wenn ein Mann etwas tut, das über die Bedürfnisse seines Ego hinausgeht – etwas, das für seine *Familie* wichtig ist, so, wie er das sieht – und sagt: »Das ist für mein *Kind*«, dann überschreitet er das, was er für die Grenze seiner Möglichkeiten gehalten hat.

Mein Vater war bei meinen Auftritten in *Ein Fleck in der Sonne* in jeder Sekunde bei mir. Auch das Thema des Stückes hatte viel mit meinem eigenen Leben zu tun. Mit den Tagen in Nassau und Miami und New York, als es mit mir immer weiter abwärts zu gehen schien und ich keine Möglichkeit der Auferstehung sehen konnte. Mit den Risiken, die ich damals einging, mit meinen Begegnungen mit der Zerstörung. Ich weiß, wie sehr meine Familie darunter gelitten hat, aber ich konnte nichts dagegen tun. Und nur indem ich größere Risiken einging – indem ich nach New York übersiedelte und mich dann für ein Leben im Theater entschied –, konnte ich überleben. Aber ich überlebte nicht nur für mich selber. Sondern auch für Reggie.

Meine Arbeit spiegelt diesen Respekt vor den Ahnen wider. Wenn ich mich zu einer Aufgabe verpflichte, dann begebe ich mich in eine Art Winterschlaf. Ich nehme mir das Drehbuch vor, lese es. Ich überfliege es nicht nur, ich lese es an einem ruhigen Ort, wo ich nicht gestört werde. In Gedanken gehe ich an die Arbeit, und die Wörter auf jeder Seite, die Beschreibungen, die

Repliken, *meinen* Text – das alles sehe ich, und vor meinem inneren Auge entstehen Bilder. Ich sehe mir diese Bilder und Szenen und den Hintergrund an und untersuche dabei die Bedürfnisse und Wünsche und Ängste und Hoffnungen und Träume der einzelnen Personen. Und bei jedem Lesen erinnere ich mich an meine ersten Eindrücke. Beim dritten oder vierten Lesen sind die ersten Eindrücke reicheren, detaillierteren Bildern gewichen, und ich beschäftige mich dann mit den Wörtern, die diese Bilder in meinem Gefühl hervorrufen. Wenn ich in einer Replik, einem Verhalten oder einem Text, der sich auf meine Rolle bezieht, einen Widerspruch sehe, dann überlege ich lange, wie sich dieser Widerspruch überbrücken läßt, ohne daß der Text verändert werden muß. Denn manchmal liegt der Fehler beim Schauspieler und nicht beim Text.

Ich suche Themen, die eine positive und nützliche Aussage über das menschliche Leben machen. Ich halte Ausschau nach solchem Material; ich lasse mich hineinversinken. Als ich *Träumende Lippen* zum ersten Mal las, sprachen mich der Versuch, ein Menschenleben zu retten, an und die Mühe, die dieser Versuch machen kann. Aber ich glaube, daß bei einer solchen Unternehmung das Leben an sich die zentrale Kraft ist. Die Energie, die alle Mitwirkenden an diesem Film aufbrachten, sorgte dafür, daß wir über uns hinauswuchsen und größer wurden, um an dieser existierenden Kraft teilhaben zu können.

Die junge Frau in diesem Film kann nicht mit ihren Augen sehen, und deshalb, metaphorisch gesehen zumindest, muß das Fenster ihrer Seele anderswo sitzen. Ihre Ohren und ihre Finger werden in den Dienst ihrer

Seele gestellt. Mit Hilfe dieser Sinne kann sie jegliche Art von Gefahr wahrnehmen – sie hört sie in den Stimmen der anderen, spürt sie in der Luft. Sie will eine ganze, heile Persönlichkeit sein, doch sie lebt in einer Welt, die keinen Pfifferling um solche Wünsche gibt. Doch dann gerät sie durch puren Zufall an einen Mann, dem durchaus bekannt ist, wie wichtig oder wie unwichtig die Welt viele Dinge nimmt, und der sich die Zeit nimmt, einer Frau in einer Notlage ein wenig von seiner Zeit zu schenken. Und dadurch rettet er ihr das Leben. So einfach ist das, *so einfach.*

Für mich liegt der bleibende Wert dieses Films in dem Kommentar, den er nicht über mich oder die anderen darin auftretenden Personen abgibt, sondern ganz allgemein über die Menschheit. Das mag oberflächlich oder sogar naiv klingen, aber ich halte es für eine Frage von Fairness und Gerechtigkeit, festzustellen, daß unsere Spezies durchaus auch gute Seiten hat. Für dieses Gefühl spricht, daß der Film noch immer ab und zu im Fernsehen gezeigt wird und seine Zuschauer noch immer bewegt. Wir sprechen hier über etwas, das vor mehr als dreißig Jahren von der Kamera eingefangen worden ist. Das Leben dieser jungen Frau und dieses Mannes spricht Menschen an, die zur Zeit der Dreharbeiten noch nicht einmal geboren waren.

Ich war bei der Uraufführung neununddreißig Jahre alt. Jetzt bin ich Mitte Siebzig, und noch immer vergeht kaum ein Monat, in dem ich nicht von drei oder vier Menschen auf diesen Film angesprochen werde. Entweder kennen sie ihn seit Jahren und halten ihn für einen der bewegendsten Filme, die sie je gesehen haben, oder sie haben ihn gerade zum ersten Mal gesehen und sind begeistert.

Ich sehe *Träumende Lippen* noch heute mit einem Gefühl der Zuneigung und der Befriedigung darüber, daß ich damals an dieser Arbeit teilnehmen konnte und daß ich mit meiner gesamten Persönlichkeit und nicht nur mit meiner professionellen Seite damit zu tun hatte. Ich selbst, Guy Green, Pandro Berman und alle anderen, wir standen absolut hinter dem Film. Wir wollten daran mitarbeiten, weil wir seinen Wert erkannten.

Freud hat einmal gesagt, daß Leben aus Liebe und Arbeit besteht. Doch *schlechte* Arbeit kann uns nicht den Sinn geben, den wir im Leben brauchen. Meine Selbstkritik ist dann am größten, wenn ich in meiner Arbeit irgendeine Spur von Schlamperei entdecke. Meine Arbeit, das bin *ich,* und ich gebe mir alle Mühe, nur das Beste für mich selbst zu tun, denn ich kümmere mich dabei um mehr als nur um das Ich, das mit bloßem Auge zu erkennen ist. Ich kümmere mich um Evelyn. Und ich kümmere mich um Reggie.

Erbschaften

Auf dem Höhepunkt meiner Schauspielerkarriere machte ich zusammen mit meinem Agenten, Marty Baum, und einigen anderen guten Freunden Ferien in Acapulco. An einem wunderbaren Nachmittag ließen Marty und ich unsere Frauen unter der tropischen Sonne brutzeln und gingen ins Wasser, um zu schwimmen. Ein einsamer Rettungsschwimmer hockte auf einem hölzernen Ausguck, doch er war vertieft in eine Zeitschrift. Wie zwei sorglose Jugendliche, die in einem Tümpel herumspritzen und tauchen, planschten wir juxend und lachend im strahlend blauen Ozean herum.

Das Leben konnte einfach nicht schöner sein. Für einen Moment bestand es nur aus Glück und Frieden. Die Welt gehörte uns, und wir genossen die Freuden, auf die wir nach Jahren harter Arbeit einen Anspruch zu haben glaubten.

Nach ungefähr fünfzehn Minuten wollten wir zum Strand zurückschwimmen. Doch inzwischen hatte sich etwas verändert. Als wir ins Wasser gegangen waren, war uns aufgefallen, daß der Strand nicht leicht abfiel, sondern gewissermaßen an einer steilen Kante endete, so daß das Wasser plötzlich nicht mehr knietief, sondern über drei Meter tief war.

Als wir jetzt zurückschwimmen wollten, hatte sich auch die Wassertemperatur verändert. Und es gab andere Strömungen. Kaum einen Meter von der Kante entfernt zog plötzlich von unten ein Wirbel an unseren Beinen – und zwar sehr kräftig. Zu Tode erschrocken, schwammen wir schneller, aber sosehr wir im Wasser auch um uns schlugen, wir kamen nicht von der Stelle. Es gab keine Wellen an der Wasseroberfläche, es war vielmehr, als würde sich der ganze Ozean erheben, um sich gegen die Kante zu werfen und sich in wild schäumenden Brechern über den Strand zu ergießen. Die Kraft dieser wütenden Woge entriß uns dem Zugriff der Unterströmung, die an unseren Beinen zog, und schleuderte uns ins seichte Wasser vor dem Strand. Erleichtert spürten wir Grund unter unseren Füßen und wateten durch das zurückweichende Wasser in Richtung Sandstrand und Sicherheit.

Doch dann packte das zurückströmende Wasser zu, überwältigte uns, zerrte uns zurück ins Meer. Voller Panik versuchten wir, uns im Sand festzukrallen, doch wir hatten keine Chance, wir wurden zurück über die Kante und in die Tiefe gerissen. Die Unterströmung wirbelte uns umher wie Lappen in einer Waschmaschine. Sieben oder acht Sekunden lang wurden wir unter Wasser herumgewirbelt, bis sich das Kräfteverhältnis umkehrte und wir erneut über die Kante geschleudert wurden. Abermals rappelten wir uns auf und taumelten und kämpften uns vorwärts, in einem weiteren verzweifelten Versuch, uns aus den Klauen der Flut zu befreien. Doch wieder kehrte der Ozean das Kräfteverhältnis um. Wieder wurden wir ins Meer zurückgezerrt, zurück in den Tumult des Tiefseesoges.

Sidney Poitier

Inzwischen kannten wir den Rhythmus des Ozeans. Die Sekunden tickten dahin. Wir hielten den Atem an und beteten um die nächste Woge, die uns wieder nach oben spülen würde. Bitte, Gott, gib uns noch eine Chance. Und dann kam die Woge, knallte gegen die Kante, schob uns vor sich her und drückte uns ein weiteres Mal auf den Strand. Wir vergeudeten keine Zeit damit, nach einander Ausschau zu halten. Hier mußte jeder selbst sehen, wo er blieb, mußte rennen, waten, kriechen, sich mit der Flut vorwärtskämpfen. Wir versuchten, so weit zu gelangen wie möglich, bevor das Wasser zurück ins Meer zu strömen begann. Wir bohrten die Hacken in den Sand und machten uns bereit. Wir weinten und beteten, und ich bin sicher, daß ich mindestens einmal nach meiner Mutter gerufen habe.

Dann kehrte die Strömung sich um, ließ Milliarden von Sandkörnern um unsere Beine wirbeln und sich unter unseren Füßen lösen. Mit aller Kraft, die uns noch geblieben war, versuchten wir standzuhalten, aber gegen diesen Sog kamen wir nicht an. Er wollte uns zum letzten Mal holen.

Wir schrien nach unseren Frauen, die in der Sonne dösten, wir schrien nach dem Rettungsschwimmer, der noch immer in seine Zeitschrift vertieft war. Sie hörten uns nicht. Und dann war es wieder da, das Meer, es riß uns mit sich, und wir gingen zum dritten Mal unter. Während ich diesmal unter Wasser hin und her geschleudert wurde, überkam mich eine gelassene Ruhe. »O Gott«, dachte ich, »ist meine Zeit wirklich gekommen? Soll die Schönheit dieses Ortes mir über die letzte Grenze hinweghelfen?«

Keine Antwort. Nur Tumult. »Herr, ich bin nicht bereit, hier zu sterben«, gestand ich. »Ich bin einfach noch nicht bereit. Und ich bin ganz bestimmt nicht bereit, an einem Strand in Acapulco zu sterben.« Die Wellen schienen mit einem Zwischenraum von sieben bis acht Sekunden zu kommen. Ich betete: »O Herr, mach, daß die Woge nicht zu spät kommt. Wenn uns hier unten die Luft ausgeht, dann ist alles zu Ende. Mach, daß sie rechtzeitig kommt, bitte, lieber Gott, mach, daß sie nicht zu spät kommt. Ein paar Sekunden mehr, und wir sind erledigt.«

Plötzlich war die Welle da, auf den Bruchteil der Sekunde genau, sie knallte gegen die Sandkante und wirbelte uns an die Oberfläche und auf den Strand. Ich sah mich nach Marty um, ob er es auch geschafft hatte. Ich entdeckte ihn drei Meter weiter, er schien bewußtlos zu sein. Er hatte Wasser geschluckt. Er hustete, weil er viel zu lange die Luft angehalten hatte, und sein Gesicht war blau. Jetzt mußte ich für uns beide schreien; Marty hatte keine Kraft mehr. Ich schrie und schrie und schrie.

Und endlich blickte der Trottel auf dem Ausguck hoch, erfaßte die Situation und kletterte herunter. Aber das in einem Tempo, das deutlich ausdrückte: Oh Scheiße, ihr Heinis, müßt ihr mich wirklich beim Lesen stören? Als er auf uns zugeschlendert kam, brüllte ich und kämpfte um Halt. Der gnadenlosen See war das egal. Marty Baum und ich wurden ein weiteres Mal verschlungen. Aber diesmal wußte ich wenigstens, daß Hilfe unterwegs war. Ich mußte durchhalten.

Ich wurde hin und her geschleudert und gewirbelt und gedreht. Mir kam das alles vor wie ein unterseeischer Sandsturm. Ich konnte nur den Atem anhalten, die Augen schließen und hoffen. Ich konzentrierte mein gesamtes Bewußtsein auf das Bild des Rettungsschwimmers, der auf uns zugeschlendert kam, und ich konnte durchhalten, bis die nächste Welle mich wieder nach oben warf. Ich war so schwach, daß ich nur noch zu dem Badewärter hinüberschauen konnte, der im Wasser stand und auf Marty wartete. Als Marty diesmal nach oben kam, packte er ihn und zog ihn gegen die Strömung. Wie durch ein Wunder konnte er ihn auf den Strand und in Sicherheit ziehen.

Ich wurde derweil noch einmal nach unten gezogen. Ich hatte mit aller Kraft gekämpft. Ich spürte, wie ich an einen Ort überzuwechseln drohte, wo Kampf nicht mehr nötig war, ich konnte mich jetzt nur noch treiben lassen. Aber ich war mir auch ziemlich sicher, daß ich gerettet werden würde, wenn die Welle mich noch einmal nach oben spülen würde und der Rettungsschwimmer noch da wäre. Wenn nicht, dann könnte ich daran auch nichts ändern.

Ich dachte immer wieder, wenn ich nach oben geschleudert wurde und dann wieder in die Tiefe sank, an meine Kinder. Ich machte mir Sorgen darüber, wie sie zu einer Ausbildung gelangen, wie sie zurechtkommen sollten. Würde ihre Mutter Arbeit finden und ihnen weiterhin ein Zuhause bereiten können? Wie würde meine Familie in Nassau reagieren, wenn sie von meinem Ertrinken erführe? Diese Gedanken jagten mir durch den Kopf, während ich den Atem anhielt. Und Sie können sich das vielleicht nicht vorstellen, aber es war wirklich so – ich lief blau an.

Noch einmal wurde ich an den Strand geschleudert,

und ich öffnete die Augen und sah im Sand zwei Füße. Der Rettungsschwimmer packte mich, und ich packte ihn. Ich klammerte mich auf Leben und Tod an ihn, und als das Wasser zurückwich, zog er mich hoch und ließ mich neben dem hustenden und würgenden Marty in den Sand fallen. Da lagen wir dann nebeneinander wie zwei gestrandete Makrelen. Unsere Frauen kamen angestürzt, und bald erschien ein Arzt und befand uns für unversehrt.

Wir waren noch keine zwanzig Minuten in Sicherheit, als wir auch schon anfingen, über die ganze Sache zu lachen und Witze zu reißen. Aber unser Lachen hatte nichts Gotteslästerliches. Wir hatten ausreichend Tränen vergossen, und ehrliche Gebete um Erbarmen hatten unsere Herzen erfüllt, während die Natur für einige kritische Minuten mit unserem Leben gespielt hatte. Uns war eine Gnadenfrist gewährt worden, und das wußten wir.

Eine solche Rettung in letzter Sekunde zwingt uns dazu, innezuhalten und Bilanz zu ziehen. Und fast immer erkennen wir dann, wie einfach das Leben im Grunde ist, wie wenig wirklich wichtige Dinge es gibt. Wir lieben, wir arbeiten, wir ziehen unsere Kinder groß. Das sind die bedeutenden Bereiche in unserem Leben. Und Liebe und Arbeit und Kinder sind die Erbschaft, die wir hinterlassen, wenn unser kleiner Moment in der Sonne verflogen ist.

Als ich klein war, besaßen wir nicht einmal einen Pißpott, doch meine Eltern haben mir großen Reichtum in Form einer Kindheit hinterlassen, die mich auf allen meinen Wegen begleitet hat. Ironischerweise jedoch besteht das Erbe von Evelyn und Reggie Poitier vielleicht aus noch mehr als aus Liebe und Wärme und dem festen Boden unter meinen Füßen.

Mein Vater hatte mich zu seinem Testamentsvollstrecker ernannt, und als ich seine Angelegenheiten regelte, mußte ich bis in die Zeit zurückgehen, als Schwarze erstmals auf den Bahamas Land besitzen durften, bis ins Jahr 1858 also. Aufgrund der unklaren kolonialen Besitzverhältnisse war die Situation nicht immer sehr durchsichtig, doch auf jeden Fall hat es vor anderthalb Jahrhunderten für schwarze Familien mehrere Möglichkeiten des Landerwerbs gegeben.

In manchen Fällen vermachten Sklavenhalterfamilien ihren ehemaligen Leibeigenen einfach ein Stück Land. In anderen Fällen brach das Plantagensystem zusammen, Familien gaben ihr Land auf und kehrten nach England oder Carolina zurück, worauf ihr Land dann von Squattern »ersessen« wurde. Und nachdem 1858 schließlich Schwarzen der Landbesitz gesetzlich erlaubt worden war, konnten sie im Laufe der Zeit von ihrem geringen Monatslohn ein wenig Land erwerben.

Während seiner Jahre auf Cat Island kümmerte mein Vater sich um ein bestimmtes Stück Land. Er handelte im Auftrag von auswärtigen Grundbesitzern. Er mußte den Boden bestellen und mit der Machete die Wege freihalten, doch er konnte auf dem ihm anvertrauten Boden für seinen eigenen Verbrauch anbauen, was er wollte. Falls einer der Besitzer sich auf dem Land niederließ oder zu Besuch kam, mußte er mit Maniok, Bohnen, Erbsen und was immer sonst dort wuchs, versorgt werden.

Ein Gesetz auf den Bahamas besagt, daß der Boden unter bestimmten Umständen Landverwaltern wie meinem Vater überschrieben werden kann, wenn sich beweisen läßt, daß die früheren Sklavenhalterfamilien ihren Besitz aufgegeben haben und keine Ansprüche mehr darauf erheben. Dieses Gesetz spielt derzeit für meine Familie eine Rolle, da mein Vater nachweislich als Landverwalter tätig gewesen ist und bestimmte Eigentumsverhältnisse jetzt neu verhandelt werden. Er besaß jedoch auch eigenen Grund und Boden. Das galt auch für meinen Großvater March und für meinen Urgroßvater, die diesen beide im Laufe der Zeit von ihrem Lohn erworben hatten. Schließlich hatte mein Onkel David, ein Kaufmann, der eine Art Lebensmittelladen betrieb, den Grundbesitz durch das Tauschsystem noch vergrößert. Er hatte bisweilen Lebensmittel gegen Land eingetauscht, und nach seinem Tod war dieses Land an meinen Vater gefallen.

Natürlich kann die Dokumentation dieser Umstände auf Cat Island in den fraglichen Zeiträumen bestenfalls als problematisch bezeichnet werden. Die damaligen Kolonialherren waren ausgesprochen gerissen, und kaum ein Sklave konnte sonderlich gut lesen. Wenn eine weiße Familie einem Sklaven irgendwelche Besitzrechte oder ein Stück Land vermacht hatte, konnte der Sklave das nur auf eine Weise belegen: indem er die Kirchenbücher heranzog (denn die Regierung registrierte die Angelegenheiten der Schwarzen nicht schriftlich). Als dann nach Abschaffung der Sklaverei Schwarze Land besitzen durften, mußten sie einen konkreten Nachweis führen, daß ihnen ein entsprechendes Stück Land überlassen worden war. Also mußte dieser Schwarze einen Weißen finden, der seinen Anspruch schriftlich niederlegte, und der ehemalige Sklave setzte sein Kreuz unter dieses Dokument. Nur so konnte der ehemalige Sklave seine Besitzansprüche geltend machen. Doch durch Mißbrauch dieses Vertrauens gegenüber den Weißen geriet viel Land in falsche Hände. Ein skrupelloser Mensch konnte ja schreiben, was er wollte, denn wer hätte das Gegenteil beweisen wollen?

Doch trotz solcher Schikanen und trotz aller Probleme und Enttäuschungen: Wenn meine Familie ihre Ansprüche belegen kann – und ich glaube, das wird uns gelingen –, dann hat Reggie Poitier seinen Nachkommen ein ziemlich großes Strandgrundstück auf einer unverdorbenen Karibikinsel hinterlassen, ein Grundstück von nicht unbedeutendem Wert.

Die Ironie dieser Situation gefällt mir. Es wäre eine wunderbare Genugtuung für meinen Vater, denn es wäre ein Vermächtnis und gleichzeitig ein Symbol für das Durchhaltevermögen einer Familie während aller Veränderungen, von einer Generation zur anderen.

Als ich nach meiner Zeit der Asche aus New York auf die Bahamas zurückkehrte, hatte ich mich unwiderruflich verändert. Ich stieg in einem Hotel ab, obwohl ich nach acht Jahren glücklich über das Wiedersehen mit meinen Eltern war. Ich wollte nicht das Plumpsklo mit seinem Toilettenpapier aus braunem Packpapier oder grünen Blättern aufsuchen müssen. Ich wollte nicht das Wasser über vierhundert Meter schleppen müssen, um mich waschen zu können. Ich wollte nicht erst Feuer machen und Wasser heiß machen müssen, wenn ich ein Bad nehmen wollte. Ich wollte einen Wasserhahn aufdrehen und endlose Mengen heißen Wassers zur Verfügung haben. Ich wollte auf einen Knopf drücken und Licht haben. Nach acht harten Jahren konnte ich ins Haus meines Vaters zurückkehren, doch in mancher Hinsicht fand ich nie wieder nach Hause zurück.

Doch in anderer Hinsicht bin ich vielleicht immer »zu Hause«. Dank des grundlegenden Erbes, das meine Eltern mir hinterlassen haben, bin ich immer zu Hause, denn ich bin derselbe Mensch, wo immer ich auch sein mag. Bei einem Dinner in Hollywood bin ich derselbe wie damals, als ich in Miami von den Cops schikaniert wurde oder in New York auf einer öffentlichen Toilette schlief. Ich bin sicher, daß diese Definition meines Selbst mich befähigt hat, die harten Zeiten zu überstehen, in denen andere mich bereitwillig, ausgehend von ihren eigenen Vorurteilen, definieren wollten.

Manche Leute würde eine solche Situation in einen aufreibenden Konflikt stürzen. Wir kommen von hier und gehen nach da, doch wo sind wir wirklich wir selbst? Für mich ist die Antwort auf diese Frage seltsamerweise ganz einfach. Ich habe an vielen Orten gelebt, doch wo immer ich auch war, ist das in mir, was grundlegend ist und mich ausmacht, dasselbe geblieben. Auf der 5th Avenue und in Harlem, auf der 68th Street in der West Side und auf Cat Island galten dieselben Leitlinien.

Aber es gibt ja noch das sogenannte »Armutssyndrom«. Wir können nicht einmal in Armut leben und uns dann für immer davon befreien. Die Armut setzt sich in unserem Kopf fest und durchdringt unser gesamtes Wesen. Wir können sie unterdrücken; wir können sie übertünchen; in manchen Fällen können wir sie sogar neutralisieren, aber manchmal genügt schon ein kleines Ereignis, um sie aus ihrem Dornröschenschlaf zu erwecken.

Nach all diesen Jahren überlege ich mir immer noch genau, wie ich mein Geld ausgebe, sehr genau, denn irgendwo in meinem tiefsten Herzen steckt eine Furcht – ich lasse sie nicht an die Oberfläche kommen, aber ich weiß, wo sie sich versteckt –, daß ich eines Tages aufwachen und feststellen werde, daß alles verschwunden ist. Ich werde wieder so arm sein, daß das reine Überleben von morgens bis abends an sich schon eine Herausforderung darstellt. Wir leben in der wankelmütigsten Gesellschaft der Welt, und wir wissen alle, daß wir im Grunde mit allem rechnen müssen.

Wenn ich Geld ausgebe, dann ist mir die wirkliche Bedeutung des Geldes immer bewußt. Und wie sieht diese aus? Geld bedeutet nicht das, was ich *bin,* obwohl ich hart gearbeitet und dieses Geld verdient habe und es mir gehört. Nein, Geld bedeutet, daß das Schicksal mir wohlgesinnt war, daß ich einfach Glück gehabt habe. Die meisten Leute haben in materiellen Dingen nicht soviel Glück. Vor allem muß ich also die Tatsache akzeptieren, daß ich Glück gehabt habe, und mich darüber freuen. Und weil ich dieses Glück gehabt habe – im Gegensatz zu anderen –, muß ich an die Verantwortung denken: Glück bringt Verantwortung mit sich, und eine lautet: »Piß es ja nicht an.«

Wir leben in einer Welt, in der alles relativ ist. Für jemanden von meiner Herkunft, mit meinen Erfahrungen bedeutet Wohlstand das eine, für andere hat er eine ganz andere Bedeutung. Seine Definition ändert sich mit den Umständen.

Als Junge auf einer primitiven Insel in der Karibik kam ich mir reich vor, wenn ich überhaupt für irgend etwas bezahlt wurde. Ich kann mich an eine Zeit erinnern, in der ich mich nicht nur reich, sondern superreich gefühlt hätte, wenn jemand mir für den Rest meines Lebens ein Einkommen von fünfzig Dollar die Woche garantiert hätte. Dann kam eine Zeit, in der mir die Anhäufung von hunderttausend Dollar als überwältigende Erfahrung erschien; dieses Vermögen zu besitzen und noch dazu vielleicht mit irgendeinem Job fünfzig Dollar die Woche zu verdienen – wirklich, könnte man sich denn noch mehr wünschen? Doch jetzt, viel später in meinem Leben, hat meine Wahrnehmung sich erneut geändert. Ich habe Freunde, die Milliardäre sind, und Freunde, die nur mit Mühe jeden Monat die vierhundert Dollar für die Miete zusammenkratzen können – und ich kann das alles aus einer ganz anderen Perspektive betrachten.

Nach den Maßstäben von Cat Island, und sogar nach den Maßstäben von Nassau, schwimme ich heute in Geld, doch die wirklich tiefgreifenden Änderungen, die ich erlebt habe, sind viel subtiler. Wenn wir im Laufe unseres Lebens zu Geld kommen, wissen wir ein gepflegtes, gemütliches Hotelzimmer mit einem sauberen Badezimmer und einem Fernseher und einem Telefon zu schätzen. Das bedeutet zu einem gewissen Zeitpunkt in unserem Leben den Himmel auf Erden. Zu einem anderen Zeitpunkt ist der Himmel das Plaza Hotel, mit einer Suite mit zwei Schlafzimmern, einem marmornen Badezimmer und weichen Bademänteln im Schrank.

Doch wenn wir dieses Niveau erreicht haben und eine Weile dort verharren, dann gewöhnen wir uns auch an diesen Grad von Luxus schnell. Das Eigentümliche an dieser Entwicklung ist, daß es keinen Weg zurück gibt. Wir würden es vielleicht schaffen, darauf zu verzichten, wenn wir dazu gezwungen wären, aber wir würden uns niemals freiwillig dafür entscheiden.

Mein Vater hatte materiell gesehen niemals solches Glück. Und am Ende hat die Armut ihn vernichtet – aber ich muß ihm zu Ehren darauf hinweisen, daß das siebenundsiebzig lange Jahre gedauert hat. Trotz aller Kraft und Ausdauer, die ihn alle anderen Schwierigkeiten überstehen ließen, war die Arthritis, die ihn zum Krüppel machte, am Ende zu hart für ihn, und er ließ das Leben los. Er bestellte eines Tages einen jungen Rechtsanwalt zu sich, um über Landansprüche zu reden, und dabei diktierte er dann auch ein schlichtes, zwei Seiten langes Testament. Am nächsten Tag wollte er nichts mehr essen. Das zeigte er nicht deutlich, er wollte keine Aufmerksamkeit auf sich lenken. Er ging vorsichtig vor. Er ließ sich von meiner Mutter das Essen auf die Veranda bringen, und wenn sie dann wieder an die Arbeit ging, fütterte er damit die streunenden Hunde aus der Nachbarschaft. Erst nach fünf Tagen kam meine Mutter ihm auf die Schliche, doch da konnten die Ärzte vom Princess Margaret Hospital ihn bereits nicht mehr retten. Vor allem nicht, weil er ja davon überzeugt war, daß er lange genug gelebt hatte.

Ich möchte darauf hinweisen, daß mein Vater ein Mann war, der genau wußte, was er wollte. Einmal, als wir in Nassau lebten, hatte meine Schwester Teddy, die damals schon erwachsen war, Probleme mit den Männern in ihrem Leben und wollte nach Hause kommen. Sie hatte sich von ihrem Mann getrennt und lebte zusammen mit einem wilden Burschen namens Blood, der nur Ärger machte. Mein Vater sagte: »Na gut, du kannst für eine Weile nach Hause kommen. Aber wenn du zu Hause bist, dann hast du nichts mehr mit ihm zu tun – dann bist du wieder ein Teil der Familie. Die ganze Familie wird dich beschützen. Deshalb bist du es der Familie schuldig, daß du dich nicht ohne meine Erlaubnis mit ihm triffst. Du wirst nicht in sein Haus zurückkehren, ist das klar?«

Ihr war das alles recht, doch schon bald traf sie sich wieder mit Blood, und das kam meinem Vater zu Ohren.

»Habe ich richtig gehört?« fragte er. Als sie schweigend den Kopf hängen ließ, sagte er: »Hol mir eine Gerte vom Tamarindenbaum dahinten.«

Ich wußte aus persönlicher Erfahrung, daß es keine schlimmeren Prügel gab als die mit einem Tamarindenzweig mit seinen dornigen Knoten und scharfen Kanten. Aber er griff zur Gerte, und obwohl Teddy damals vielleicht vierundzwanzig war und schon zwei Kinder hatte, schlug er sie windelweich. Und dabei sagte er: »Wenn ich dir sage, daß dieses Haus hier mein Haus ist, und wenn ich dir sage, daß du unter diesem Dach zu tun hast, was ich dir sage, dann hast du mich und dieses Haus zu achten. Du hörst zu, und du gehorchst. Unter meinem Dach bist du niemals alt oder groß genug, um dich meiner väterlichen Gewalt zu entziehen.«

Reggie Poitier wußte, wie sein Erbe aussehen würde. Er kannte die Bedeutung seiner Rolle als Vater und glaubte daran, und er wußte auch, daß diese weit über seine Rolle als Ernährer hinausreichte. Er glaubte an die Verantwortung und Würde seiner Aufgabe im Vermitteln ebenso wie im Durchsetzen von Werten, und er ließ seine relative Stellung in der ökonomischen Hierarchie einer verrückten Tourismuswirtschaft in keiner Weise diese *Stammes*rolle beeinflussen. Gott weiß, daß die ökonomischen Mächte nichts unversucht gelassen haben, um ihn zu Boden zu zwingen. Er war von seinen Tomatenfeldern vertrieben worden und hatte in den Tränken von Nassau Zigarren verkaufen müssen, aber wenn Disziplin gefragt war, dann hatte er immer noch die Kraft, nach der Tamarindengerte zu verlangen.

Tatsache ist, daß diese Art von Eltern sich über die Werte in ihrem eigenen Leben im klaren sein muß. Eltern können ihren Kindern keine starke Grundlage mitgeben, wenn ihnen diese selber fehlt, und wenn sie keine haben, dann vererben sie diesen Mangel weiter. Und wenn wir etwas weiterreichen, mit dem unseren Kindern nicht gedient ist, dann sind wir dafür verantwortlich.

Meine Generation war sehr auf Vergnügungen erpicht – ich rede hier von der Generation, die verantwortlich ist für die Zwanzig-, Dreißig- und Vierzigjährigen von heute. Ehe diese Kinder in unserem Leben auftauchten, suhlten wir uns in Vergnügungen, und wir haben diesen Drang nach unmittelbarer Befriedigung an unsere Kinder weitergegeben.

Als ich 1944 die Armee verließ, waren die Jungs, die zusammen mit mir in die Freiheit entlassen wurden, zwischen achtzehn und dreißig. Wir kehrten in ein Land zurück, in dem die Industrie nur so blühte. Als

Sieger beschlossen wir, diesen Segen zu verteilen, und wir stellten wirklich wunderbare Dinge damit an – aber das geschah nicht aus selbstlosem Idealismus heraus. Nehmen wir den Marshall-Plan, den wir damals ins Leben gerufen haben. Dadurch wurde Europa wiederaufgebaut, gut, aber er befähigte auch die vom Krieg zerstörten Länder, unsere Waren zu kaufen. Die Folge war ein unglaublicher Wohlstand, und zu dieser Zeit begann das Vergnügungsprinzip, sich selbst zu ernähren.

Eine Generation darauf befanden wir uns in den sechziger Jahren, und die Achtundzwanzigjährigen aus dem Zweiten Weltkrieg waren nun achtundvierzig. Sie hatten zwanzigjährige Kinder, die zwei Jahrzehnte lang dermaßen verwöhnt worden waren, daß zum ersten Mal in der Geschichte die Werteskala tiefgreifend verzerrt wurde. Aber das war natürlich erst der Anfang.

Die Nachkriegsgeneration wähnte sich im Paradies, wenn sie sich einen Farbfernseher und zwei Autos kaufen und dann einen Winnebago und ein Haus am See leisten konnten. Aber die Kinder, die mit diesem materiellen Vergnügen aufgewachsen waren, langweilten sich inzwischen zu Tode. Sie hatten einfach genug von diesem ganzen *Kram*. Diese Generation sagte also: »He, ratet mal, wo wirklich die Post abgeht! Vergeßt den Winnebago. Her mit Sex, Drogen und Rock'n'Roll.« Unvorstellbare, gehirnsprengende Erfahrungen, Erlebnisse, die Sinn und Verstand explodieren ließen, sollten zu unmittelbaren Freuden führen, die allerdings genauso schnell wieder verflogen.

Doch eine Art der Befriedigung ist einfach ein Auswuchs einer anderen, eine extremere Form von Hedonismus, dasselbe Bedürfnis nach Genuß und Konsum.

Viele dieser jungen Leute aus den Sechzigern sind nun selbst achtundvierzig. Was immer sie an echtem Idealismus aus den Love-and-Peace-Tagen gerettet haben mochten, wurde dann im großen Yuppie-Goldrausch der Achtziger und im Börsennirwana der Neunziger weggefegt – und ich fürchte, wir sind noch viele Meilen von dem höheren Niveau entfernt, das wir anstreben.

In der bisherigen Geschichte haben die meisten Menschen nur knapp oberhalb der Grenze zum Verhungern gelebt. (Und in vielen Ländern ist das noch immer der Fall.) Familien brauchten sechs oder neun Kinder zum Arbeiten, sonst hätte die Familie, wie alle wußten, nicht überleben können. Der neue Nachkriegswohlstand bedeutete, daß wir über die alten Schwätzer lachen konnten, die während der großen Depression aufgewachsen waren und zur Vorsicht mahnten. Die große Göttin Notwendigkeit wurde ignoriert. »Ach, scheiß drauf. Wen schert's? Alle, die wir kennen, sind reich, alles ist in Ordnung, und ich langweile mich.«

Wenn meine Mutter mich zum weit vom Haus entfernt gelegenen Brunnen Wasserholen schickte, dann deshalb, weil sie das Wasser zum Kochen und Spülen brauchte. Wenn ich gesagt hätte: »Nee, ich hab' keine Lust«, dann weiß ich, was mir das eingebracht hätte. Wenn meine Mutter mir keinen Tritt in den Hintern verpaßt hätte, dann hätte mein Bruder das übernommen. Mein Bruder hätte gesagt: »Spinnst du? Schnapp dir den Eimer, und schaff Wasser her.« So war es eben. So lief es ab.

Ich hoffe, daß ich jetzt nicht wie ein alter Schwätzer wirke. Ich will mich nicht so anhören wie die alten Leute von früher, die sagten: »Ich mußte jeden Tag über dreißig Kilometer zur Schule gehen, und euch Kindern würde das auch nichts schaden.« Eine solche Aussage zeugt von Neid und Mißgunst. Ich dagegen will etwas ganz anderes zum Ausdruck bringen. Ich will sagen, daß ich zwar nur wenig hatte, aber ich hatte es *gut*. Kinder brauchen das Gefühl, zu etwas beitragen zu können. Das Wissen, daß sie einen Beitrag leisten, macht sie stolz. Sie lernen Verantwortung und Disziplin durch sinnvolle Arbeit. Die Werte, die in einer nach diesen Prinzipien lebenden Familie entwickelt werden, werden dann auf die Gesellschaft an sich übertragen. Wenn Kinder nicht zu sehr verwöhnt und durch ein Übermaß an Dingen von der Wirklichkeit ferngehalten werden, sehen sie auch ihre Verbindungen zu anderen Menschen.

Bettelarm und in Hosen aus Sackleinen gekleidet, erbte ich einen solchen Schatz, und ich bedaure die Kinder heute, die auf eine Weise heranwachsen, die ihnen große Probleme beschert, die einfachen Dinge zu genießen, Verpflichtungen durchzuhalten und den wahren Sinn ihres Lebens zu entdecken.

Die Armut hat meine Seele nicht umgebracht. Armut kann einen Menschen umbringen, das schon, aber wie oft habe ich gesehen, wie Reichtum eine Seele tötete. Bei soviel Luxus und Wohlstand und gedankenlosem Konsum – woher wollen wir da überhaupt noch wissen, daß es etwas gibt, das den Namen Seele trägt ? Denken wir einmal an Helden wie Nelson Mandela. Dieser Mann hat dreizehn Jahre lang Steine geklopft! Wir gehen nicht siebenundzwanzig Jahre für unseren Glauben ins Gefängnis, wenn dieser Glaube sich auf belangloses Vergnügen richtet. Um ein solches Opfer bringen zu können, müssen wir überzeugt sein, daß es wichtigere Dinge gibt als die Devise: »Wer mit dem meisten Spielzeug stirbt, hat gewonnen.« Aber wer von uns hier und heute ist zu einem solchen Einsatz bereit? Wer ist von einem Ideal oder einer Ideologie dermaßen überzeugt?

Die ökonomischen Gesetze führen nicht zu Idealismus oder höherem Bewußtsein. Die Logik von Profit und Verlust in einer von Marktwirtschaft getriebenen Kultur reduziert die Größe der Spezies Mensch auf eine einzige Rolle, die »Konsumentenrolle«. Und die ganze Zeit lautet das Vergnügungsprinzip: »Ich kann euch Produkte verkaufen, die für alles sorgen. Und ihr bekommt sie jetzt sogar online. Kommt nur, kommt. Ich kann euch noch viel aufregendere Dinge zeigen.«

Wir sind bei weitem nicht so stark wie unsere Eltern. Ich meine, was das Durchhalten angeht – die Fähigkeit, ein so hartes Leben durchzustehen, wie das von meiner Mutter verlangt wurde. Aber sie hielt durch, weil sie in ihren *Verpflichtungen* Trost fand. Sie schürte das Feuer und kümmerte sich um die Farm und wusch Kleider und buk das Brot, aber in allem fand sie *Befriedigung*. Die physische Last, die sie zu tragen hatte, hätte viele Menschen überfordert und erschlagen, aber bei meiner Mutter war das nicht der Fall, weil sie nicht vom Vergnügungsprinzip infiziert war. Sie konnte nicht auf einen Knopf drücken, und schon leuchtete das Licht auf oder die Wäsche wurde elektrisch gewaschen. Sie konnte nicht einfach einen Wasserhahn aufdrehen und das Wasser laufen lassen. Doch das, was sie hatte – Verpflichtungen –, war viel wunderbarer.

Was für ein Leben für eine Frau: vor dem Morgengrauen aufstehen und bis nach der Abenddämmerung arbeiten, das Geschirr bei Kerzenlicht spülen – wenn sie das Glück hatte (oder, genauer gesagt, wenn sie reich genug war), eine Kerze zu besitzen. Selbst so ein kleines Hilfsmittel wie eine Kerze war ein Geschenk für meine Mutter. Wenn sie ein halbes Dutzend Kerzen im Haus hatte, dann zündete sie abends immer nur eine an, ließ sie nur für eine gewisse Zeit brennen und löschte sie dann. Sie ging äußerst sparsam damit um – um sie zu genießen, um lange etwas davon zu haben.

Die Kinder ihrer Kinder dagegen, ihre Enkel, sind dermaßen an Komfort gewöhnt, daß ihnen so kleine Freuden nichts mehr bedeuten.

Ein wenig Entbehrung ist also etwas Gutes. Aber wieviel Entbehrung? Das ist schwer zu sagen – vor allem, wenn von unseren Kindern die Rede ist.

Wie schon gesagt, liegt ein Großteil der Hinterlassenschaft meines Vaters in der Maxime, die er seinen Söhnen beigebracht hat. Er rief uns zu sich und sagte: »Ein Mann wird daran gemessen, wie gut er für seine Kinder sorgt.«

Dieser Satz machte mir bei der Trennung von meiner ersten Frau arg zu schaffen. Die Trennung war für alle Beteiligten eine lange, schmerzhafte und belastende Zeit. Juanita, meine Frau, wollte die Familie nicht auseinanderreißen. Sie wußte, daß ich mit unserer Ehe sehr unzufrieden war, aber als Katholikin wollte sie durchhalten, wollte Gutes und Schlechtes gleichermaßen hinnehmen. Aus dieser Haltung heraus akzeptieren wir Probleme und schmerzliche Anpassungsschwierigkeiten, und manchmal absorbieren wir einfach die schmerzhaften Elemente der Ehe, die sich nicht eliminieren lassen.

Ich war noch dazu in eine andere Frau verliebt, und die damit einhergehenden Schuldgefühle konnten auch elf Jahre Psychoanalyse nicht »kurieren«. Zu einem gewissen Zeitpunkt litt ich so sehr, daß ich alle Welt verantwortlich machte. »Meine Frau versteht mich nicht«, sagte ich auf klischeehafte Weise. Und dann sagte ich, »die andere« stelle ja auch ihre Ansprüche.

Es war insgesamt eine ziemlich elende Situation. Vor allem, weil ich wußte, daß meine Eltern es soviel besser gemacht hatten. Meine Brüder Reginald und Cedric hatten es soviel besser gemacht. Und dann kam Sidney und erwies sich als Versager. Ich war tatsächlich kurz davor aufzugeben.

Ich wußte nur, daß ich aus der Sache herausmußte. Und mitten in dieser schmerzlichen Lage sah ich meine Kinder. Ich mußte ihnen sagen, daß nicht ihre Mutter schuld war, daß nicht »die andere« schuld war, sondern, daß *ich* schuld war.

Mein guter Freund Harry Belafonte hatte einige Jahre vor mir eine schmerzliche Scheidung durchlitten. Harry sah, wie schlecht es mir ging, und ich fragte ihn, ob er jemanden wisse, mit dem ich reden könne. Harry empfahl einen Analytiker und griff dann auf seine eigene Erfahrung zurück, als er sagte: »Du mußt immer für deine Kinder dasein, egal, was passiert. Wenn sie dich besuchen sollen und nicht wollen, dann mußt du sie dazu zwingen«, sagte er. »Wenn sie nicht mit dir reden wollen, brauchen sie nicht mit dir zu reden, aber du mußt dasein. Du kannst Essen auf den Tisch stellen, sie brauchen aber nicht zuzulangen. Sie können das ganze Wochenende auf ihrem Zimmer hocken, aber sie werden wissen, daß sie dir so wichtig sind, daß du sie bei dir haben willst. Und am Sonntag-abend bringst du sie zurück und siehst sie erst zwei Wochen später wieder, falls die Regelung nichts anderes vorsieht.«

Inzwischen hatte er sich in den feurigen Tonfall eines Predigers hineingesteigert: »Und beim nächsten Mal holst du sie wieder ab und bringst sie zu dir nach Hause. Wenn sie ins Kino wollen, dann fährst du sie hin und holst sie wieder ab, und dann fahrt ihr nach Hause, und du hilfst ihnen, wenn sie sich zum Schlafengehen fertigmachen, und du tust alles für sie, was nötig ist. Und wenn sie während des ganzen Wochenendes kein Wort zu dir sagen, dann mußt du eben damit leben. Wenn sie dann zu ihrer Mutter zurückmüssen, dann hilfst du ihnen beim Anziehen und Packen und bringst sie hin.«

Das war so ungefähr der beste Rat, der mir jemals erteilt worden ist. Die Lehren meines Vaters hallten darin wider, denn ich wußte, daß Reggie nicht nur materielle Dinge meinte, wenn er über die väterliche Versorgerrolle sprach. Mein Psychoanalytiker ermutig-te mich auf dieselbe Weise, während ich vier- oder fünf-mal die Woche zu ihm ging, um mich meiner Schuld zu stellen. Und meine Schuld starrte mir ausdruckslos ent-gegen. Hat diese Erfahrung mich verändert? Ja. Hat sie mich zu einem besseren Menschen werden lassen? Das weiß ich nicht. Doch so selbstgerecht das auch klingen mag, sie hat auf jeden Fall einen besseren Vater aus mir gemacht.

Ich fand in mir die Kraft, mich den Konflikten, die ich heraufbeschworen hatte, zu stellen. Ich ließ meine Kinder nicht im Stich. Ich nahm mir in New York eine

Wohnung, doch jeden Tag kehrte ich in den Vorort, in dem sie wohnten, zurück, um dazusein, wenn sie aus der Schule kamen oder sich an den Abendbrottisch setzten. Jahre später erzählten sie mir dann nach und nach in ihren eigenen Worten, wie gut es für sie gewesen sei, zu wissen, daß ich für sie da war. Und ich war wirklich für sie da, sogar dann, wenn ich in irgendeiner fernen Gegend mit Filmarbeiten beschäftigt war. Egal, wo ich mich auch aufhalten mochte, immer hatten sie eine Nummer, unter der sie mich erreichen konnten. Und heute habe ich eine wunderbare Beziehung zu meinen Kindern.

Aber das war nicht immer so. Es hat auch harte Zeiten gegeben, das steht fest. Wenn ich über meine Erfahrungen als Vater nachdenke, dann erinnere ich mich auch an jene Situationen, in denen Schuldgefühle und Schweigen sich vermischten und ich einfach sprechen mußte. Und doch, das stellte ich eines Tages bei meinen älteren Kindern fest, je mehr ich redete, desto mehr zogen sie sich zurück.

»Wirklich, mach schon, jetzt erzähl mir, was los ist. Du hast offenbar Ärger in der Schule. Du hast offenbar Ärger mit ... Was ist das Problem?«

Ihre stumme Antwort war: »Geh weg. Ich will dich nicht sehen.«

Doch wenn ich einfach nur anwesend oder erreichbar war und darauf wartete, daß es passierte, dann konnte sich die Lage schon durch eine ganz belanglose Frage bessern: »Wie weit ist es noch?«

»Ach, nicht mehr sehr weit.«

»Und was machen wir, wenn wir angekommen sind?«

Sie wollten etwas wissen, und deshalb machten sie einen Schritt auf mich zu. Es ist wirklich verrückt.

Meine Tochter Sydney kam eines Tages aus der Schule, setzte sich an den Tisch und fing an zu schreiben. Ich fragte: »Was machst du denn da? Was schreibst du?«

Sie antwortete ganz im Ernst: »Ich schreibe einen Roman.« Sie sagte: »Ich werde einen Roman schreiben«, und ich erwiderte: »Ach, wie wunderbar.«

»Ich werde einen Roman schreiben, und ich arbeite gerade daran«, wiederholte sie.

Und ich Idiot setzte es mir in den Kopf, sie zu ermutigen. Doch Eltern wissen nicht, wie schwer ein einfaches Wort wiegen kann. Ich fing an, sie zu ermutigen, und sie wich zurück, und nach weniger als einem Jahr hatte sie ihr Vorhaben aufgegeben. Das letzte auf der Welt, was sie tun wollte, war, einen »Roman« zu schreiben.

Die Kommunikation mit meiner Tochter Beverly war manchmal noch schwieriger. Sie war die älteste und bei meiner Trennung von Juanita um die dreizehn. Als Tochter eines Außenseiters und Einzelgängers sehnte sie sich danach dazuzugehören, aber ich riß ihre Welt in Fetzen.

Einmal fragte sie mich: »Warum muß ich gut in der Schule sein?«

Ich antwortete: »Weil das wichtig für dein zukünftiges Leben ist.«

Und sie sagte: »Aber ich will nicht besser sein als alle anderen. Warum muß ich besser sein?«

»Eine gute Ausbildung ist wichtig, egal, welches Leben du dir danach aufbaust«, war meine Antwort.

»Aber warum kann ich nicht so sein wie alle anderen? Ich will so sein wie meine Freundinnen, *ich will nicht anders sein!*« schrie sie in wütendem Protest gegen die Umstände, die ihr Gefühl von Geborgenheit bedrohten. Schon vor der Auflösung der Ehe ihrer Eltern war der gesellschaftliche Status, den mein Erfolg der Familie eingebracht hatte, unter ihren Schulfreundinnen ein schwieriges Thema gewesen. Sie verweigerte die Verantwortung, zwischen ihren Freundinnen, ihr selbst und ihrer Familie einen Kompromiß zu erwirken, denn sie hatte Angst, damit all ihre Probleme ans Licht zu zerren. Es wäre eine Katastrophe für sie gewesen, als anders zu gelten und nicht dazuzugehören. Sie hatte Angst davor, eine Abweichung von der Norm zu sein, eine Außenseiterin an einem Ort, an dem sie immer Harmonie und Trost gefunden hatte.

Ihre Umgebung bedachte sie mit negativen, rassistischen und klassenspezifischen Signalen, die sie dazu brachten, ihre Identität und ihren Wert in Frage zu stellen. Sie und viele andere in ähnlicher Lage waren mit einer dermaßen allgegenwärtigen, auf subtile Weise herabsetzenden, absolut mitgefühllosen Verachtung konfrontiert, daß selbst die, die einen Ausweg fanden, für immer irgendeine Narbe davontrugen. Einige wenige versteckten diese Narben verschämt, andere trugen sie wie einen Orden – das hoffe ich wenigstens.

Meine Trennung von ihrer Mutter warf Beverlys ganzes Leben um. Sie sprach zwei Jahre nicht mehr mit mir, brach die Schule ab, heiratete viel zu jung und ging nach Afrika.

Beverlys Weigerung, ihre Ausbildung zu beenden, hatte auf mich die schlimmsten Auswirkungen. Ich war enttäuscht und machte mir Vorwürfe. Dazu kam ihr Schweigen, das mich während unserer zwei Jahre dauernden Entfremdung belastete. Während ich immer wieder mit aller Macht versuchte, unsere Beziehung zu heilen und zu bewahren, wollte sie diese Beziehung auf ein Minimum reduzieren, um mich zu bestrafen. (Leider müssen auch Eltern sich für ihre Sünden verantworten!)

Als sie Mitte Zwanzig war, hatten wir einige ermutigende Schritte in Richtung Versöhnung unternommen und vertrugen uns unter den gegebenen Umständen sogar recht gut. Dann klingelte eines Tages bei mir das Telefon. Es war Beverly. Sie sagte: »Seit Monaten suche ich Arbeit. Aber die einzige Stelle, die ich finden konnte und der ich gewachsen war, besteht darin, daß ich in einem Imbiß Brote schmiere. Das mache ich jetzt seit zwei Wochen. Ich bin eine erwachsene, verheiratete Frau mit zwei Kindern, und mit dem Gehalt meines Mannes kommen wir nicht weit. Und deshalb rufe ich an: Ich wollte fragen, ob du mir wohl finanziell unter die Arme greifen würdest, damit ich die Schule fertig machen kann.« Ich sagte: »Natürlich.« Sie ging wieder zur Schule, machte schließlich ihr Examen an der Southern Methodist University und kann inzwischen als Autorin vom Schreiben leben.

Wenn ich mir überlege, wie ihr damals wohl zumute war, dann komme ich zu dem Schluß, daß es ihr zu einem für sie überaus kritischen Zeitpunkt als himmlisches Geschenk und Garantie für Trost und Hilfe erschienen sein muß, fest in einen Freundeskreis integriert zu sein. Als sie mit dreizehn oder vierzehn Jahren von der schrecklichen Angst gequält wurde, ihr unzuverlässiger Vater werde die Familie auseinanderbrechen lassen – und das in einem Moment, als auch andere Grundpfeiler ihres Lebens zu zerbrechen drohten –, wandte sie sich von mir ab und ließ sich von ihrem Überlebensinstinkt auf vertrautes Terrain führen. Sie fand Trost und Hilfe und schob damit bis auf weiteres die harten, einsamen und notwendigen Überlebenskämpfe auf, durch die sie eines Tages zu sich selbst finden würde.

∽∾∾∾

In meiner Kindheit gab es ein Schulhaus, das nur ein Zimmer hatte. Manchmal gingen wir hin, manchmal auch nicht, schließlich hatten wir die meiste Zeit auf den Feldern zu tun.

Ich kam mit zehneinhalb nach Nassau und ging mit zwölf von der Schule ab, und deshalb hatte ich zwischen Cat Island und Nassau gerade nur das Allernötigste gelernt.

Doch in Nassau hatte ich einen wunderbaren Lehrer, Mr. Fox, William Fox. Wir nannten ihn Bill, Mr. Bill Fox, und er war wie ein Zauberer. Ich habe mehr von ihm gelernt als von jedem anderen. Als ich an meiner Rolle in *Junge Dornen* arbeitete, war er für mich ein wichtiges Vorbild.

Dieser Film rührte viele Leben an. Es geht darin um einen Lehrer in einem ziemlich heruntergekommenen, harten Londoner Stadtteil, einen Lehrer, der mit einer Welt der Armut, Chancenlosigkeit, Instabilität und zerfallenen Familien konfrontiert ist, einer Situation, in der die Kinder von so vielen Ängsten und Frustrationen gequält werden, daß sie einfach nicht lernen können. Dieser Lehrer jedoch zeigt seinen Schülern andere, wichtigere Werte und macht ihnen bewußt, welche Rolle diese Werte in ihrem Leben spielen können.

Er bringt Kindern, die mit diesem Begriff bisher nichts anfangen konnten, Manieren bei. In ihrer verzerrten Weltsicht war Höflichkeit ihnen als arrogant erschienen, als affektierte Marotte von hochnäsigem Oberklassenpack. Doch dieser Lehrer belehrte sie eines Besseren. Er zeigt ihnen auch die Bedeutung von Selbstachtung, Würde, Integrität und Ehrlichkeit und nimmt dabei die Leben der Kinder als Beispiel.

Am Ende des Films hatte er seine Klasse in eine Gruppe interessanter Persönlichkeiten verwandelt, von denen die meisten eine weitere Ausbildung machen wollten, von denen die meisten mit sich viel, viel mehr im reinen und bereit waren, auch anderen eine Chance zu geben, und die anderen Respekt erweisen und auch gelassen Respekt entgegennehmen konnten, aber er zeigte ihnen auch, daß sie noch immer dieselben Menschen waren wie zuvor – nur eben besser. Wir brauchen kein anderer Mensch zu werden, um besser zu werden, als wir sind.

Er machte ihnen auch bewußt, was Integrität bedeutet, vor allem, indem er ihnen Integrität *zeigte*. Er bot ihnen seine Freundschaft an, und bis sie dieses Angebot erfassen und annehmen konnten, mußte er ungeheuer viel ertragen. Er wurde bis zur Weißglut gereizt. Er wurde gedemütigt. Er wurde körperlich bedroht. Er wurde verleumdet und schikaniert.

Am Ende jedoch hatte er seinen Schülern dazu verholfen, daß sie sich in ihrem neuen Leben als wertvolle, nützliche Menschen von beeindruckenden Möglichkeiten sahen. Und als sich diese Verwandlung vollzog, eröffnete sich auch ihm eine neue Möglichkeit. Er hatte sich während des ganzen Jahres um einen Posten als Ingenieur beworben – denn eigentlich war er Ingenieur und kein Lehrer –, und endlich wurde ihm eine Stelle angeboten. Inzwischen jedoch hing er dermaßen an diesen gestörten Kindern und an seinem Wunsch, ihnen zu helfen und ihnen seine Werte zu vermitteln, daß er beschloß, an der Schule zu bleiben. Er verabschiedete sich von seinem Traum und blieb, um sich auch um die nächste Klasse benachteiligter Kinder zu kümmern.

Ich sehe in dieser Entscheidung großen Mut und große Integrität – die Art von Mut und Integrität, die auch mein Vater besaß und die es ihm ermöglichte zu sagen: »Dieses Haus ist vielleicht eine Bruchbude ohne Toilette, aber es ist mein Haus, und hier gelten meine Regeln.« Der wichtigste Teil meiner väterlichen Erbschaft liegt in dem Wissen, daß Disziplin und Engagement Hoffnung mit sich bringen.

Um Kinder wirklich zu erziehen, braucht man Mut, und ich empfinde tiefen Respekt vor allen, denen das gelingt. Als ich mit fünfzehn Jahren in Miami eintraf, hatte mein Bruder Cyril drei Jobs, um seine Familie zu ernähren. Er stand um vier Uhr morgens auf und kam erst um zehn Uhr abends wieder nach Hause. Und nicht nur für eine bestimmte Zeit, sondern immer. Mein Bruder hatte keine sonderliche Ausbildung genossen. Seine wichtigste Stelle war die eines Pförtners im Flughafen. Meine Schwägerin arbeitete als Schwesternhelferin. Er verdiente pro Woche vielleicht fünfzig Dollar, sie fünfunddreißig. Das machte also fünfundachtzig Dollar für zwei schwarze Menschen in Miami, Florida, 1942. Fünfundachtzig Dollar die Woche. Aber was machten sie damit? Sie schickten neun Kinder aufs College und kauften sich ein Haus. Von fünfundachtzig Dollar die Woche! Und es war ein schönes Haus. Es hatte Strom. Es hatte zwei Toiletten und anderthalb Badezimmer. Es hatte eine Küche. Es hatte einen Hinterhof.

Sie waren zu dieser Leistung in der Lage, weil sie eine Verpflichtung eingegangen waren, miteinander, für die Kinder und für bestimmte Werte, und sie hielten durch. Ich bewundere sie unendlich für das, was sie waren und was sie geleistet haben.

Aber können wir dasselbe von anderen erwarten? Trotz aller Schwierigkeiten, die mein Bruder und meine Schwägerin durchmachen mußten, trotz der damaligen Rassendiskriminierung in Florida hatten sie doch eine Gemeinschaft und eine Kultur, die ihre Hoffnung auf bessere Zeiten am Leben hielten – und wenn nicht für sie, dann doch für ihre Kinder. Aber was ist mit den ungelernten und schlecht ausgebildeten Arbeitern von heute? Was ist mit dem Fünftel der Bevölkerung der USA, für das nicht Überfluß und Wohlstand das Problem sind, sondern für die es keinen Wohlstand gibt und damit auch keine Hoffnung?

Können wir von einem jungen Mann und einer jungen Frau, die heutzutage volljährig werden, dieselben Verpflichtungen erwarten, die mein Bruder und seine Frau eingegangen sind? Wieviel Dollar kann ein Mann, der wie mein Bruder mit den Händen arbeiten muß, heute verdienen? Welche Aussichten hat dieser Mann? Und wo gibt es heute eine festgefügte Gemeinschaft, die ein solches Paar unterstützt, wenn es arm ist und seine Kinder trotzdem in Anstand und Hoffnung großziehen will?

Ermutigt unsere Gesellschaft diese Art von Verpflichtung? Wenn die Antwort Ausbildung lautet, stellt unsere Gesellschaft dieses Werkzeug zur Verbesserung der eigenen Lage dann auch den weniger Wohlhabenden zur Verfügung? Wie steht es heute um den amerikanischen Traum, auch den weniger vom Glück Begünstigten ein anständiges Leben in einer menschlichen Gesellschaft zu ermöglichen?

Ich muß mich fragen, was ich selber getan habe, um an dieser Zukunftsvision mitzuarbeiten. Ich weiß, daß wir niemals genug tun können. »Von dem, dem viel gegeben wird, wird auch viel verlangt«, heißt es in der Bibel, und ich spende Geld für gewisse Zwecke und unterstütze sie mit meinem Namen. Aber meine wichtigste Investition in die Zukunft dieses Planeten – vorbehaltlos und aus tiefstem Herzen – gilt dem Leben von sechs begabten und intelligenten jungen Frauen, wirklich wunderbaren Menschen, die ich stolz meine Töchter nennen darf.

Sterngucken

Mit sechs oder sieben Jahren war ich auf Cat Island ständig am Strand, denn der war nicht weit von unserem Haus entfernt. Bei meinen Streifzügen hörte ich durch das Zwitschern der Vögel hindurch immer wieder auch das Geräusch eines Insekts, das wir »Sänger« nannten (weil sein Gesumm sich wie ein Lied anhörte). Diese musikalischen Insekten waren auf der Insel ziemlich verbreitet. Man konnte im Inselinneren oder am Strand umherlaufen und dabei nur Vögel und Sänger hören, denn es gab damals nur wenige Menschen hier – es gab nur die Vögel und die singenden Insekten. Ich weiß noch, daß ich oft am Strand entlanglief, den Sängern zuhörte und die nahe gelegenen Korallenriffe nach Stechrochen absuchte, diesen großen, wunderschönen Geschöpfen, die so breit sind, daß sie Flügel zu haben scheinen.

Als ich dabei einmal zum Himmel hochschaute – es war ein heller, klarer, sonniger Tag –, sah ich etwas, das ins Meer zu fallen schien. Ich schaute genauer hin, und immer mehr schien ins Meer zu fallen. Es sah aus wie eine Reihe von Kristallkugeln, und sie schienen rund und durchsichtig und ziemlich groß und ziemlich weit weg zu sein. Ich sah zu, wie sie in den Ozean stürzten. Nach einigen Monaten wurde das zum Ritual. Wenn ich am Strand unterwegs war, schaute ich nach oben, und immer fielen dann diese Kugeln ins Meer. Ich dachte natürlich, daß sie aus unerfindlichen Gründen vom Himmel fielen, und ich fragte mich, aus welchem Teil des Himmels sie wohl stammen mochten und warum sie im Meer versanken.

Als wir Cat Island verließen und nach Nassau übersiedelten, kam ich nicht mehr so oft ans Wasser. Ich meine, wir waren in Nassau natürlich auch in Wassernähe, aber auf Cat Island war ich morgens aufgestanden, und das Wasser war einfach da. In Nassau war das anders, das Leben war anders, und ich hatte jede Menge Freunde und kannte einen Haufen Leute. Ich hatte keine Zeit für derartige kontemplative Übungen wie einen Spaziergang am Strand, bei dem ich in einen blauen Himmel blickte und Gegenstände herunterfallen sah.

Es sollte dann noch Jahre dauern, bis mir aufging, worum es sich bei diesen Kugeln gehandelt hatte. Ich stellte fest, daß sie nichts als Flecken in einem Film waren, der sich über meine Augäpfel zog. Wenn ich jetzt in den blauen Himmel schaue, dann weiß ich, während der Film abläuft, daß die Flecken – diese winzigen Zellen – irgendwo in der Ferne zu fallen scheinen, während sie tatsächlich über meine Hornhaut in meine Pupille wandern.

Als ich das herausfand, hatte ich auch bereits andere Dinge erfahren. Irgendwie war ich mit der Welt der Sterne vertraut gemacht worden, obwohl ich das Wort *Galaxis* damals noch nie gehört hatte. Auch das Wort *Kosmos* war mir noch unbekannt. Nicht einmal das Wort *Astronomie* sagte mir etwas. Aber ich spürte doch immerhin, daß es dort draußen etwas gab.

Als ich einigermaßen gut lesen gelernt hatte, stieß ich häufig auf diese Wörter, und immer, wenn irgendwo die Sterne erwähnt wurden, las ich weiter. Vieles davon war für mich natürlich unverständlich, weil mir die wissenschaftlichen Begriffe unbekannt waren. Doch auf irgendeine Weise gelangte ich zu der Information, daß ein Stern eine Sonne ist und daß es jede Menge Sonnen gibt und daß der Stern, den wir nachts sehen, nicht einfach nur ein Stern ist, und daß die Sonne, die wir tagsüber sehen, nicht einfach nur eine Sonne ist, sondern daß beide ein und dasselbe sind. Ich brauchte ziemlich lange, um das zu begreifen. Aber meine Faszination wurde immer größer – die Faszination, die eingesetzt hatte, als der Film über meine Hornhaut gelaufen und den Eindruck von ins Meer fallenden Kristallkugeln erweckt hatte.

Jahre später wurde mir das Privileg zuteil, Carl Sagan kennenzulernen und sogar an einer seiner Fernsehsendungen teilnehmen zu dürfen. Bei dieser ersten Begegnung waren wir einander sympathisch, danach traf ich ihn bei gemeinsamen Bekannten wieder, und schließlich lud er mich ins Jet Propulsion Labor in Pasadena ein.

Eines Abends waren wir beim Leiter des Labors zum Essen eingeladen, und er führte uns an seinen Arbeitsplatz. Damals liefen gerade die ersten Daten von der Neptunsonde ein, und deshalb drängten sich viele Gäste, Journalisten und Wissenschaftler, in diesem berühmten Saal zusammen. Die einlaufenden Informationen wurden in den Computer eingegeben und an eine riesige Leinwand geworfen. Der Forschungsleiter erklärte alles für die Presse und die geladenen Gäste, und Carl lieferte Kommentare dazu.

Trotz seiner Ausbildung zum seriösen Wissenschaftler, trotz seiner gewaltigen Kenntnisse in Physik und Mathematik hatte Carl die Fähigkeit zum Staunen nicht verloren. Er war fasziniert von den auf dem Saturn gemachten Entdeckungen, so wie ich als kleiner Junge, der am Strand die Sterne betrachtete. Diese Fähigkeit zum Staunen hat er sein Leben lang beibehalten.

Solange er sich nach seiner Erkrankung noch bewegen konnte, war er auf den Beinen, und die Ärzte gaben sich alle Mühe, seine Krankheit zum Stillstand zu bringen oder zu heilen. Schließlich mußten sie sich eingestehen, daß das nicht möglich sein würde. Er trat in *Nightline* auf, das weiß ich noch, und sprach über seine Arbeit und natürlich über seinen Gesundheitszustand. Dabei wurde eine Frage zum Thema Krankheit und Hoffnung gestellt. Sie wurde so behutsam formuliert wie überhaupt nur möglich, doch im Grunde lautete sie: »Wie denkt ein Sterbender über Religion und ein Leben nach dem Tode?«

Carl blieb bis ans Ende Wissenschaftler (nicht, daß es keine Wissenschaftler gäbe, die an Gott glauben). Er sagte, sein Glaube sei fest in der Wissenschaft verwurzelt, er glaube, daß die Wissenschaft irgendwann viel, viel mehr erklären können werde, als wir jetzt wissen, und daß diese zukünftigen technischen Details die einzigen Antworten ausmachen werden, auf die wir jemals hoffen dürften. Mit anderen Worten, er suchte in der Stunde der Not nicht nach einem Ausweg. Er versuchte nicht, sich alle Möglichkeiten offenzuhalten.

Ich bin kein Wissenschaftler, und ich verfüge schon gar nicht über Carl Sagans technisches Wissen um das Universum und unsere Stellung in diesem Universum.

Ich glaube einfach, daß wir einen Teil von einem sehr organischen, unermeßlichen Bewußtsein ausmachen. Ich halte dieses Bewußtsein für eine dermaßen mächtige Kraft, daß ich sie mit einem schwächlichen Instrument wie dem menschlichen Gehirn einfach nicht erfassen kann. Und doch glaube ich, daß dieses Bewußtsein so unvorstellbar fein geeicht ist, daß nicht ein Blatt in der dunkelsten Nacht und im tiefsten Wald unbemerkt zu Boden fällt.

In Anbetracht der unermeßlichen und unvorstellbaren Größe dieser Kraft, von der ich rede und die das gesamte Universum durchdringt (denn sie reicht von entfernten Galaxien bis zu meiner Nasenspitze), will ich gar nicht erst den meiner Ansicht nach vergeblichen Versuch antreten, ihr einen Namen zu geben und dadurch den Eindruck zu erwecken, ich wäre imstande, sie zu verstehen. Und doch bereichern mich diesbezüglich Bilder und Sprache des Christentums und der alten Inselkultur. Ich erweise ihr einfach meinen Respekt und stelle mir vor, daß sie in mir und auch an jedem anderen Ort lebt.

Die große Wahrhaftigkeit, die ich wahrnehme, eröffnet mir unendliche Möglichkeiten, und wie immer ich mich entscheide, nichts ist richtig oder falsch. Das bedeutet, daß die Verantwortung für mich selbst bei mir liegt.

Ich bin dazu verpflichtet, diesem Ich dankbar zu sein, es zu formen, es zum Wachsen zu ermutigen, es dazu anzuspornen, jeden Tag ein besseres Ich zu werden, mich mit all seinen guten Eigenschaften zu verständigen und mir ein Bild von all seinen schlechten Eigenschaften zu machen. Wenn der Lebensraum zwischen diesen beiden Eigenschaften so unbehaglich wird, daß Entscheidungen getroffen werden müssen, dann versuche ich, nach meinem Gefühl zu gehen und so auf der richtigen Seite zu landen.

Wenn Sie mich in die Ecke drängen wollen, dann sage ich, daß ich an Gott glaube, aber ich würde sofort kontern und Ihnen meine Definition von Gott vortragen, die Sie ja schon kennen. Und das ist die einzige Definition des Begriffes Gott, die ich verteidigen würde, denn eine andere anzuerkennen wäre für mich unmöglich.

Ich bringe der Natur, der natürlichen Ordnung, dem Kosmos und den Jahreszeiten eine Art Respekt – oder sogar eine gewisse Verehrung – entgegen. Ich weiß, daß Völker in früheren Zeiten nicht aus purem Zufall Sonnenwende und Tagundnachtgleiche gefeiert haben. Etwas Gewaltiges geschieht, vor allem im kälteren Klima des Nordens, wenn die Tage nicht jeweils um eine Minute schrumpfen, sondern wieder länger werden. Die Menschen spüren es in den Knochen. Sie begreifen es, wie sie vielleicht die Anwesenheit Gottes begreifen. Der halbe Weg liegt schon hinter uns! Vielleicht werden wir diesen Winter ja doch überleben!

Ich glaube nicht an einen Gesetze erlassenden Moses. Ich glaube einfach daran, daß es eine natürliche Harmonie gibt und daß manches besser funktioniert als anderes – und dabei erweist es sich, daß die meisten Dinge, die besser funktionieren als andere, sich weitgehend mit der jüdisch-christlichen Ethik decken, die die meisten Menschen in diesem Land als Moral betrachten. Sie funktionieren im System des Lebens auf diesem Planeten einfach besser. Sie verletzen die natürliche Ordnung nicht.

Das ist wie der Löwe in der Natur. Dieses Tier kann das entsetzlichste Wesen sein, das wir uns überhaupt nur vorstellen können. Wenn sie hungrig sind, ziehen die Löwen los und suchen nach Nahrung. Doch vor dem Fressen kommt das Töten – der Tod eines anderen Lebewesens–, und dieser Tod wiederholt sich jeden Tag viele Male.

Doch der satte Löwe wandelt ohne böse Absichten zwischen seiner Beute umher, und die Beute weiß das. Alle bleiben gelassen. Der Löwe geht zur Tränke, und ein Beutetier nähert sich und sieht den Löwen seinen Durst löschen. Antilopen und Gazellen wissen nur zu gut, daß ihnen nichts passieren kann. Irgendein Instinkt sagt ihnen: »Hört mal, in der ganzen Geschichte unserer Art sind wir noch nicht einmal von einem dieser Typen angegriffen worden, die hier mit uns trinken, das ist einfach nicht angesagt. Also keine Panik.«

Im Wesen der Natur besteht einfach eine bestimmte Ordnung, und entsprechend verhalten sich die Tiere. Es gibt Naturgesetze, an die die Tiere sich immer halten. Manchmal verhalten die Menschen sich ebenfalls in Harmonie mit den Naturgesetzen – und das nennen wir *wahren Fortschritt.*

Wie war es möglich, daß wir ohne Ausbildung, ohne Training, einfach aufgrund von Instinkt und Erfahrung die Landwirtschaft entwickeln konnten? Statt Regen oder Herden folgen zu müssen, wie das einst der Fall war, sagte irgendeine kluge Seele: »Wißt ihr was? Diese Nüsse und Obstsamen und Körner stecken wir in den Boden.« Dann zieht der Stamm weiter, kommt neun Monate später zurück und findet ein Kornfeld oder eine Strauchgruppe.

Der ganze Überlebensprozeß sagt uns, daß diese natürlichen Rhythmen eine Moral haben und daß diese Moral mit dem Gewebe der Natur verflochten ist. Für die Menschheit gehört zu diesem Gewebe das höhere Bewußtsein, das ich oben erwähnt habe. Ich glaube, wir müssen uns der natürlichen Ordnung anpassen, wenn wir dieses höhere Bewußtsein anstreben – was im Grunde bedeutet, daß wir uns selbst loslassen müssen. Und dabei befreien wir uns von den kleinlichen Ego-trieben, die uns im Weg stehen, wir stellen fest, daß wir uns in die natürliche Harmonie einschalten können, und das kann wunderbare Folgen haben.

Zu Beginn der sechziger Jahre fiel dem Regisseur Ralph Nelson ein Roman mit dem Titel *Die Lilien auf dem Felde* in die Hand, der ihn dermaßen faszinierte, daß er die Filmrechte erwarb. Danach suchte er sich einen Drehbuchautor und nahm dann Kontakt zu mir auf.

Er wandte sich an die United Artists, weil er schon häufiger erfolgreich mit dieser Gesellschaft zusammengearbeitet hatte, doch die waren nicht besonders begeistert von einem Film über eine Handvoll Nonnen, einen schwarzen Baptisten, der ihnen eine Kapelle baut, Glauben und Erlösung. Sie wollten allerdings weiterhin mit Ralph Nelson zusammenarbeiten. Der Stoff war ihnen zwar vermutlich zu wenig spektakulär, aber um Nelson nicht zu verlieren, stellten sie ihm für den Film eine lächerlich kleine Summe zur Verfügung – zweihundertvierzigtausend Dollar.

Das sollte nicht sein Honorar sein, das war das gesamte Budget für den Film. Für alle Honorare, alle Produktionskosten, alles.

Und Ralph Nelson sagte ja. Er setzte sein Haus als Sicherheit ein, was bedeutete, daß er es bei einer Budgetüberschreitung durchaus hätte verlieren können. Wir hatten kein Geld für Proben, deshalb sagte er den Darstellern: »Wir können proben, aber nur bei mir zu Hause und sozusagen privat.« Das lag an den Gewerkschaftsbestimmungen und daran, daß wir nicht bezahlt wurden, sondern ... na ja, auf Treu und Glauben hin handelten.

Wir probten vielleicht eine Woche lang in seinem Haus in Kalifornien, dann flogen wir nach Arizona, quartierten uns in einem Motel ein, machten eine Kostümprobe und begannen am nächsten Tag mit den Dreharbeiten. Dreizehn Tage später waren wir fertig. Dreizehn Tage später hatten wir den gesamten Film im Kasten und waren wieder in Los Angeles – von hier nach dort und wieder zurück in nur zwei Wochen!

Und unsere Zuversicht trug uns reichen Lohn ein. Mir brachte mein Einsatz einen Oscar für den besten Darsteller. Für uns alle bedeutete unser Engagement, daß wir an etwas teilgenommen hatten, das noch heute, fast vierzig Jahre später, immer von neuem seine Zuschauer berührt.

Dieser Film sagt sehr viel über die Art von Bewußtsein aus, die ich anstrebe, ein Bewußtsein, das sehr viel mehr umschließt als nur die Welt, die ich sehe, wenn ich zur Hauptverkehrszeit durch Los Angeles fahre. Doch wenn ich mich ausschließlich auf den Verkehr, auf die Verabredung, zu der ich nicht zu spät kommen möchte, oder auf welches kleinliche Problem auch immer konzentriere, dann sind diese Manifestationen des Ego wie die grellen Lichter der Stadt, die die Sterne verdecken. Die Sterne sind weiterhin vorhanden, nur kann ich sie nicht sehen.

Doch wenn ich *über* das Selbst hinausblicke, dann verschwinden diese Störungen, und plötzlich habe ich Zutritt zu einer weitaus größeren Form von Wahrnehmung. Dazu gehört, was ich sehe und was ich nicht sehe, von dessen Existenz ich jedoch weiß – und sogar das, was mich als physisches Wesen um Längen überdauern wird. Ich kann beginnen, die Verbindung zwischen allem zu ahnen, meinen Platz in allem zu spüren, doch das geht nur, wenn ich mich vom Mittelpunkt entferne. In diesem Moment weiß ich, daß ich mich in Los Angeles befinde, daß Los Angeles zu einem Staat gehört, daß dieser Staat Teil eines Landes ist, daß dieses Land zu einer Hemisphäre gehört, daß diese Hemisphäre einen Teil des Erdballs ausmacht, daß dieser Erdball einer von neun oder elf (das kommt auf den Standpunkt an) die Sonne umkreisenden Planeten ist, daß die Sonne ein Stern ist, daß dieser Stern sich zusammen mit zweihundert Milliarden von Sternen in einer Galaxis befindet und daß diese Galaxis in einem Komplex von zweihundert Milliarden Galaxien und Galaxienhaufen verortet ist. Ich kann sogar von parallelen Universen ausgehen, von denen wir noch nichts wissen. Und das alles ist für mich zugänglich, wenn ich mein Selbst sublimiere – und zugänglich ist mir auch die gesamte Saga von Jahrhunderttausenden menschlicher Entwicklung und menschlicher Erfahrung. Wenn ich mich ans Selbst anklammere, fühle ich mich neurotisch, entfremdet, unsicher. Wenn ich das Selbst dagegen loslasse, stehe ich am Beginn der Erkenntnis, wie sehr ich ein Teil dieses gewaltigen Plans bin und das auch immer bleiben werde.

Was nichts anderes heißt als: »Du bist ein Kind des Universums, du hast das Recht hierzusein.« Carl Sagans erste Frau, Lynn Margulis, fand eine andere Ausdrucksweise für dieselbe Vorstellung durch das Konzept der Gaia – der wissenschaftlichen Überzeugung, daß unser gesamter Planet und alle darauf lebenden Ökosysteme ein einziges organisches Ganzes ausmachen, das als solches untersucht werden muß, wenn wir wirklich wissen wollen, wie alles auf Erden sich verhält. »Mutter Erde« ist ein weiterer, viel älterer und um einiges weniger wissenschaftlicher Ausdruck für dieselbe Überlegung.

Ich habe von Versuchen gelesen, die mit Kindern gemacht wurden – nicht mit Menschen-, sondern mit Schimpansenkindern – und die von tiefgreifender Bedeutung für unsere Spezies und unser Leben auf diesem Planeten sind. Die Wissenschaftler, die diese Versuche durchgeführt haben, wußten natürlich, was vonnöten ist, wenn ein gesundes Schimpansenbaby von einer wirklichen Mutter aufgezogen werden soll – Nährstoffe, Kalorien und so weiter. Also bastelten sie eine künstliche Mutter aus Draht und Fell, einer Sitzstange, die sich wie ein Arm über die Brust zieht, und Brustwarzen: eine Art Nuckelflasche, die alle Nährstoffe liefert, die ein Schimpansenbaby braucht, die Nährstoffe, die auch in der Milch einer echten Mutter enthalten sind, vielleicht sogar noch mehr. Doch obwohl die kleinen Schimpansen auf ihre »Drahtmütter« klettern konnten, obwohl sie dort in Sicherheit waren und dieselben Nährstoffe, dieselben Proteine, denselben grundlegenden Schutz vor den Elementen wie bei einer echten Mutter bekamen, verkümmerten sie und starben.

Und das ist etwas, vor dem ich Angst habe. Wenn wir unseren Planeten immer weiter mit Beton und Stahl zupflastern, wenn wir unsere Häuser weiter und weiter mit Glasfaserkabeln vollstopfen, die einen direkten, unmittelbaren Kontakt ersetzen, wenn wir unseren Kindern immer mehr Gegenstände und immer weniger Zeit schenken, wenn wir uns immer weiter von der Art von Schlichtheit entfernen, die ich als Kind auf Cat Island erlebt habe, dann wird unsere Erde – Gaia oder wie auch immer – für uns zu einer Drahtmutter werden, und unsere Seelen werden verkümmern und sterben.

Auf Cat Island besuchten wir an jedem Sonntag in der kleinen Kirche in Arthur's Town die Messe. Es war ein anglikanischer Gottesdienst der Church of England. Danach gingen wir wieder nach Hause, alle Kinder hatten ihre Schuhe an den Schnürsenkeln über der Schulter baumeln, und die Schuhe würden bis zum nächsten Sonntag nicht mehr getragen werden.

Nach unserer Übersiedlung nach Nassau besuchten wir die katholische Kirche, doch das war eher eine Frage der Bequemlichkeit als der Religion. Tatsache ist, daß die wahre Religion in unserem Leben in der alten Kultur verwurzelt war, in dem Glauben, daß in unserem Leben zu jedem Zeitpunkt unsichtbare Mächte am Werk sind, unerklärliche Mysterien, die unser Schicksal entscheiden.

Während meiner ganzen Kindheit und seitdem ich überhaupt Wörter verstehen kann, habe ich Erwachsene über diese unsichtbaren Mächte sprechen hören. Ich glaube, mein gesamtes Leben war zu einem großen Teil der Versuch, diese »Geheimnisse« zu verstehen. Ich weiß noch, wie mein Vater eines Tages ins Haus kam, einen Emailleteller hinter seinem Rücken hielt und sagte: »Ich werde euch etwas zeigen, und ich zeige es euch nur einmal. Seid ihr soweit?« Und dann zog er den Teller hinter seinem Rücken hervor. Auf ihm waren Hunderte von winzigen Fischen zu sehen! Dann versteckte er den Teller abermals hinter seinem Rücken, und danach waren die Fische verschwunden. Ich konnte es nicht fassen! Ich flehte ihn an, es noch einmal zu machen, aber das wollte er nicht. Diese seltsame Verwandlung kam mir vor wie Zauberei, und ich habe sie nie vergessen. Sie war ein Geheimnis, über das ich mir viele Jahre hindurch den Kopf zerbrochen habe.

Nachdem wir Cat Island verlassen hatten, begegneten mir neue Konzepte und Werte, die seltsame Namen hatten – Namen wie *Profit* und *materieller Erfolg*. Auf Cat Island hatte ich nie davon gehört, doch in Nassau und auch später nahmen sie die Wichtigkeit von Dingen an, die über Leben und Tod entscheiden. Trotzdem wurden in dieser modernen, kommerzielleren Umgebung die Wunder nicht weniger. Was ist Physik denn anderes als ein Hort der Mysterien? Und was ist Astronomie? Mein Gott! Was für Geheimnisse! Die Wanderung von einer Kultur zur anderen und durch die unterschiedlichen Niveaus technologischer Verfeinerung spielt keine Rolle. Die Geheimnisse ändern ihre Form, aber sie bleiben Geheimnisse. Gott ist das größte Geheimnis und die Flucht vor seinem Zorn die größte Triebkraft, die unser Verhalten lenkt.

Auf Cat Island, als ich noch klein war, stand eine Straße weiter eine Kirche, eine sogenannte »Springerkirche«. Eine Springerkirche war eine Kirche, in der der Geistliche während des Gottesdienstes die Gemeinde in eine Art Hysterie versetzte, weshalb die Gläubigen dann von ihren Bänken aufsprangen, in Trance umhertanzten und in fremden Zungen redeten.

Solche Abende habe ich selbst miterlebt. Aber da ich zu jung war, um wirklich zu begreifen, was da vor sich ging, blieb mir alles ein ziemliches Rätsel. Doch ich spürte, daß die Gläubigen mir nichts vorspielten. Die »fremden Zungen«, die ich da hörte – vermutlich einfach irgendein Kauderwelsch –, klangen in meinen Ohren echt, wie ein langes Stottern. Und nicht ein einziges Wort hörte sich englisch an.

Die Menschen sprangen seltsam umher und redeten auf ekstatische Weise in diesen fremden Zungen vor sich hin. Viele von ihnen waren von ihrer Besessenheit so überwältigt, daß sie in zuckende, gleichsam epileptische Anfälle verfielen. Wenn sie in diesen Zustand gerieten, wurden sie von anderen Gemeindemitgliedern (die dieselben rituellen Bewegungen eben erst hinter sich gebracht hatten oder denen das alles noch bevorstand) betreut und behutsam zurück in ihren Normalzustand geholt. Am Ende des Abends saßen alle wieder bieder und züchtig in ihren Bänken.

Nach dem Gottesdienst nahmen die Leute ihre Fächer – in der Kirche gab es keine Klimaanlage –, strömten hinaus in die abendliche Dunkelheit und machten sich auf den Heimweg. Ich weiß noch, daß ich mir dabei ihre Gesichter ebenso genau ansah, wie ich ihr Verhalten in Trance beobachtet hatte. Die meisten kannte ich aus der Nachbarschaft, aber jetzt kamen sie mir fremd vor.

Aber genug davon. Ich bin jetzt erwachsen. Bisweilen reise ich in Gedanken in die alten Zeiten zurück. Und noch immer frage ich mich ... fremde Zungen? Waren das wirklich fremde Zungen? Wenn bei einem solchen Gottesdienst Tonbandaufnahmen gemacht und die »fremden Zungen« mit allen bekannten Sprachen der Welt verglichen würden, welche Ähnlichkeiten würden sich dann ergeben? Oder würden sich die Wörter wirklich als die einer restlos unbekannten Sprache erweisen?

Das Wesen der Gegensätze

»Wer bist du«, wurde ich in meiner Jugend einmal gefragt. »Ich bin der, der ich sein will«, lautete meine schlagfertige Antwort. »Woher kommst du, und wie bist du hierhergekommen?« Mir lagen schon weitere, ebenso schnippische Antworten auf der Zunge.

Ich bin jetzt nicht mehr jung, und der Zeitpunkt, an dem Bilanz gezogen werden muß, rückt unerbittlich näher. Deshalb brauche ich mich nicht mehr mit der Frage aufzuhalten, wer ich bin oder woher ich komme oder wie ich hierhergekommen bin. Ich bin der, zu dem ich geworden bin.

Ich komme von einem Ort der Reinheit, ich bin mit Hilfe meiner Freunde und meiner Familie und vielleicht durch den wohlwollenden und beschützenden Einfluß von Mächten, die ich niemals verstehen werde, hierhergekommen. Ich habe diese Welt mit der üblichen Ausrüstung des durchschnittlichen Kindes betreten, das konnten alle sehen. Während meiner ersten zehn Jahre waren meine Tage gefüllt von den belanglosen, aber althergebrachten Entwicklungsritualen, die eine halbprimitive Gesellschaft für ihre Knaben bereithält. Die große Welt, die außerhalb unserer Inselgemeinschaft lag, existierte höchstens in von den Erwachsenen aufgeschnappten Gesprächsfetzen.

Während der folgenden fünf Jahre stellte sich die Außenwelt mir vor und zeigte mir, wo die Grenzen verliefen, wie ich mich zu verhalten hatte, wo ich meinen Platz finden konnte, wie ich meine Erwartungen zügeln sollte (niemals, niemals sollte ich über das für Menschen wie mich festgelegte Niveau hinausstreben, wenn wenigstens die dürftigen Träume, die mir erlaubt waren, in Erfüllung gehen sollten).

Daß Erwartungen gezügelt werden müssen, war der eigentliche Inhalt der Botschaft, die die Außenwelt laut und deutlich immer wieder verkündete. Grenzen waren gezogen worden, waren in Gesetzen festgehalten und mir schon lange vor meiner Geburt aufoktroyiert worden. Deshalb wurde mir nachdrücklich eingeschärft, mich mit der Tatsache abzufinden, daß ich allein dafür verantwortlich sein würde, mir meine Träume so zurechtzuschnitzen, daß sie sich den mir zugewiesenen bescheidenen Möglichkeiten anpaßten. Während »Möglichkeiten« für die *Bessergestellten* hieß: »Der Himmel ist die Grenze«, sollte diese Maxime für jemanden wie mich niemals gelten. Ich hörte mir diese Lehren aufmerksam und in allen Einzelheiten an. Dann sagte ich so höflich wie möglich: »Scheiß drauf.«

Nach diesen fünf Jahren hatten die Außenwelt und ich erkannt, was wir voneinander erwarten konnten. Daß wir uns gegenseitig im Auge behalten mußten, hatten wir schon vorher gewußt. Die Außenwelt reagierte verärgert und gereizt auf das, was sie in mir sah, hatte aber nicht die geringste Angst. Sie ging eher davon aus, daß ich mich früher oder später zweifellos selbst zerstören würde. Und das gab für mich den Ausschlag. Obwohl wir einfach nicht zueinanderpaßten, war meine

Angst doch nicht so groß, daß sie mich daran hätte hindern können, den mir zugewiesenen Raum in Frage zu stellen. Auch wollte ich dieser Welt zugestehen, meine Existenz für mehr oder weniger wertlos zu erachten oder sich überhaupt eine Beurteilung meines Wertes anzumaßen. Die Macht, die festlegen wollte, wie ich mich selber zu sehen hatte, merkte nicht, daß bereits sehr früh – noch ehe ich überhaupt mein Segel mit Kurs auf die Außenwelt gesetzt hatte – in freundlichem Boden ausgestreckte Wurzeln Halt gefunden hatten. Als die Welt und ich aneinandergerieten, war die Frage, wer und was ich war, für mich bereits beantwortet.

Der Boden war urbar gemacht worden, und die Samenkörner für mein Selbst waren irgendwo in mir an einem Ort namens *Phantasie* ausgestreut worden. Dieses Wort war erstmals in einer mir nicht unvertrauten Situation gefallen, als meine Mutter mir wie so oft Prügel verpaßte und mir vorwarf, nichts Besseres verdient zu haben.

»Deine Phantasie WHAM! wird dir irgendwann noch großen Ärger machen WHAM! WHAM!, wenn du nicht endlich zuhörst WHAM! WHAM! WHAM!, wenn ich mit dir rede WHAM! WHAM! WHAM! WHAM!. Jetzt bring das endlich in deine dicke Birne WHAM! WHAM! WHAM! WHAM! WHAM!, und benimm dich in Zukunft.«

Phantasie und Prügel waren zwei »Segen«, die in dieser halbprimitiven Gesellschaft und auch (stelle ich mir vor) in der Welt da draußen auf einen jungen Menschen hinter jeder Ecke warteten. Doch dieselbe Phantasie, von der meine Mutter befürchtete, sie werde mir noch allerlei Ärger machen, war zugleich meine Gastgeberin und Führerin auf Ausflügen in das, was meine Tagträume für die übrige Welt hielten. Meine Phantasie und meine Tagträume nährten meinen Appetit auf das Füllhorn an Möglichkeiten, das sie mir in dieser Welt versprochen hatten. Mehr als Versprechungen waren nicht nötig, um den Prozeß auszulösen: in dem Kind, das ich war, an dem Ort, an dem ich lebte, in der Zeit, als ich ein Junge war. Während Realität und Tatsachen nicht zu Versprechungen neigten, waren sie gleichzeitig auch unangenehm und langweilig und konnten es mit der Kraft der Träume nicht aufnehmen.

Tagträume waren einfach immer wunderbar. Sie waren viel wichtiger als Tatsachen und die Wirklichkeit, wenn es um grundlegende Entscheidungen und das Errichten von Fundamenten ging. Doch die Tagträume litten auch an dem, was sich in den folgenden Jahren als ihre große Schwäche herausstellen sollte. Jedes noch so kleine Detail der harten, beängstigenden, erschöpfenden Arbeit, die für das Erklimmen meiner Traumschlösser vonnöten war, unterlag der alleinigen Verantwortlichkeit des Träumers.

Ich habe Ihnen in groben Zügen skizziert, wer ich bis zum Alter von zehneinhalb Jahren auf Cat Island und dann bis fünfzehn in Nassau war, aber es wimmelte nur so von Widersprüchen. Meine erste Lüge, mein erster Diebstahl, mein erster Betrug, der erste aufwallende Neid, der Flirt mit der Habgier – keines dieser Laster wartete erst im Hafen der Neuen Welt auf mich, um mich bei meiner Ankunft zu infizieren. Das alles hatte ich offenbar von dem freundlichen Ort mitgebracht, den ich verlassen hatte.

Aber woher genau stammten diese Dinge? Hatten sie in den Genen meiner Ahnen gelegen und waren von diesen stillschweigend weitergereicht worden? Oder lagerten sie in unseren Verhaltensweisen verankert und ließen sich in menschlichen Beziehungen einfach nicht vermeiden?

Ich weiß noch, daß ich als Kind Frösche und Vögel getötet und Eidechsen gefoltert habe. Ich weiß noch, daß ich mit einer zu einem Haken gebogenen Nadel Hühner geködert habe. Ich spießte ein Maiskorn auf die Spitze und band den Haken an ein Stück Schnur, und dann warf ich ihn zwischen den Hühnern aus und wartete darauf, daß eins von ihnen ihn verschluckte. Ich habe Fische und Vögel getötet und ihre Körper zerlegt, ohne ihnen die Ehre zu erweisen, daß ich ihr Fleisch verzehrt hätte. Ich erinnere mich an vollkommen harmlose Insekten, die ich wie im Reflex mit dem Fuß oder meiner Hand zerquetschte, lange bevor und lange nachdem ich die Bedeutung des Wortes Reue gelernt hatte.

In diesen Taten drücken sich Grausamkeit und auch Gleichgültigkeit aus. Doch fand ich an dieser Mischung auch Gefallen? Ich weiß es nicht. Vielleicht war es so, und ich habe dieses Gefühl verdrängt. Ich kann mich nicht daran erinnern, daß ich damals auch nur im geringsten von dem genialen Bauplan dieser wundersamen Wesen beeindruckt gewesen wäre. Frösche. Vögel. Eidechsen. Hühner. Fische. Insekten. Nicht einen einzigen Scheißmoment bin ich auf diese Idee gekommen. Oder habe ich das auch verdrängt? Nein, das glaube ich nicht.

Offenbar sind wir alle auf irgendeine Weise Mörder,

und unser Leben setzt in der Dunkelheit totaler Ignoranz ein, die dann langsam Stück für Stück abblättert.
Das wenige, das wir am Ende wissen, müssen wir
Schritt für Schritt erlernen. Oder ist es vielleicht vielmehr so, daß alles, was ich jemals erleben sollte, bereits
in mir gespeichert war, tief unten in der Dunkelheit
meiner Ignoranz, daß es nur darauf wartete, daß eine
Schicht nach der anderen abblättern würde, um sich
endlich dem Licht meiner Erinnerung zu öffnen?

In den Erinnerungen an meine Erwachsenenzeit legt
nichts die Vermutung nahe, daß unseren Lebenserfahrungen ein solcher Prozeß zugrunde liegen könnte.
Doch wenn andererseits diese Vorstellung zutreffen
sollte und dieser Prozeß wirklich so stattfindet, dann
enthalten meine frühesten Erinnerungen noch immer
viele Geheimnisse. Und viele Antworten.

Antworten auf Fragen wie diese: Ist das, was wir gelernt haben, alles, was wir wissen? Und wenn nicht,
über wieviel nicht erlerntes »Wissen« verfügen wir
dann? Wie haben wir das Wissen erworben, das wir
nicht erlernt haben? Wurde unser Unterbewußtsein
aus einer anderen Quelle gespeist? Oder waren diese
vielen Informationen bereits fertig verpackt, als das
Spermium auf das Ei auftraf?

Es gibt Millionen von Teenagern, die wahrheits-
gemäß schwören könnten, niemals etwas gestohlen zu
haben. Ich könnte das nicht. Wenn ich im Alter von
zwölf Jahren eine solche Behauptung aufgestellt hätte,
dann hätte ich gelogen. Als ich dreizehn war, hatten
auch andere Symbole der Unschuld ins Gras beißen
müssen, und ich steuerte mit Riesenschritten die Karriere eines Verbrechers an. Und das alles nach nur

zweieinhalb Jahren in der großen Welt. Wie viele Lügen, Betrügereien und Diebstähle mögen durch die vibrierende Erregung verursacht worden sein, die sich beim Leben am Abgrund einstellt? Und andererseits, wie viel mag äußerlichen Widersprüchen geschuldet sein, die ich damals noch nicht verstehen konnte? Hatte ich mein Leben doch nicht so unter Kontrolle, wie ich damals glaubte?

Neugier ist das eine, Weisheit das andere. Vielleicht kann keins von beiden den gesamten Bereich unserer Lebenserfahrung abdecken. Vielleicht soll die eine uns antreiben, während die andere uns ruft. Das ist eine Frage oder eine Antwort, kühn ausgesprochen oder behutsam angedeutet, die mich jeden Morgen aus dem Bett holt. Neugier ist zweifellos ein Teil der Energie, die mich dahin geführt hat, wo ich jetzt bin, im guten wie im schlechten. Aber wo immer ich mich jetzt befinden mag, ein Ort der Weisheit ist es auf keinen Fall. Jetzt, in meinem Alter, fühle ich mich von allem, was ich noch immer nicht weiß, nicht weniger herausgefordert, nicht weniger gequält, nicht weniger beunruhigt.

Noch immer machen mir beispielsweise Fragen nach meinem Vater zu schaffen. Die Aussagen seiner überlebenden Zeitgenossen haben mir den Eindruck vermittelt, daß er es in seinen jüngeren Jahren faustdick hinter den Ohren hatte.

»Reggie konnte es mit den Besten aufnehmen«, sagte ein alter Mann mit wettergegerbtem Gesicht.

»Ein erstklassiger Gauner, ein erstklassiger Tunichtgut«, schmunzelte ein anderer.

»Ich kenne ein paar alte Damen, die dir einiges über deinen Pa erzählen könnten«, steuerte ein Dritter bei, dessen runzlige Augen mich mit einem langen, gelassenen Blick festhielten.

Ich habe Dads alte Kumpane mit Fragen gelöchert, weil ich meinen Vater mit ihren Augen sehen wollte. Und ich habe dieses Bild mit der Beschreibung eines Gauners verglichen, wie ein Wörterbuch sie gibt: »Ein unehrlicher, betrügerischer Mensch, ein Schurke, der mit vollem Bewußtsein Unrecht tut, Taugenichts, Herumtreiber, Vagabund.«

Diese Wörterbuchdefinition eines Gauners hat mit meinem Vater nun wirklich nichts zu tun. Die Aussagen seiner Kumpane beziehen sich auf eine Zeit, von der ich nichts weiß. War er ein guter Mann? Ein liebevoller Vater? Ja, ich glaube schon. Aber er war noch mehr, und ich muß jetzt versuchen, ihn mit allen Facetten seines Wesens und seines Lebens kennenzulernen.

Ein Mann, der ansonsten viele Fehler hat, kann trotzdem ein liebevoller Vater sein. In manchen Kulturen, in denen ein »treuer Ehemann« durchaus nicht monogam zu leben braucht, beschützt eine ausgesprochen großzügige Definition des Begriffes »Treue« solche Männer vor allen Vorwürfen. Eine solche Definition eröffnete meinem Vater in der Kultur von Cat Island manche Ausweichmöglichkeiten. Dasselbe galt für den Pastor, für viele Bauern und Fischer, für Lehrer, Ladenbesitzer, Hausbauer und Brunnengräber. Sie alle galten nach einer in alten Kulturen, in denen Frauen und Mütter nicht mitreden durften, tief verwurzelten Definition als »treue Ehemänner«. Diese durch Jahrtausende hindurch weitergereichte und auf diesem Weg immer stärker werdende Definition erlaubte diesen Männern, Geliebte und Affären neben der Ehe zu haben und sogar Polygynie. Nach dieser Definition ist ein treuer Ehemann ein Mann, der seine Frau und seine Kinder ernährt. Jeder Mann, der diesen Test besteht, ist, was seine Triebe und Leidenschaften angeht, über jeden Zweifel erhaben.

Durch diese einseitige und viel zu großzügige Definition wurde meinem Vater zusammen mit Millionen anderer Männer seit dem Morgen der Zeiten eine Absolution erteilt, die sie wahrlich nicht verdient hatten.

Ich ringe zum Teil deshalb mit solchen Fragen nach dem Charakter meines Vaters, weil ich noch immer mit meinem eigenen Charakter ringe. Und dieser Kampf hat mich gelehrt, daß unser Selbstbild immer Dinge enthält, die nichts mit der Realität zu tun haben; wir sollten uns also davon trennen, so schwer uns das vielleicht auch fällt.

Vor einigen Jahren mußte ich mich wegen Prostatakrebs operieren lassen. In Wochen vor der Operation sehnte ich mich vor allem danach, wieder gesund zu erwachen, doch fast ebenso wichtig war es mir, mein Selbstbild zu erhalten. Es ist mir einfach verhaßt, eine Schwäche oder ein Versagen zugeben zu müssen. Was würde bei einer schlechten Prognose in den Zeitungen stehen?

Doch die Operation zeigte mich mir und der Welt nackt, ohne Prostata und ohne Tarnung. Unzulänglichkeiten, Schwächen, Insuffizienzen, Verletzlichkeit, Unfähigkeiten, Selbstzweifel und noch vieles mehr – meine gesamte Realität war deutlich zu sehen. Ich war ein Mensch, der absolut nicht weniger Fehler hatte und beging als die meisten anderen auch, und ich wurde nicht länger von dem Bedürfnis belastet, das zu verheimlichen.

In all den Jahren zuvor war in jedem Moment meine Angst vor dem Versagen die größte Bedrohung meines Lebens gewesen. Das Problem war nicht das Versagen an sich, sondern die Angst vor dem Versagen. Und jetzt, als die Operation anberaumt worden war, konnte ich die unvermeidliche Publicity in ein gigantisches, in aller Welt ausposauntes Versagen übersetzen. Ich hatte im Laufe der Jahre so viele Erfolge eingefahren, daß meine lebenslange Versagensangst in den Keller meines Bewußtseins verbannt worden war. Aber dort unten hatte sie bei bestem Wohlergehen überlebt und war, als der Krebs diagnostiziert wurde, absolut bereit zu neuen Taten. Mitleidslos und ehrlich sagte mein Krebs: »Du bist kein ›Star‹, du bist ein Mensch und verletzlich wie alle Menschen.« Bisher hatte meine gesamte Existenz auf dem Mantra basiert: »Ich werde besser sein, ich werde besser sein, ich *bin* besser.« Doch jetzt zwang mich meine lebensbedrohende Krankheit, mich dieser Heuchelei zu stellen.

In den Monaten nach der Entfernung meiner Prostata lernte ich, mich als Kombination vieler Bestandteile und als Empfänger vieler Segnungen zu betrachten, und zu diesen Segnungen gehörten nicht zuletzt die Einflüsse Glück, Koinzidenz und andere »Geheimnisse«, die mein Leben geprägt haben. Obwohl diese Unwägbarkeiten niemals greifbar sind, wissen wir doch, daß sie existieren und ohne jeden Zweifel an allem beteiligt sind.

Ich bin ein Mensch, der niemals aufgehört hat, sich über alles zu freuen, was mir gehört und was über das bloße Existenzminimum hinausgeht. Als ich meine erste Gage als Filmschauspieler abholte, fürchtete ich, die

Filmgesellschaft könne die Wahrheit erkennen, nämlich daß die Schauspielerei mich so glücklich machte, daß ich für dieses Privileg sogar bezahlt hätte, wenn sie das verlangt und wenn ich das Geld besessen hätte.

Ich gehe noch immer vorsichtig mit Geld um, schließlich bin ich in dieser Hinsicht durch eine harte Schule gegangen, und ich gebe es nicht leichtfertig aus. Ich versuche, in meinem Umgang mit Geld Vernunft walten zu lassen, denn im tiefsten Herzen habe ich immer die Angst, daß ich es nicht verdient habe. Und immer habe ich Erinnerungen an Gedanken aus meinen frühen Jahren im Kopf, Sätze wie: »Ach, bestimmt sind sie mir noch nicht auf die Schliche gekommen.«

In den frühen Jahren habe ich oft auch noch eine andere Art von Kommentar gehört: »Was, dafür wirst du bezahlt?« (Das höre ich noch heute bisweilen.) Oder jemand fragt: »Wie geht's?«, und beantwortet diese Frage gleich selber mit: »Nicht schlecht für einen Farbigen.« Später stellte ich dann fest, wie viele Bedeutungen diese Bemerkung in der schwarzen Gemeinschaft annehmen konnte. Unter anderem schuf sie ein Gefühl der Zusammengehörigkeit. Die großartige Antwort lautete: »Wie man's nimmt.«

Eine ernüchternde Wiederentdeckung einer verleugneten Erkenntnis stellte sich nach der Operation mit überwältigender Klarheit ein. Und zwar der Erkenntnis, daß ich inzwischen durchaus das zu glauben geneigt war, was über mich in der Zeitung stand. Da ich durch viele Jahre hindurch eine Hauptrolle nach der anderen gespielt hatte, galt meine Karriere als erfolgreich, und natürlich habe ich so meine Familie sehr gut versorgen können. Mir ist große Anerkennung zuteil geworden, und ich werde in weiten Teilen der Welt geachtet. Außerdem werde ich mit mehreren meiner Rollen identifiziert, mit ermutigenden, positiven, interessanten und sympathischen, tapferen und würdevollen Männern. Man kann nicht dermaßen viel Ehre und Akzeptanz erfahren (und genießen), ohne daß sie einem zu Kopf steigen würden. Ein wenig zumindest. Und wenn man so großes Lob hört, dann erscheint es einem irgendwann als Wahrheit. Diesen Punkt hatte ich inzwischen erreicht. Es gefiel mir, ein Großteil des vorgebrachten Lobes zu glauben. Es brachte mir das angenehme Gefühl, akzeptiert zu werden. Mich wertvoll und nützlich zu fühlen. Ich galt als jemand, der eine Begabung, eine Fähigkeit, ein Metier besitzt. Und der seine Talente nicht verschleudert hatte.

In der Sonne dieses vielen Lobes hatte ich meine eigenen Maßstäbe, die ich an mich anlegen wollte, vergessen und hatte eine realistischere Einschätzung, die auch Schwächen und düstere Seiten, menschliche Verletzlichkeit mit einbezog, aus den Augen verloren. Es kam in Momenten des Zweifels, der Depression und des Gefühls der Unzulänglichkeit sogar vor, daß ich mich dabei ertappte, wie ich mein öffentliches Image noch förderte. Wenn ich dieses Bild von mir manipulierte und aufblies, beruhigte ich mein Gewissen damit, daß ich meine Vorgehensweise als sanfte Massage zur Erhaltung meiner Leistungsfähigkeit ausgab.

Es gibt unterschiedliche Arten von Stärke. Meine Eltern verfügten über keine Macht, sie hatten keinen Zugriff auf unerschöpfliche Rohstoffvorkommen. Zumeist klammerten sie sich auf einer Insel, die jederzeit vom Meer überspült werden konnte, an das Leben.

Aber sie kämpften sich voller Würde voran und erreichten eine Menge. In ihrer Existenz zeigte sich eine Art von Kraft, die ich niemals aufbringen mußte, da ich in weniger schwierigen Umständen lebte. Doch als ich mich nun mit Krankheit und den Unsicherheiten der Zukunft auseinandersetzen mußte, wußte ich, daß die Zeit mich eingeholt hatte. Ich mußte einfach versuchen, die Kraft meiner Eltern aufzubringen. Ich mußte die Kraft finden, dem Tod mit Würde, Mut und Akzeptanz des Unvermeidlichen gegenüberzutreten. Und mit einer gewissen Ehrlichkeit. Vor allem, als ich meiner Frau sagen mußte: »Das sind die Optionen.« Indem ich sie so gut vorbereitete, wie ich nur konnte, versuchte ich, ihr zu verstehen zu geben, daß ich mir Sorgen machte, aber nicht in Panik geriet, um ihr die Kraft zu geben, mit allem, was nun folgen mochte, fertigzuwerden.

Als ich noch recht jung war und noch keine Ahnung von meinen inneren Dämonen oder den unterschiedlichen Formen und Gesichtern hatte, die diese Dämonen immer wieder annehmen konnten, entwickelte ich eine überaus gefährliche Überzeugung. Ich bildete mir ein, daß die Anstrengungen von guten, ehrlichen, gerecht denkenden Menschen mit leidenschaftlichem Engagement für Fairneß zu einer Welt führen mußten, die allen ein würdevolles Leben ermöglichte. Einer Welt, in der die Möglichkeiten, zu persönlicher Erfüllung zu gelangen, nur von den äußerlichen Grenzen unserer individuellen Fähigkeiten begrenzt sein würden. Ich war zu dem Glauben gelangt, daß Probleme der Rassenzugehörigkeit, ethnischen Herkunft, Hautfarbe, Ausbildung, sexuellen Orientierung, Klasse und Armut mitsamt ihren schädlichen Folgen, die der modernen Welt so zu schaffen machten, durch die Anstrengungen guter, ehrlicher, gerecht denkender Menschen erfolgreich gelöst werden würden. Eine neue progressive Macht, gesegnet mit Erkenntnissen und Zusammenhalt, sei im Entstehen begriffen, glaubte ich. Die Übel meiner Generation würden endlich zur Sprache kommen. Spannungen würden sich lockern, Reibungen neutralisiert werden, und Herzen und Gedanken guter Männer und Frauen würden den Weg in eine bessere Zukunft weisen – eine Zukunft, in der wir alle dazu beitragen würden, aus den starken kulturellen Fäden unserer gesellschaftlichen Vielfalt eine gerechtere, humanere Gemeinschaft zu weben.

Was für ein Unsinn!

Mit achtzehn war ich nun wahrlich alt genug, um das alles verdammt viel besser zu wissen. Und wenn Sie nun meinen, ich hätte ein für mein damaliges Alter zu strenges Urteil über mich gefällt, dann glauben Sie mir, das ist nicht der Fall. Es war einfach falsch von mir, auf diesen Schwachsinn hereinzufallen. Daß ich meine beeinflußbaren Jahre damit zugebracht habe, in der wirklichen Welt mit solchem Wunschdenken zu operieren, kostete mich nicht nur sehr viel, es war außerdem gefährlich. Ich kann mich noch gut daran erinnern, wie ich als junger Mann jeden Tag ein Stück mehr lernte, meine Flügel auszubreiten, indem ich mich weiter und weiter von meiner Unwissenheit entfernte. Und eines Tages, ziemlich weit entfernt von der Geborgenheit dieser Unwissenheit, entdeckte ich endlich meine

Dämonen – erst einen, dann noch einen, dann einen dritten.

Manche Leute wollen von der Existenz persönlicher Dämonen nichts wissen; sie geben wider besseres Wissen vor, davon keine Ahnung zu haben. Und dann gibt es andere, deren Bewußtsein ihr Leben lang nur an den Kanten ihrer düsteren Seiten umhertanzt. Diese Menschen fürchten sich davor, auch nur einem einzigen Dämon ins Auge zu schauen.

Aber an dem Tag, an dem wir uns entschließen, die Zügel unseres Lebens in die eigenen Hände zu nehmen, auf unserem eigenen Schiff als Kapitän zu fungieren, an diesem Tag verlangsamt sich der Tanz an den Kanten und führt uns an einen Ort, wo die bohrenden Fragen einfach keine Ruhe mehr geben wollen. An einen Ort, wo wir uns einfach fragen müssen, warum so oft im Leben die offenkundige Lösung für ein Problem verzerrt und zu einem Knoten der Frustration verschlungen wird, ohne Rücksicht auf Logik oder Vernunft, an einen Ort, an dem wir immer weniger erklären können, warum Logik und Vernunft so oft negativen, feindseligen, zerstörerischen und grausamen Kräften unterliegen.

Ich kann mich nicht genau erinnern, wann ich angefangen habe, mir diese Fragen zu stellen, die »keine Ruhe geben wollten«, aber als es soweit war, führten sie zu endlosen Begegnungen zwischen mir und der düsteren Seite meines Wesens – dem Teil von mir, der immer schon vorhanden war und meinen tauben Ohren mitteilte: »Ich bin hier, und eines Tages mußt du mit mir rechnen. Eines Tages wirst du mit mir rechnen *müssen*. Ohne mich wirst du dein Leben einfach nicht in den Griff bekommen.«

Noch immer befaßt jede Generation sich mit der uralten Frage, ob die düstere Seite in manchen Menschen dominiert und in anderen kaum vorhanden ist oder ob sie gleichmäßig und auf uns alle verteilt ist. Ich glaube, daß es in jedem Menschen eine gewisse düstere Seite gibt, wenn auch ihre Ausmaße ebenso unterschiedlich sein können wie die verschiedenen menschlichen Persönlichkeiten. Die düstere Seite kann zu gewaltigen Explosionen mit katastrophalen Folgen führen, sie kann sich aber auch auf leise, subtile, irritierende Weise bemerkbar machen, das ist abhängig vom Tag, von der Stunde, der Situation und der Frage, wer gerade neben uns steht.

Es ist nicht leicht, die Ausmaße unserer düsteren Seiten auszuloten. Auch Mörder sind nicht rund um die Uhr böse, und die düsteren Seiten schwenken keine Reklameplakate. Die düstere Seite in uns allen operiert hinter Masken von unterschiedlicher Komplexität und meldet sich zu Wort, wenn wir ihre Dienste in Anspruch nehmen möchten. Wir alle verfügen über ein Reservoir an Wut, Unzufriedenheit, Selbsthaß, Traurigkeit, unerträglichen Minderwertigkeitsgefühlen. Aber wir bringen diese Empfindungen nicht notwendigerweise zum Ausdruck. Sie sind verhüllt, sind für uns ebenso verborgen wie für andere. Doch ob nun verborgen oder nicht, sie befähigen uns zu grauenhaften Taten. Und das Böse, das wir verursachen können, lebt nicht nur in Momenten der Wut, der Rachsucht oder in unserer Reaktion auf irgendeine unaussprechliche Kränkung. Bisweilen werden schlimme Handlungsweisen unter durchaus wohlüberlegten und durchdachten Umständen denkbar und möglich. »Alle haben Anrecht auf einen Arbeitsplatz«, denken wir vielleicht. »Aber nicht auf meinen. Wenn du mir meine Arbeit wegnimmst, bringe ich dich um!«

Manchmal kehrt sich das Gewaltpotential der düsteren Seite nach innen. Manche Menschen schlucken Pillen, andere stürzen sich aus dem Fenster. Doch ob die Gewalt sich nun nach innen oder nach außen wendet, wir können die Bestandteile unserer Wut nicht isolieren – sie sammeln sich an. Wir glauben gegen die Dunkelheit zu wüten, doch in Wirklichkeit richtet sich unser Zorn gegen ein Leben, das wir nicht unter Kontrolle haben. Wir wollen lieber um Gleichgewicht ringen, als gegen das Chaos zu kämpfen. »Was ist denn in den gefahren?« fragen wir, wenn ein wohlerzogener Nachbar plötzlich Amok läuft. »Das sieht ihm doch überhaupt nicht ähnlich!«

Doch, natürlich tut es das! Das sieht uns allen ähnlich! Habe ich das Potential zu einer gewalttätigen Person? Natürlich. Ich könnte unaussprechliche Dinge tun, um meine Kinder zu schützen. Würde ich es auch tun, wenn es mir nötig erschiene? Ja. Aber aus welchem Brunnen voller mörderischer Impulse würde ich schöpfen? Dieses Reservoir muß schon vorhanden sein und auf mich warten.

Für mich war diese Erkenntnis der Anfang einer neuen Wahrnehmung meiner selbst, der anderen und meiner Umwelt. Im Licht meines wachsenden Verständnisses unternahm ich aggressive Schritte, um in Erfahrung zu bringen, warum meine besten Bemühungen so oft an irgendwelchen Problemen, die ich für lösbar gehalten hatte, gescheitert waren. Ich sah mutig in mich hinein – entdeckte dort nichts, was ich verstehen konnte – und zog mich wieder zurück, um mir zu überlegen, an welchem Ort in meinem Inneren ich Antworten suchen sollte, um die menschlichen Probleme da draußen zu lösen, die meine besten Bemühungen zum Scheitern bringen. Ich vergeudete sehr viel Zeit mit der Suche an den falschen Stellen, doch selbst dort lernte ich dazu. Zum Beispiel, daß manche Dinge einfach nicht besser werden können. Und manche Menschen einfach nicht lernen wollen: Wenn der Lernprozeß ihnen nichts einbringt, wenn sie keinen Profit damit erzielen, dann interessiert er sie nicht.

Was aber gehört noch zu dieser Weltsicht? Da ich an einem idyllischen Ort aufgewachsen war, von dem ich irrtümlicherweise glaubte, er enthalte alle Antworten, wenn ich nur nach ihnen suchen würde, riß mich meine Entschlossenheit, die Antworten auf diese Frage zu finden, in einen Prozeß, der mich einiges entdecken ließ.

Meine erste Schlußfolgerung war, daß der Weg zum »Fortschritt« langsamer zurückgelegt wird, als das wünschenswert wäre. Da ich mit dem Tempo auf diesem Weg immer unzufriedener wurde, sah ich mir den Prozeß genauer an und stellte fest, daß nicht das Tempo das Problem war, sondern die Richtung. Ich kam zu der Erkenntnis, daß andere Menschen und andere Kräfte sich nicht nur langsam bewegten; sie versuchten außerdem, einen anderen Weg einzuschlagen, andere Orte zu erreichen. Und auch Teile von mir – wie Teile eines jeden Individuums – strebten solche anderen Orte an.

Ich gelangte auch zu Schlußfolgerungen in bezug auf die Erziehbarkeit der Menschen. Ich glaubte an den grundlegenden Edelmut des Menschen, hatte ihn als das edle Tier gesehen und gemeint, *Erziehung* könne

Sidney Poitier

Wunder wirken. Alles Gute und Nötige, das nicht passierte, fehle, hatte ich gedacht, weil irgendwer irgendwas noch nicht *begriffen* habe. Aber ich kam zu der Erkenntnis, daß es zwar durchaus Menschen gibt, die noch nicht zur Vernunft gebracht worden sind, daß die große Mehrheit aber niemals zur Vernunft kommen wird, egal, was ihnen wie oft gezeigt wird.

Ich schloß außerdem, daß das, nach dem wir suchen müssen – diese große Antwort, die wir alle suchen –, sogar noch komplizierter ist, als es aussieht. Es handelt sich dabei um mehr als um ein Wertesystem und dessen Gegenteil, die von unterschiedlichen Menschen aufrecht erhalten werden. Um mehr als das vage, aber zählebige Gefühl, daß irgendwo in uns Antworten liegen, die zu den Fragen passen, die zu stellen uns bisher noch der Mut fehlt. Fragen wie zum Beispiel: Wieviel Wahrheit liegt in dem anhaltenden Verdacht, daß die Natur uns zum Narren hält? Sind wir Hauptdarsteller mit tragenden Rollen in ihrem Szenario (wie wir voller Leidenschaft hoffen) oder eher belanglose Nebenfiguren ohne den geringsten Einfluß auf ihre Planung (wie wir oft befürchten)?

Warum verbringen wir so viel Zeit mit der Suche nach dem Gleichgewicht zwischen all den Gegensätzen, die in der Natur der Natur liegen? Warum mühen wir uns dermaßen mit dem Versuch ab, einen Ausgleich zwischen oben und unten, hier und dort, diesem und jenem, uns und denen zu finden? Diese *Dualität* ist allgegenwärtig, und allgegenwärtig ist auch unser Bedürfnis danach, uns zwischen den gegensätzlichen Polen zu artikulieren.

Am Ende kam ich zu dem Schluß, daß die Natur

durch die Gegenüberstellung der Energien einen Hauptzweck verfolgt: die Vorstellung des anderen. Die Definition des Selbst durch sein Gegenteil: »Ich bin nicht das da.« Ich schloß weiter, daß, wenn eine solche Dualität Wesen der Natur und für ihr Überleben notwendig sei, diese Dualität einen grundlegenden Bestandteil ihrer gesamten Zielsetzung ausmachen müsse. Sie müsse eine grundlegende Wahrheit repräsentieren: daß es zu Kollisionen kommen muß, daß Gegensätze eine Energie erzeugen und daß die Natur vielleicht keinen der Gegensätze bevorzugt. (Wie arrogant müssen wir dann sein, wenn wir glauben, daß die Natur ausgerechnet *uns* vorzieht!)

Vielmehr erwartet die Natur, daß wir entdecken, daß es ihr um die Energie geht, die aus der Begegnung von Yin und Yang, der Begegnung von oben und unten, der Begegnung von diesem und jenem und der Begegnung von uns und denen entspringt. In der Tierwelt sind wir bereit, Blut zu akzeptieren, aber in *unserer* Welt hören wir »Fressen oder gefressen werden« gar nicht gern.

Als wir eines Abends nach dem Essen beim Kaffee gerade diese Frage beim Wickel hatten, sagte mein Freund Charley Blackwell zu mir: »Weißt du, wir reden hier nicht über einen Prozeß *in* der Natur, wir reden über einen Prozeß, der vielleicht die Natur *an sich* ausmacht.« Ich hörte daraus die Warnung, uns selbst nicht zu ernst zu nehmen. Er schien zu sagen, wir seien schließlich nur zwei Männer mit etwas mehr als einer normalen Portion Neugier, die versuchten, ihr Denken zu erweitern, indem sie auf einem Thema herumkauten, das um Lichtjahre größer war als das, was sie verdauen konnten. Ich gab meine Zustimmung zu dieser

Mahnung zu verstehen und war bereit, sie in der tieferen Diskussion, die uns vermutlich bevorstand, als Grundregel gelten zu lassen.

Daraufhin griff Charley Blackwell in seinen Rucksack und zog sein geliebtes kleines Tonbandgerät heraus, stellte es auf den Tisch und sagte: »Na gut, wollen wir doch mal sehen, wo dieser Wie-die-Natur-Gegensätze-nutzt-Kram uns hinführt.«

»Du zuerst«, sagte ich.

»Na gut«, sagte er.

»Gehen wir einfach davon aus, daß der Traum des Neuen Testamentes/Frank Capras/der USA/des Juden- und Christentums uns während unserer Jugend und durch einen Großteil unseres Erwachsenenlebens hindurch geleitet hat. Dann stellten wir fest, daß es sich bei diesem Traum eben um einen Traum gehandelt hat und daß dieser ungenau und unvollständig war. Aber wir stellten auch fest, daß dieser Traum samt seiner Unzulänglichkeit uns am Leben erhalten und uns das Überleben ermöglicht hat. Wir haben *alle* an John Wayne geglaubt. Später sagten wir: ›Na ja, er ist eben konservativ.‹ Aber das Prinzip des Durchhaltens und das ›bei Gott, wir werden es schaffen‹ und alles andere – das hat uns angetrieben. Aber jetzt, wo wir wissen, daß dieser Traum uns erstens das Durchhalten ermöglicht hat und daß er zweitens nicht wahr ist – was sollen wir den Kindern erzählen? Sollen wir ihnen raten, sich an Capra zu halten? Sollen wir sie die Wahrheit selber entdecken lassen? Oder erzählen wir ihnen ...«

An dieser Stelle fiel ich ihm ins Wort. »Würden sie mit dem, was uns jetzt als Wahrheit erscheint, nicht umgehen können?« fragte ich. »Warum sollen wir unsere Beobachtungen nicht mit ihnen teilen? Wir könnten ihnen sagen, daß der Natur die Weißen und die Schwarzen und die Braunen und die Blauen restlos schnurz sind. Daß sie offenbar in ihrem eigenen besten Interesse handelt und daß wir, soweit wir das überhaupt sagen können, ein Teil ihres Vorgehens sind, nicht umgekehrt. Daß wir glauben, daß sie von den Gegensätzen keinen vorzieht, daß wir vielmehr meinen, daß sie sich vor allem auf die aufeinanderprallenden Mächte, die die gegenseitige Vernichtung anstreben, konzentriert. Wenn wir von grundlegenden Tatsachen, Wahrheiten, konstanten Wirklichkeiten sprechen, die immer vorhanden sind, dann werden wir uns natürlich von vielen Träumen befreien und Frank Capra und John Wayne aus dem Fenster werfen müssen. Aber wäre das wirklich so schlimm, wenn die Kinder unsere Überlegungen über gegensätzliche Kräfte hören, die durch ihre gegenseitige Vernichtung Energie verursachen, durch die die Natur sich selber erhält? Wenn die Kinder dadurch lernen, daß die Braunen, die Blauen, die Weißen, die Schwarzen und alle anderen immer wieder aufeinander losgehen und nicht wissen werden, warum – dann ist dieses Wissen nur gut für sie. Sonst werden sie einander vielleicht ihr Leben lang zurufen: Oh Gott, Jesus Christus, diese Leute begreifen einfach nichts! Warum können wir ihnen das nicht klarmachen? Und warum können wir sie nicht zur Vernunft bringen? Wir müssen es ihnen *zeigen*!‹«

»Richtig«, gab Charley zu. »Aber wenn du diese Wahrheit schon als Kind gekannt hättest, noch vor deinem Umzug nach Nassau, hätte diese Wahrheit die

Hoffnung vermindert, die dich am Leben gehalten hat? Im Grunde reden wir hier über den Weihnachtsmann. *Wir* wissen, daß es keinen Weihnachtsmann gibt, aber wir sind ja auch erwachsen. Wir reden darüber, *wann* wir den Kindern verraten, daß es keinen Weihnachtsmann gibt.«

»Hoffnung, Charley, wird immer aus demselben Schoß geboren. Es spielt keine Rolle, auf welchem Niveau du dich befindest. Wenn du ein Kind bist, dann stammt deine Hoffnung von dem Ort her, wo deine Phantasie und dein kleiner Wissensschatz dir sagen, daß dort alles am schönsten ist. Wo du Trost, Wärme, Küsse bekommst, wo für dich gesorgt wird, wo du zu essen bekommst. Deine Hoffnung ist damit verflochten. Mit den Menschen, die dir zu essen geben, mit der Frage, wann sie dir zu essen geben, was sie dir zu essen geben, wie sie dich vor den Elementen beschützen und so weiter. Aber stell dir vor, daß dieses Kind zehn oder zwölf Jahre alt ist, und erzähl ihm von unseren erwachsenen Spekulationen über die Natur, davon, was die Natur macht, wie sie vorgeht, und bitte das Kind dann, auf Grundlage dieser Vorstellungen seine Hoffnungen und Träume zu schildern.«

Ich legte eine Atempause ein. »Mit anderen Worten, Hoffnungen und Träume sind unerläßliche Werkzeuge des Überlebensinstinkts. Durch das Akzeptieren neuer Wahrheiten werden Hoffnungen und Träume entsprechend der Bedürfnisse der neuen Realität einer Veränderung unterworfen. Aber auf der anderen Seite lungert die Hoffnungslosigkeit am Rand unseres Lebens herum und wartet darauf, uns zu packen. Sie wird, von unserem Überlebensinstinkt beobachtet, auf Abstand gehalten. Wenn die Hoffnungslosigkeit jedoch diesen Abstand genügend verringern kann, um Hoffnungen und Träume zu infizieren und ihnen langsam ihre Kraft auszusaugen, dann wird auch der Überlebensinstinkt geschwächt. Und wenn er dermaßen reduziert wird, daß er den Stoff nicht mehr weben kann, aus dem Träume und Hoffnungen sind, dann ergeben wir uns dem Schicksal, und die Hoffnungslosigkeit hat ein weiteres Opfer gefunden. Aber wie das alte Sprichwort sagt: ›Solange es Leben gibt, gibt es Hoffnung.‹«

»Bist du dir da sicher?« fragte Charley.

»Daß es Hoffnung gibt, solange es Leben gibt?«

»Ja.«

»Ich rede hier über grundlegende Hoffnung«, sagte Charley. »Du weißt schon, die Hoffnung, daß Dinge, Menschen, Zustände – einfach alles – besser werden können.«

Ich überlegte kurz, um meine Gedanken zusammenzufassen. »Gehen wir doch zu der Zeit zurück, als wir noch nicht wußten, daß die Natur vielleicht so beschaffen ist, wie wir das heute annehmen. Damals war Hoffnung etwas qualitativ anderes. Aber jetzt, wo wir von der Möglichkeit ausgehen, daß der Natur alles, was sie nicht zum Überleben braucht, schnurz ist, dann sagen wir doch: ›He, Moment mal. Was will *ich* denn? Zum Teufel mit der Natur, die kriegt, was sie braucht. Aber was will ich? Ich will ein besseres Leben.‹«

»Okay«, sagte ich dann nach einer Weile. »Bevor du ein besseres Leben führen kannst, mußt du definieren, was du darunter verstehst. Was es für *dich* bedeutet. Nicht für deinen Nachbarn oder den Weißen von gegenüber. *Für dich.* Und vermutlich sagst du: ›Ein besseres Leben bedeutet mehr Annehmlichkeiten.‹ Aber diese Annehmlichkeiten können sehr unterschiedlich aussehen. Ich möchte mich emotional wohler fühlen. Ich möchte mich physisch wohler fühlen. Ich möchte mich psychisch wohler fühlen. Besser mit mir selbst auskommen. Mit meinen Nachbarn. Mit meinem Selbstbewußtsein und meiner Existenz. Abgesehen von den Annehmlichkeiten möchte ich mich einfach gut fühlen. Möchte ein gutes Verhältnis zu den Dingen haben.«

Charley nickte zustimmend und goß uns neuen Kaffee ein.

»Was sind das also für Dinge?« fuhr ich fort. »Du könntest sagen: ›Ich möchte mit dem zufrieden sein, was um mich herum passiert. Ich möchte mich damit wohl fühlen, was andere über mich denken. Und was ich selbst über mich denke. Damit, wie meine Freunde mich sehen und wie sie sich im Umgang mit mir fühlen und wie sie mich akzeptieren. Ich möchte mich damit wohl fühlen, was ich tue. Für mich selber, für meine Kinder, für meine Frau, für meine Freunde und für die Menschen in meiner Nähe. Ich möchte ein *angenehmes* Wohlgefühl haben. Am liebsten wäre mir ein Leben, das einem Orgasmus so ähnlich kommt, wie das nur möglich ist.‹ Und wer wünscht sich das nicht?«

Was ich sagen wollte, war: Hoffnung ist im Grunde zielorientiert. Und wie immer wir den Begriff Hoffnung auch definieren, wir können die Wahrscheinlichkeit nicht leugnen, daß Annehmlichkeiten, Wohlfühlen und Vergnügen grundlegende Bestandteile des Stoffes sind, aus dem die Hoffnung Träume webt. Wenn die Hoffnung also gelegentlich ein Ziel erreicht, dann gehen ein Traum oder ein Teil eines Traumes in Erfüllung und wir fühlen uns »wohler« in unserem Leben. Wie wichtig ist Hoffnung, die aus Büchern und Filmen stammt, und was beruht auf angeborenen Trieben und Instinkten, die sich von Natur aus dem Streben nach Behaglichkeit widmen? Auch wenn wir darauf vielleicht keine zufriedenstellende Antwort haben, so sollte uns diese Überlegung doch zumindest ein klareres Bild davon geben, wie das Verhältnis zwischen Hoffnung und Wirklichkeit aussieht und wie Träume uns beim Durchhalten helfen.

Charley blickte mich kurz an und fragte dann: »Jetzt, wo wir hier sitzen und auf unser Leben zurückblicken – was sollen wir den Kindern über unsere Reise erzählen? Was sollen wir ihnen über uns erzählen?«

»Die Wahrheit«, sagte ich, ohne zu zögern.

»Daß das Leben hart ist?«

»Das Leben *ist* hart, Charley, da hast du verdammt recht.«

Das Maß eines Mannes

Im Theater kommt es vor, daß das Publikum aus seinen individuellen Wirklichkeiten gerissen und an fiktive Orte und in fiktive Zeiten versetzt wird, die ihm ebenso wirklich erscheinen wie ein Ort oder eine Zeit seiner eigenen Erfahrungen. Dieser Effekt war mir früher einmal sehr vertraut. Ich war mehr als einmal, ob nun auf der Bühne oder im Zuschauersaal, Zeuge, wie Schauspieler und Publikum gemeinsam Zauberwerk leisteten. Immer wieder konnte ich erleben, wie eine unbekannte Kraft uns packte und bis zum Ende des Abends festhielt, um uns dann sanft aus ihrem Griff zu entlassen und uns mit Erinnerungen nach Hause gehen zu lassen, die unser ganzes Leben vorhalten würden.

Für mich hat dieser Prozeß im Laufe der Jahrzehnte viel von seinem Glanz verloren, nach und nach gewöhnte ich mich daran. Ich mußte mich um meine Karriere als Filmschauspieler und um meine Karriere als Regisseur kümmern, ich hatte meine Familie und anderes um die Ohren. Und als ich dann älter wurde, nahmen die Termine in meinem Kalender einen eher retrospektiven Charakter an. Feierliche Essen und Preisvergaben, manchmal zu Ehren von Kollegen, manchmal für mich, Dokumentationen und Interviews, mit denen

Filmhistoriker und andere versuchten, etwas über meine Zeit in Hollywood in Erfahrung zu bringen. Ich hatte auf einmal das Gefühl, ein lebendes Fossil und nicht viel mehr zu sein.

Vor einigen Jahren jedoch entfaltete sich an einem Frühlingsabend im *Mark Taper Forum* in Los Angeles der Zauber des Theaters für mich noch einmal zu voller Blüte. Die Schauspielerin Anna DeVere Smith stand in einer Solovorstellung auf der Bühne, und ich war gefesselt, ich ergab mich einfach ihrer Kunst. Sie fing die Vorstellungskraft des Publikums dermaßen ein, daß wir zu einem lebendigen Teil der von ihr auf der Bühne geschaffenen Welt wurden. Sie überzeugte uns davon, daß der Zauber, den sie uns vorführte, wirklich war.

Als sich am Ende der Vorhang gesenkt hatte, war ich freudig erregt. Zusätzlich zu diesem beglückenden Erlebnis spürte ich auch einen Hunger, der jahrelang geschlafen hatte, der jetzt aber plötzlich in mir zu nagen begann.

Nur durch die Kraft ihrer Kunst hatte eine Schauspielerin ganz allein die Bühne mit einer Vielzahl von Charakteren bevölkert und eine Szenerie zum Leben erweckt, die nur durch die Augen der Phantasie gesehen und nur mit dem Finger des Wunders berührt werden konnte. Den ganzen Abend hindurch hatte sie meine Sinne gefesselt, und das aus gutem Grund: Sie hatte mich in Zeiten zurückversetzt, die meinem Gedächtnis entfallen waren.

In den ersten harten Jahren meiner schauspielerischen Laufbahn war das Wort *Pantomime* mir nicht bekannt gewesen. Als ich während des Schauspielunterrichts zum ersten Mal damit konfrontiert wurde, war ich von seiner Komplexität fasziniert. Eine Geschichte ohne Worte zu erzählen – durch Gesten alle Nuancen von Tragödie, Komödie und Drama zu vermitteln (Nuancen, die normalerweise durch Wörter dargestellt werden) – erschien mir als eine ganz besondere Form von Kreativität. Und schon bald ersann ich komische Pantomimen und führte sie mit ermutigendem Resultat im Unterricht vor. Bald war mein Repertoire so groß, daß ich auf Partys damit meine Freunde unterhalten konnte. Mein Vertrauen in die Pantomime sollte während der nächsten zwei Jahre ständig wachsen. Ich träumte inzwischen schon davon, aus meinen Sketchen eine Nightclub-Show zusammenzustellen.

Doch schon bald gab ich die Gedanken daran auf, weil meine Filmkarriere meine gesamte Aufmerksamkeit forderte. In den wirbelnden Schatten der berauschenden Versprechungen Hollywoods verwelkten und verkümmerten solche Pläne und entglitten schließlich meiner bewußten Erinnerung, um Jahrzehnte hindurch vor sich hinzuschlummern. Doch an diesem Abend im *Mark Taper* explodierten sie plötzlich im Zentrum meines Bewußtseins. Sie erwachten als Bündel lang vergessener, unerfüllter Sehnsüchte, die ich so lange verleugnet oder ignoriert hatte, bis sie zu Staub zerfallen waren. So viel habe ich erträumt, dachte ich, und so viel habe ich versäumt.

Und wie ein Blitz aus heiterem Himmel traf mich dann eine Erkenntnis. Die Erinnerung an etwas, das ich niemals, niemals hätte vergessen dürfen. Ein Credo, eine tief verwurzelte Überzeugung, eine geduldig war-

tende Herausforderung. Während meiner Zeit beim
Film und beim Theater hatte ich geglaubt, ein Schauspieler solle sich an den Herausforderungen messen,
die sich in seinem Metier ergeben. Ein Schauspieler
solle immer einen Platz unter den privilegierten Mit-
gliedern seiner Zunft anstreben, die als kreative Künstler gelten, die ihre Berufung erfüllen. Ich hatte immer
gewußt, daß ich mich und mein Handwerk am besten
entwickeln konnte, wenn ich immer wieder meine
Grenzen austestete. Und ich wußte an dem Abend
meiner Erkenntnis – ich war damals Mitte Sechzig –,
daß ich diese Grenzen am besten erforschen könnte,
wenn ich auf eine leere Bühne hinausginge, mich ganz
allein dem Publikum stellte und zwei Stunden hindurch Wörter, Talent, Geschick und Handwerk zu einem Zauber zu verweben versuchte, der das Publikum
in meine Phantasie hineinlocken und mich in ihre ein-
laden würde.

Während meiner gesamten künstlerischen Laufbahn hatte mich das starke Bedürfnis angetrieben, festen Boden unter den Füßen zu behalten, in meinem
Leben wie auf der Bühne. Gestützt auf die Kühnheit
der Jugend und eine rücksichtslose Art zu denken,
hatte sich dieses Bedürfnis in eine Warnung verwandelt, die mir nie aus dem Kopf ging: »Es geht nicht darum, so gut zu sein wie, sondern besser zu sein als – und
dabei kein Risiko zu scheuen.«

Doch als ich dann an diesem Frühlingsabend im
Mark Taper zurückblickte, ging mir auf, daß ich das alles vergessen hatte. Ich hatte mich zu lange an Orten
aufgehalten, an denen der Erfolg mich dazu verleitet
hatte, Risiken aus dem Wege zu gehen. Doch ich emp-

fand zumindest noch immer das Bedürfnis, an den Stäben meines selbstgeschmiedeten Käfigs zu rütteln. Noch ehe dieser Abend vorüber war, hatte sich dieses Bedürfnis durch den dringenden Wunsch zu Wort gemeldet, auf die Bühne zu treten, mich dem Publikum zu stellen und endlich wieder meine Grenzen auszuloten. Das alte Theatergefühl, das ich damals am *American Negro Theatre* kennengelernt hatte, war neu erwacht, pulsierte und wollte vor Augen dieser Zauberkunst, die uns dort umgab, seine Muskeln spielen lassen. Es wollte außerdem einen Blick auf mich werfen und endlich wieder durch meinen Körper vibrieren. Und dieser frisch erwachte Impuls war so mächtig wie eh und je in meinem Leben – was für mich eine erfreuliche Überraschung bedeutete.

Da war er nun, dieser alte Drang, der sich in den Kulissen versteckt hatte. Wir erkannten einander sofort. Soviel ich erkennen konnte, hatte er sich nicht verändert. Er war noch immer gefährlich. Ich wußte, daß er dasselbe Engagement von mir verlangen würde wie damals, vor vielen Jahren. Wir musterten uns gegenseitig und stellten fest, daß ich mich verändert hatte. Mit den Jahren war ich immer vorsichtiger geworden, und im Laufe der Zeit hatte ich unseren alten Pakt vergessen. Wie hatte ich nur die vielen Gemeinsamkeiten vergessen können? Vergessen können, wie oft ich davon gleichermaßen angezogen und abgestoßen worden war? Vergessen, wie oft wir uns in meinen Träumen zusammengetan und Erfolge erzielt hatten? Jetzt, wo mich der alte Drang wieder vom Mittelpunkt meines Bewußtseins her anschaute, spürte ich, wie seine Macht die Hände nach mir ausstreckt. Mich packen wollte.

Und doch fühlte ich mich in meiner Distanz wohl. Ich war noch immer fähig standzuhalten.

An diesem verzauberten Abend setzte der Flirt genau an der Stelle wieder ein, wo er damals, als ich jung war und keine Angst hatte, suchend in mich hineinzublicken, abgebrochen war. Und auf unseren Flirt folgten sehr bald Taten, wie das bei Flirts ja häufiger vorkommt.

An diesem Abend im *Mark Taper* beschloß ich, daß es für mich keinen besseren Zeitpunkt geben könne als jetzt, um den lang vergessenen, unerfüllten Drang zu erforschen, von dem ich einst besessen gewesen war. Mich mit allen ungeklärten Angelegenheiten zu befassen, die uns beide betrafen. In mir selbst nach den Wegen Ausschau zu halten, die irgendwann einmal in keine klare Richtung geführt hatten, und mich zu fragen, warum sie sich damals als Sackgassen erwiesen hatten. Was hatte es mit diesen Wegen auf sich? Waren sie von zu großen Herausforderungen versperrt worden? Waren sie von zu hohen Risiken abgeschnitten, von zu schmerzlichem Bedauern blockiert worden? Oder lag alles an mir? Vielleicht lag alles an mir. Vielleicht wollte ich Ängste leugnen, weil mir der Mut fehlte, mich ihnen zu stellen.

Jetzt, wo ich älter und gelassener geworden bin, habe ich den Verdacht, daß bestimmte Wege, auf denen es nicht weiterzugehen schien, gar keine Sackgassen waren, sondern einfach Straßen mit Warnschildern, die mich befürchten ließen, daß es hier zu irgendeinem persönlichen Versagen kommen könne. Andererseits frage ich mich aber auch immer wieder, ob einige dieser Straßen vielleicht gerade die Wege gewesen sein können, die ich eigentlich hätte einschlagen sollen. Vielleicht hätte ich auf diesen unbegangenen Wegen wichtige Lektionen gelernt.

Aber auf jeden Fall war es ein ziemliches Risiko, in meinem Alter auf eine Bühne zu steigen und mit Stimme, Körper und Geist als einzigen Werkzeugen eine Einmannshow vorzuführen. »Du mußt verrückt sein«, sagte ich mir auf dem Heimweg, als Anna DeVere Smith' Zauber langsam nachließ.

Während der nächsten Wochen versuchte ich eine nüchterne, praktische, objektive, klarsichtige Analyse von Für und Wider. Ich erkannte, daß die Kraft, die mich auf dieses riskante Unternehmen zutrieb, Ursprünge haben mußte, die nur mit größter Mühe entwirrt werden könnten. Einen vollen Monat später hatte ich mich noch immer nicht vom Zauber des Theaters befreien oder mich in sichere Entfernung von meinem alten Freund, dem Drang, flüchten können. Meine vorsichtige Seite wollte mich nicht auf die Bühne lassen – schon gar nicht jetzt, in einem Alter, in dem ein Sturz fatale Folgen haben könnte. Meine wilde Seite dagegen war bereit, die Tatsache zu akzeptieren, daß hoher Gewinn nur durch hohe Risiken erzielt werden kann.

Schließlich stimmte ich meiner wilden Seite zu und beschloß, mich ihrem Begehren aus zwei überzeugenden Gründen zu fügen. Zum einen mußte ich mich meinen Verpflichtungen mir selbst gegenüber stellen. Zum anderen wollte ich einen Zauber erschaffen, um einer ohne jeden Zweifel wunderbaren Karriere einen gebührenden Abschluß zu geben.

Wie ein Boxer beim Training begann ich, mich auf

den Auftritt vorzubereiten. Ich beobachtete Schauspieler in anderen Theatern bei ihren Solo-Auftritten. Ich informierte mich über Darsteller und Textgrundlage erfolgreicher Aufführungen in der Vergangenheit. Ich konzentrierte mich auf Details, paßte mein soziales Leben meinem Plan an, entwarf einen vorläufigen Zeitplan, räumte meinen Schreibtisch frei. Doch die beiden wichtigsten Fragen blieben ungeklärt. Wer könnte mir den Text für meinen geplanten Abend schreiben, und von welcher Art sollte er sein?

Diese Frage stellte ich meinem Freund Charley Blackwell, den ich gegen Ende der fünfziger Jahre kennengelernt hatte, als er gerade aus Philadelphia in New York eingetroffen war, um seine Träume in Erfüllung gehen zu lassen. Wie viele junge Unbekannte vor ihm ging er nach New York, um den Broadway als Tänzer zu erobern. Doch die Zeiten waren für Tänzer nicht besonders gut, und er kam nicht voran. Natürlich hatte das etwas mit seiner Hautfarbe zu tun, doch das war ein Thema, das das Amerika jener Tage unter den Teppich kehrte.

Obwohl er später für die Pearl Primus und für die Geoffrey Holder Company tanzte, mußte er anfangs Zigaretten verkaufen, um die Miete zahlen zu können. Als es ihm einmal besonders schlecht ging, bot ihm sein Kollege George Mills an, ihn beim Vortanzen für ein Musical namens *Fanny,* bei dem Joshua Logan Regie führen und das David Merrick produzieren würde, als Schlagzeuger zu begleiten. George Mills wurde nicht engagiert, Joshua Logan und David Merrick jedoch interessierten sich für den Schlagzeuger. Und zwar so sehr, daß sie ihm einen Job anboten – eine kleine Rolle, die auch Raum für sein tänzerisches Talent bieten würde. Das Musical wurde ein Erfolg. Charley Blackwells Karriere hatte begonnen, auch wenn es keine Tänzerkarriere wurde. David Merrick war beeindruckt von seiner hervorragenden Urteilsfähigkeit und seiner Fähigkeit, die technischen Herausforderungen des Theaters souverän zu meistern.

Während der nächsten zwanzig Jahre stieg Charley in den Rängen der Merrick-Organisation immer weiter nach oben. Er ging nach England, um in Merricks Produktionen *Promises, Promises* und *One Hundred and Ten in the Shade* Regie zu führen. Anschließend schrieb er das Drehbuch für das Broadway-Musical *The Tap Dance Kid*. Für meine Firma schrieb er das Drehbuch für den Film *Ausgetrickst* und für die Columbia eine neue Fassung von *Zwei wahnsinnig starke Typen* – ich hatte das Privileg, Regie führen zu dürfen. Ganz nebenbei hatte er zwei weitere Drehbücher für meine Firma geschrieben, und deshalb wußte ich eigentlich keinen besseren Mann für die Aufgabe, die ich nun zu vergeben hatte.

Ich weihte Charley in meinen Plan ein, aber er sagte, er habe Verpflichtungen, die ihn durchaus für lange Zeit binden könnten. Als ich wissen wollte, für *wie* lange Zeit, gab er eine vage Antwort, der ich entnehmen konnte, daß er nicht darüber sprechen wolle. »Wenn und falls ich alles erledigen kann, was im Moment auf meinem Schreibtisch liegt«, sagte er, »dann rufe ich dich an.« Seltsam, dachte ich. Aber ich ließ die Sache auf sich beruhen und fand mich damit ab, für Charley einen Ersatz finden zu müssen.

Mehrere Wochen ging ich im Kopf alle Autoren

durch, die ich kannte, und weitere, die mir nur vom Hörensagen ein Begriff waren. Zugleich machte ich Notizen, für den Fall, daß meine Suche auf meiner eigenen Türschwelle enden sollte. Könnte ich wohl eine Einmannshow schreiben, für mich selbst, bei der jedes Element ein lebendiger Teil meines eigenen Lebens sein würde? Ja, aber nicht so, wie Charley Blackwell das können würde.

Als weitere Wochen verstrichen waren und weitere Notizen sich angehäuft hatten, sah ich immer deutlicher, welch gewaltige Aufgabe ich mir da gestellt hatte. Aber ich mußte einfach weitermachen.

Eines späten Vormittags klingelte das Telefon. Ich meldete mich, und es war Charley. »Na, wie geht's?« fragte er mit fröhlicher Stimme.

»Gut«, sagte ich, ich freute mich sehr, von ihm zu hören.

»Also, ich bin jetzt so weit. Willst du diese Show noch immer?«

»Ja! Ja! Verdammt, ja«, war meine Antwort.

»Na gut, ich bin bereit«, sagte er.

Was er nicht sagte – und was ich nicht wußte – war, daß in den Monaten vor unserem letzten Gespräch bei ihm Blasenkrebs entdeckt worden war. Charley hatte sich einer Operation unterziehen müssen, bei der auch noch Prostatakrebs entdeckt und entfernt worden war.

Wir gingen an die Arbeit, und die ganze Zeit über behielt Charley seine Krankheit für sich. Nichts an seinem Verhalten ließ uns etwas ahnen, und niemand von uns anderen entdeckte den unter seiner Kleidung verborgenen Beutel vor seinem künstlichen Darmausgang. Charley Blackwell war so, wie ich ihn immer gekannt hatte. Als wir etwa die Hälfte unserer Vorbereitungen abgeschlossen hatten, entdeckten meine Ärzte in meinem Blut Hinweise darauf, daß vielleicht auch *meine* Prostata genauer in Augenschein genommen werden sollte. Eine Reihe Ultraschalluntersuchungen und vier Biopsien später wurde Krebs festgestellt. Und erst jetzt, in einem Versuch, mich zu trösten, erzählte Charley mir seine Geschichte. Am 3. Juni 1993 wurde mir durch eine Operation die Prostata entfernt.

Als ich danach wieder arbeiten konnte, hofften wir beide, daß uns die nächsten fünf Jahre keine Anzeichen für die Rückkehr unserer Krebserkrankungen bescheren würden. Monate später stand die Vorstellung. Der gesamte Abend sollte mit Material aus meinem Leben bestritten werden. Keine fremden Erfahrungen sollten einfließen. Wir waren erleichtert, als wir fertig waren, und begeistert von dem, was wir geschaffen hatten.

Charley fuhr mit einer Kopie des Skripts nach New York, um sie einem seiner Freunde zu zeigen, dessen Arbeiten auch ich sehr schätzte. An dieser Stelle sollten unsere Träume sich der Wirklichkeit stellen – unser Projekt sollte erstmals einer objektiven Bewertung unterworfen werden. Trotz unserer vielen Jahre in der Branche waren wir beide angespannt und zugleich optimistisch.

Dann kam die Reaktion. Und sie war nicht gut.

Charley und ich waren enttäuscht, aber wir schluckten und verdauten die Kritik. Am Ende ging uns auf, daß wir bei der Auswahl des Materials einen Fehler gemacht hatten. Wir mußten zugeben, daß das Material nicht aus meinem Leben stammen sollte, sondern aus dem Leben allgemein. Wir beschlossen, mit dieser Erkenntnis an den grünen Tisch zurückzukehren.

Charley und ich sahen einander während der folgenden Monate, die wir vor allem mit dem Sammeln von Notizen verbrachten, nur wenig. An einem frühen Abend schaute er bei meiner Frau und mir in unserer New Yorker Wohnung vorbei, um uns über den Stand seiner Arbeiten zu informieren. Eine Stunde später nahmen wir zusammen mit ihm ein Taxi. Meine Frau und ich wollten ins Theater; Charley hatte irgendwo eine Verabredung. An der Ecke 97th Street/ Columbus Avenue stieg er aus. Wir verabschiedeten uns und sollten uns niemals wiedersehen. Der Krebs war wieder aktiv geworden. Charley starb am 2. Juni 1995.

Manchmal scheint sich angesichts von niederschmetternden Verlusten ein Mechanismus einzuschalten, der unseren Geist vor Überlastung schützen und es uns ermöglichen soll, durchdringende und vergiftende Information erst langsam in uns aufzunehmen. Charley Blackwell lebte nicht mehr. Er war in das geglitten, was W. E. B. Du Bois einmal den »langen und endlosen Schlaf« genannt hat. Ich brauche nicht zu erwähnen, wie schwer die folgenden Tage und Monate für uns waren.

Nachdem Freunde und Familie endlich die Ausmaße unseres Verlustes erfaßt hatten, konnte ich versuchen, mich wieder an die Arbeit zu machen. Ich sichtete das zu bearbeitende Material. Ich weiß noch, daß es mir aufgrund von Charleys zu frühem Tod damals als hoffnungslos chaotisch erschien.

Mit Fragen, die in der immerwährenden Jagd nach Antworten, mit denen die Menschheit sich befaßt, ungelöst bleiben, schickt die Natur manchen von uns vielleicht auf Reisen, für die es kein Ende gibt. Bedenken wir nur für einen Moment, daß die Energie, die die Menschen auf die Jagd nach etwas verwenden, das es vielleicht gar nicht gibt, einen ziemlichen Teil der Energie ausmacht, die die Natur braucht, damit die Welt sich weiterdreht, dann bekommen wir eine Ahnung davon, warum – sogar nach einem Leben voller Kämpfe – die meisten von uns niemals den Regenbogen finden, an dessen Ende wir uns den Topf voller Gold versprochen haben.

Charley hat die Erfüllung unseres Traums nicht erlebt. Der Krebs, der mich nicht haben wollte, rief ihn dorthin zurück, von wo er gekommen war. Ich weiß ebensowenig, warum er gestorben ist, wie ich weiß, warum ich von einem Sterngucker am Strand von Cat Island zu einem Hollywood-Schauspieler geworden bin. Aber ich weiß, daß ich nicht nur für das verantwortlich bin, was passiert, sondern auch für das, was ich daraus mache. Ich muß mein eigenes Maß nehmen, muß entscheiden, was wirklich ist, muß meine eigenen Antworten geben.

Ich bin noch immer hier, und das zwanghafte Bedürfnis, mich auszudrücken, ist weiterhin vorhanden. Unsere ersten Versuche einer Einmannshow waren ein Mißerfolg, und ich hasse ganz einfach das Versagen. Mein Partner ist einer Krankheit erlegen, die ich mit ihm teilte, und das nimmt mir bisweilen doppelt den

Mut. Aber ich träume noch immer von diesem endgültigen Moment auf der Bühne.

Sicher handelt es sich dabei um die größte Herausforderung von allen. Und vielleicht will das Orakel mir sagen, daß ich dieses Spiel nicht gewinnen kann. Daß meine Überlebensinstinkte mir dieses Mal nicht helfen werden. Daß ich diesen Gegner nicht werde betören können, egal, wieviel Energie und harte Arbeit und Talent ich auch aufbringe. Doch noch immer sitzt im Mittelpunkt meines Wesens ein schlagendes Herz, und solange es Leben gibt ...

Das menschliche Leben ist ein ungeheuer unzulängliches System, das voller Widersprüche steckt. Wir wissen nicht mehr, als daß in acht Milliarden Jahren alles vorbei sein wird. Dann wird unsere Sonne erschöpft sein, und an dem Tag, an dem sie ihr Leben aushaucht, werden wir es im ganzen Sonnensystem hören, und danach wird alles zum absoluten Nichts werden.

Aber der Mensch kann nicht leben, wenn er sich ausschließlich auf diese Wahrheit konzentriert. Glücklicherweise haben wir unvollkommene Individuen nur siebenundfünfzig oder zweiundachtzig oder sechsundneunzig Jahre vor uns, und das ist ein Augenzwinkern in der endlosen Undurchdringlichkeit der Zeit. Wir halten uns also an einen Rahmen, der überschaubar ist, an das, was wirklich ist, an die Träume, die wahr werden können, die uns abends zufrieden einschlafen lassen und uns Mut genug geben, um unserem Ende mit Würde entgegenzutreten.

Danach sind wir auf der Suche, darum geht es. Wir sind allesamt ein wenig gierig. (Manche von uns sind sogar sehr gierig.) Wir sind alle ein wenig mutig, und

Sidney Poitier

wir sind alle ganz schön feige. Wir alle sind unvollkommen, und das Leben ist einfach ein ewiger, endloser Kampf gegen diese Unvollkommenheiten.

FILMOGRAFIE

1949

From Whom Cometh My Help (Dokumentarfilm des
U.S. Army Signal Corps)

1950

Haß ist blind (No Way Out)

1951

Denn sie sollen getröstet werden (Cry, the Beloved
Country/African Fury)

1952

Philco Television Playhouse: Parole Chief (TV)

Unternehmen Rote Teufel (Red Ball Express)

1954

Artisten des Sports (Go, Man, Go!)

1955

Die Saat der Gewalt (Blackboard Jungle)

Philco Television Playhouse: A Man Is Ten Feet Tall (TV)

1956

Goodbye My Lady

Ein Mann besiegt die Angst (Edge of the City)

1957

Weint um die Verdammten (Band of Angels)

Flammen über Afrika (Something of Value)

Das Zeichen des Falken (The Mark of the Hawk/
Accused)

1958

Virgin Island

Flucht in Ketten (The Defiant Ones)

1959

Porgy und Bess (Porgy and Bess)

1960

Und der Herr sei uns gnädig (All the Young Men)

1961

Ein Fleck in der Sonne (A Raisin in the Sun)

Paris Blues (Paris Blues)

1962

Pressure Point

1963

Raubzug der Wikinger (The Long Ships)

Lilien auf dem Felde (Lilies of the Field)

1965

Zwischenfall im Atlantik (The Bedford Incident)

Duell in Diabolo (Duel at Diabolo)

Träumende Lippen (A Patch of Blue)

Stimme am Telefon (The Slender Thread)

Die größte Geschichte aller Zeiten (The Greatest Story
Ever Told)

1966

Junge Dornen (To Sir with Love)

1967

Rat mal, wer zum Essen kommt (Guess Who's Coming
to Dinner)

In der Hitze der Nacht (In the Heat of the Night)

1968

Liebling (For Love of Ivy)

1969

The Lost Man – Es führt kein Weg zurück (The Lost Man)

1970

Zehn Sekunden Zeit für Virgil Tibbs (They Call Me Mister Tibbs!

1971

Der Weg der Verdammten (Buck and the Preacher; auch Regie)

Die Organisation (The Organization)

1972

Bruder John – Der Mann aus dem Nichts (Brother John)

1973

A Warm December (auch Regie)

1974

Samstagnacht im Viertel der Schwarzen (Uptown Saturday Night)

1975

Die Wilby-Verschwörung (The Wilby Conspiracy)

Dreh'n wir noch 'n Ding (Let's Do it Again; auch Regie)

1977

Ausgetrickst (A Piece of Action; auch Regie)

1980

Zwei wahnsinnig starke Typen (Stir Crazy; Regie)

1982

Hanky Panky – Der Geisterflieger (Hanky Panky; Regie)

1985

Shootout (Regie)

Fast Foreward – Sie kannten nur ein Ziel (Fast Forward; Regie)

1988

Little Nikita (Little Nikita)

Mörderischer Vorsprung (Shoot to Kill)

1990

Ghost Dad (Ghost Dad; Regie)

1991

Gleichheit kennt keine Farbe (Separate But Equal; TV)

1992

Sneakers – Die Lautlosen (Sneakers)

1995

A Good Day to Die (TV)

1996

To Sir with Love 2 (TV)

1997

Mandela and de Klerk (Mandela und de Klerk – Zeiten-
wende; TV)

Der Schakal (The Jackal)

1998

David and Lisa (TV)

1999

Free of Eden (TV; auch Produzent)

Das Leben ist was Wunderbares (The Simple Life of
Noah Dearborn; TV)

2001

The Last Brickmaker in America (TV)

Auszeichnungen

1958 Silberner Bär für den besten Darsteller in *Flucht in Ketten*
British Academy Award für den besten ausländischen Darsteller in *Flucht in Ketten*
1963 Silberner Bär für den besten Darsteller in *Lilien auf dem Felde*
1964 Oscar für den besten Darsteller in *Lilien auf dem Felde*
Golden Globe für den besten Darsteller in *Lilien auf dem Felde*
1968 Prize San Sebastián für den besten Darsteller in *Liebling*
1969 Golden Globe für den besten männlichen Darsteller
1970 Cecil B. DeMille Award
1992 Life Achievement Award des American Film Institute
1994 Career Achievement Award des National Board of Review
2000 Image Award für den besten TV-Darsteller in *Das Leben ist was Wunderbares*

Personenregister

Biografien im Europa Verlag

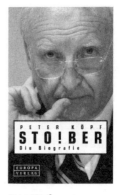

Donald Spoto
Jackie O.
Das Leben der Jacqueline
Bouvier Kennedy Onassis
Gebunden, 3-203-82045-5

Peter Köpf
Stoiber
Die Biografie
Gebunden, 3-203-79144-7

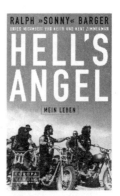

Jürgen Roth
Der Oligarch
Vadim Rabinovich bricht
das Schweigen
Gebunden, 3-203-81527-3

Ralph »Sonny« Barger
Hell's Angel
Mein Leben
Gebunden, 3-203-75536-X

www.europaverlag.de

Biografien im Europa Verlag

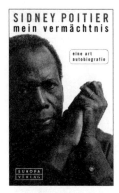

Sabine Stamer
Cohn-Bendit
Die Biografie
Gebunden, 3-203-82075-7

Sidney Poitier
Mein Vermächtnis
Eine Art Autobiografie
Gebunden, 3-203-81025-5

Carol Diethe
Nietzsches Schwester und
Der Wille zur Macht
Biografie der Elisabeth
Förster-Nietzsche
Gebunden, 3-203-76030-4

Lutz Kinkel
Die Scheinwerferin
Leni Riefenstahl und das
»Dritte Reich«
Gebunden, 3-203-84109-6

www.europaverlag.de

Kulturgeschichten im Europa Verlag

Tom Lutz
Tränen vergießen
Über die Kunst zu weinen

Gebunden, 3-203-79575-2

Tränen zu vergießen ist eine nur dem Menschen eigene Fähigkeit, ein Geschenk der Natur, ein Machtinstrument und eine hohe Kunst zugleich. Tom Lutz' populäre Geschichte dieses wundervollen Phänomens »regt zum Nachdenken an über die vielen Motive und Aspekte des Weinens. Tränen erscheinen nie mehr bloß als narürlicher, spontaner oder simpler Körperausdruck.«

THE NEW YORK TIMES BOOK REVIEW

Joseph A. Amato
Von Goldstaub und
Wollmäusen
Die Entdeckung des
Kleinen und Unsichtbaren
Gebunden, 3-203-75012-0

Was das menschliche Auge nicht sehen kann, ist nicht weniger großartig als das, was groß und sichtbar ist. Joseph Amato führt den Leser in ungeahnte Sphären – die sich hinter und unter dem verbergen, was bloß als Dreck und Staub gilt und worüber so leicht hinweggegangen wird. Diese Entdeckungsgeschichte bietet eine kurzweilige, vergnügliche Lektüre.

EUROPA
VERLAG

www.europaverlag.de

Filmbücher im Europa Verlag

Adolf Heinzlmeier
Marlene
Die Biografie
Frz. Broschur, 3-203-84102-9

R. Dirk/C. Sowa
Teen Scream
Titten & Terror im neuen
amerikanischen Kino
Frz. Broschur, 3-203-84106-1

Phillip Drummond
Zwölf Uhr mittags
Mythos und Geschichte
eines Filmklassikers
Frz. Broschur, 3-203-84104-5

David Thomson
Tote schlafen fest
Mythos und Geschichte
eines Filmklassikers
Frz. Broschur, 3-203-84105-3

EUROPA
VERLAG
www.europaverlag.de

Historische Romane im Europa Verlag

Fernando Royuela
Goyito und das Böse
Roman
Gebunden, 3-203-81554-0

Darin Strauss
Die siamesischen
Zwillinge
Roman
Gebunden, 3-203-82100-1

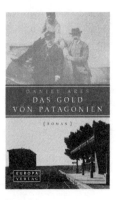

Daniel Ares
Das Gold von Patagonien
Roman
Gebunden, 3-203-75300-6

Agnès Michaux
Ich werde sie jagen bis ans
Ende der Welt
Roman
Gebunden, 3-203-80060-8

www.europaverlag.de

Weltliteratur im Europa Verlag

Alexandre Jardin
Autobiografie einer Liebe
Roman
Gebunden, 3-203-78745-8

Nathan Englander
Zur Linderung unerträg-
lichen Verlangens
Erzählungen
Gebunden, 3-203-76517-9

Ariel Dorfman
Cristóbals Sohn und die
Reise des Eisbergs
Roman
Gebunden, 3-203-76046-0

Ito Romo
Der Duft der Maulbeeren
Roman
Gebunden, 3-203-81525-7

www.europaverlag.de